天津社会科学院2016年度重点项目
天津社会科学院学术著作出版基金2020年度资助

U0456079

休闲农业文化的价值实现
——以天津为例

苑雅文 著

天津社会科学院 出版社

图书在版编目（CIP）数据

休闲农业文化的价值实现：以天津为例 / 苑雅文著
. -- 天津：天津社会科学院出版社，2021.2
ISBN 978-7-5563-0683-1

Ⅰ．①休… Ⅱ．①苑… Ⅲ．①观光农业－文化－研究
－天津 Ⅳ．①F592.721

中国版本图书馆 CIP 数据核字(2020)第 231792 号

休闲农业文化的价值实现 ： 以天津为例
XIUXIAN NONGYE WENHUA DE JIAZHI SHIXIAN ： YI TIANJIN WEI LI
————————————————————————————————————

出版发行：天津社会科学院出版社
地　　址：天津市南开区迎水道 7 号
邮　　编：300191
电话/传真：（022）23360165（总编室）
　　　　　（022）23075303（发行科）
网　　址：www.tass-tj.org.cn
印　　刷：北京建宏印刷有限公司
————————————————————————————————————

开　　本：787×1092　毫米　　1/16
印　　张：14.5
字　　数：212 千字
版　　次：2021 年 2 月第 1 版　　2021 年 2 月第 1 次印刷
定　　价：78.00 元

版权所有　翻印必究

目　　录

绪　　论

第一节　研究的实践背景

一、我国休闲农业的发展步伐

休闲农业在产业形态中是后来兴起的一种新模式,是依托于农村、农业和农民发展起来的,但本质上又不同于传统农业的新型业态,表现为农业与旅游业交叉融合、第一产业与第三产业链接的复合型产业业态。我国学者对休闲农业进行了大量的实践考察和比较研究,认为:休闲农业是以地域特色农业为基础发展起来的服务经营形态和消费业态,其以乡村特色景观、农业生产活动、农家原味生活、特色地域文化和历史文化为活动核心,开展观光、休闲、养生、集会等专业化、系列化旅游活动,成为现代农业的重要组成和农业功能的有效延展。

从产业的发展轨迹看,休闲农业是经济和社会发展到一定阶段的产物。发达国家的休闲农业起步较早:19世纪中叶的欧洲,出现了法国贵族返乡游览的旅游活动,在这种市场需求下,意大利率先成立了农业旅游协会组织,这被视为休闲农业产业起步的标志。农业旅游的动机在于,工业化发展格局下城市人对乡村生活的向往与回归。其后,发达国家休闲农业和乡村旅游经历了发展、扩张和成熟三个阶段:1960年以前,也就是休闲农业起步后的近百年间,是以观光农园为主要形式的发展阶段;1960年以后,休闲农业进入扩张阶段，休闲农业活动成为农场和庄园经营活动的一个种类；到1980年以后，度假农庄、市民农园、主题农场等休闲农业占主导的业态不断涌现，休闲活动与农业相融合的综合性项目更加高效，这标志着发达国家的休闲农业进入成熟阶段。

我国的休闲农业产业起步较晚，其产生于改革开放后、社会经济规模化发展的1988年，起步的标志为深圳举办的"荔枝节"。1988年6月底，作为改革开放前沿阵地的深圳经济特区，抓住荔枝丰收的时机，以"荔枝采摘"活动吸引广大客商到深圳体验荔枝"即摘即啖"的民俗，让客商在享受特色农产品的同时，参与深圳的经济建设。实践证明，这种农业丰收的喜庆为深圳招商引资提供了很好的氛围。紧随其后，国内各地的农业观光活动快速发展起来，如四川成都三圣乡的"五朵金花"、贵州西江千户苗寨等项目，这些起步早、规模大的休闲农业"先行军"活动，标志着我国休闲农业进入快速发展的阶段。进入21世纪，伴随我国经济社会的稳定发展，休闲农业也跨入健康发展时期，呈现出多样化、规范化的发展态势，以农家乐、精品民宿、休闲农庄、乡野公园为特色的项目批量涌现，在规模、功能和分布上呈现出快速扩展、科学布局的整体发展态势。

统计数据表明，我国休闲农业的发展速度很快：到2012年底，全国休闲农业产业营业收入为2400亿元，年接待游客8亿人次，全行业的直接从业人员2800万人，经营主体180万家，其中提供简单食宿服务的农家乐占绝大部分，达150余万家，休闲农业产业覆盖了9万个村庄。2012年至2018年间，是我国休闲农业的快速发展阶段。到2017年底，我国休闲农业和乡村旅游的从业人员达到了900万人，"农家乐"数量达到220万家，"农家乐"等休闲农业经营主体成为农村创新创业的重要力量。2018年，我国休闲农业和乡村旅游的营业收入超过8000亿元，总接待量超过30亿人次①，占据了国内旅游市场游客接待量的半壁江山。可见，休闲农业已经成为城市居民休闲、旅游的重要形式，其带来的产品和服务销售已经成为乡村产业发展的重要渠道。

---

① 新型农业经营主体课题组.新型农业经营主体增收要靠发展新业态[N].经济日报,2019-10-11(7).

党的十九大提出了乡村振兴的目标,农村地区的产业兴旺是乡村振兴的基础。休闲农业已经能够成为乡村经济发展的重要抓手:游客来到乡村休闲,除了增加特定经营者的餐饮住宿收入,人们还会关注特色农产品和特色乡村文化,这种关注必然会产生体验和购买行为,游客的消费行为能够有效带动地域农产品加工、交通运输、文化展演等关联产业的经济收入。休闲农业的经营活动,让当地农民实现了就近就业,扩展了农民的经营性收入渠道。特别是我国农村地区正在试行的宅基地改革,这种资产盘活的手段增加了农民获得财产性收入的机会。

休闲农业横跨一二三产业、兼容生产生活生态,是实现产业兴旺甚至乡村振兴的重要渠道。为了深度挖掘农业产业的功能和内涵,促进乡村生态宜居环境的维护与发扬,发挥文明乡风的文化影响力,提升农村基层组织的有效治理,实现收入增加、生活富裕的振兴目标,更要因地制宜、科学发展休闲农业,使其向集群化、全域化、高效化迈进,实现农业强、乡村美、农民富和市民乐的整体格局。为了规范休闲农业的产业发展路径,我国出台了《乡村振兴战略规划(2018—2022)》《关于实施乡村振兴战略的意见》《关于大力发展休闲农业的指导意见》等政策,提出休闲农业发展要大力发展精品工程,打造区域品牌形象,发展设施完备、功能多样的农村地区特色景区,以休闲观光园区、特色农家、康养基地等项目为载体,传承农村地区的优秀传统文化,打造出以文明乡村为标志的现代社会①。可见,休闲农业的特色化、品牌化经营,以及由此产生的特色品牌文化的示范和扩散效应,对于提升休闲农业的影响力、助推乡村振兴战略的全面实施具有重要的示范效应和实践意义。

当前,休闲农业已经成为农业供给侧结构性改革的重要渠道。随着休闲农业产业规模的扩大和经济效益的提升,休闲农业有力地促进了农村地区第一二三产业的融合性发展,带动农民取得了更多的传统农业以外的服务收入,成为推进地区性全域旅游、综合性经济布局不可缺少的重要形式,休闲农业是促进城乡一体化发展的重要载体。

---

① 中国农林科技网. 休闲农业和乡村旅游精品工程项目需要做好六大体系建设 [OL]. http://dy.163.com/v2/article/detail,2019-07-12.

从各地的管理实践来看,我国对休闲农业的分类还没有形成一致的标准,产品特点、营销手段和投融资模式为较常见的分类标准。休闲农业依据产品特点进行分类是一种有代表性的统计分析方式,各地在管理实践中主要形成了以下几种观点:一是按照产品形式分为传统型和创新型,传统型有乡村景区、民俗特色村、观光农园等,创新型有乡村酒店、国际驿站、养生山居等;二是按照活动内涵分为休闲体验、养生度假、农市购物、节庆聚会;三是按照活动场所分为乡村度假、生态体验、民族风情体验、农事观光体验、红色文化体验。史佳林等对天津的休闲农业进行了全面汇总,按照活动形式进行了归类,包括休闲度假、现代农业展示、生态旅游观光、市民农事参与、乡村民俗文化、农家生活体验六种模式,其下又细分为二十个子类①。

对休闲农业项目进行分类是为了更好地考察产业发展的规律,上述分类方式各有优势和特点,但是往往存在交叉或遗漏,以及太过繁复、难以找到规律性的经营技巧等弊端。按照经营项目的核心业务特点,可以将休闲农业归纳为以下四种活动:一是依托特色风景区的休闲活动,以"农家乐"和专业旅游村为核心,提供乡野游乐、农家食宿、农产品采摘等专门服务;二是以乡村自然景观和特色人文景观为核心的生态旅游,提供农家食宿、参观游览、文化体验等服务;三是依托田园景观开展的休闲养生旅游,其依托地域旅游资源的优势,提供农家食宿、农耕体验、康养保健等综合性服务,并拓展到文化传承和农业科普等更高层面,如袁家村、太行水镇等旅游项目建设了地方美食街、特色文化长廊、健身游戏场等特色景观,进而发展为休闲农业的集聚地和综合体;四是以农业节庆为主题的展览展示活动,如已经形成的一批有影响的农业嘉年华、丰收节、赏花节等品牌化的乡村旅游主题活动和集聚活动,有效地提升了休闲农业的市场影响力和号召力。

为了更好地展示休闲农业的总体特点,本书在上述活动的基础上对休闲农业经营项目所依托的资源进行了分类,归纳为农家生活、农业生产、农村生态、功能拓展四个导向的发展类型。这种分类方式以"三农"资源为核心概

---

① 史佳林等.天津休闲农业区域类型划分与发展前景展望[J].天津农业科学,2012,(4):58-61.

念,具有很清晰的界限,最后将综合性强或延展提升的项目列入功能拓展的组别中。农家生活主要包括农家食宿和文化节庆,农业生产主要指农事体验和全年订购,农村生态主要指环境观赏和生态体验,功能拓展是比较高端的项目,可以分为综合发展和外延发展两种类型。一般来说,综合发展项目兼具生活、生产、生态三种功能,能够全面实现消费者在乡村的休闲养生、购物体验以及文化体验等多种诉求;外延发展项目则是经营者依托良好的资金链、基础设施和管理手段,充分挖掘自身良好的文化底蕴和优良传统,开发出更高端、更新型的项目,包括休闲养生院所、体育健身场院、农场农园联盟、文化展演场馆等。

作为一个新兴产业,休闲农业在快速发展中也暴露出很多问题:一是经营思路死板、经营方式简单,同质化现象严重,农家民宿以及旅游村落存在比较严重的"批量复制"和"重复建设",缺乏个性特点,行业内部恶性竞争严重,在很多农村地区存在着"劣币驱逐良币"的低价经营怪圈,这种恶性竞争导致很多高投入项目无法获得合理的利润回报,使投资人向乡村注资的热情受到了较大打击;二是经营项目的产品构成单一,一般以低端的休闲观光、农家食宿为主要内容,服务类产品的形式比较单调,欠缺对特色地域文化的挖掘和开发,导致项目经营者的利润回报低、持续发展能力较差;三是休闲农业项目经营者的品牌意识比较淡薄,整个产业存在着项目雷同、缺乏既有品位又有创意的休闲农业品牌,现有的项目品牌知名度也很有限,休闲农业项目在消费市场的辐射力较弱,品牌影响一般只局限于较小的范围;四是从公共服务的角度看,很多农村地区的交通基础设施、卫生保健条件不能满足大批量游客的配套服务要求,旅游旺季往往会出现交通拥堵、公共服务不足的情况。面对上述问题,相关管理部门应加强规划的引领作用,大力推进规范管理和科学管理,加快对特色文化的挖掘与开发,通过文化植入塑造有影响力的品牌形象,引导传统业态的转型和提升,把低档次的农家食宿逐步转化为健康养生、文化体验等高端服务项目,提升产业的整体利润水平和可持续发展能力。

二、天津休闲农业的发展情况

天津农村地区的旅游资源丰富而全面,适合开展休闲农业和乡村旅游活动。北部的蓟州区是天津唯一的山地文化区,拥有盘山、黄崖关长城、独乐寺等名胜古迹,因景色优美、空气清新,蓟州区被称为京津市民休闲养生的"后花园"。在京津冀地区,天津境内的水资源异常丰富,在民间享有"九河下梢""河海要冲"等称号①:流经天津全境的一级河道长达 1095.1 公里;大运河从天津境内穿过;天津拥有团泊湖、翠屏湖(于桥水库)、东丽湖等湖泊景观;拥有具有"健康肺"功能的七里海、北大港、大黄堡等大面积湿地。紧邻渤海湾的海洋特色为天津休闲农业增色不少,沙滩、大海和特色海产品吸引着生活在内陆城市的人们前来旅游,赶海旅游对缺乏海洋资源的北京等地的游客很有吸引力。从发展进程来看,天津农业地区的发展要早于市区,其留下了非常丰富的民俗文化景观和民间文化传统,独乐寺的传统庙会、葛沽的"宝辇花会"、咸水沽的"文武高跷"等节庆活动在民间影响很大,杨柳青木版年画、蓟州皮影雕刻、大港剪纸等民间工艺在国内外享有很高的声誉。人们勤劳的农业生产劳作和对美好生活的追求,也给社会留下了很多知名的优秀农产品,如小站水稻、崔庄冬枣、盘山柿子、沙窝青萝卜、茶淀葡萄、"宝坻三辣"等,都很有市场号召力。

作为直辖市和北方的经济中心,天津拥有便捷的交通、集聚的人口和雄厚的经济实力,这是本市以及周边地区休闲农业可以依托的强大市场基础。2018 年末,天津市常住人口为 1559.60 万人,其中城镇人口达到 1296.81 万人,全年的人均可支配收入达到了 3.95 万元。从天津休闲农业的市场构成看,本地消费群体的客源基础最为强大,良好的经济收入使其具备到乡村开展旅游活动的实力。随着社会的发展与进步,城市居民的生活和消费习惯发生了很多变化,到乡村旅游正是其中之一:由于都市工作比较繁忙,城市空气环境相对恶劣,很多城市居民希望在短期休假时来到乡村,享受原生态的"慢

---

① 刘艳利. 天津海事:提升硬实力优化软环境以专业优势服务国家战略[J]. 中国海事,2016,(08):12-13.

生活"，休养生息后再回到城市的工作岗位上。人们愿意回到乡村还有一个重要缘由——乡愁。工业化城市是近一百多年的发展产物，很多城市人的祖辈来自农村，当代城市人都有着抹不去的思乡和恋乡情结。经过多年的发展，天津的休闲农业已经具备了吸引本地和周边地区游客的实力，能够很好地满足消费者住农家院、品农家饭、观农家生活的愿望，整个产业呈现出光明的发展前景。

　　天津休闲农业的起步要晚于国内先进地区，在全市经济发展进入到稳定阶段的1994年，九山顶下常州村的村民高翠莲开办了第一家农家院，被称为是天津市休闲农业起步的标志①。经过二十多年的发展，天津的休闲农业产业经过自发管理、粗放发展、规范管理走到今天转型升级的阶段，已经具备了一定的规模和鲜明的地域特色，为农民提高收入拓展了新的渠道，成为拥有特色旅游资源的农村地区的重要收入来源，也为天津和周边地区的市民提供了休闲养生的便利途径。目前，全市已经形成了以农家生活、农村生态、农业生产为核心的多种休闲农业项目，在传统的农家食宿基础上，乡野公园、民俗文化区、综合庄园等高端项目不断涌现，旅游活动的内容和形式更加丰富和灵活，先进项目占据了整个产业规模的半壁江山。多年来，相关部门通过实施称号认定等多种管理方式，规范和引导经营者向品牌化、标准化迈进，截至2018年底，获得国家级称号认定的有：休闲农业与乡村旅游示范区4个、示范点20个，美丽田园4个，美丽休闲乡村15个。其中，西井峪村被评为中国历史文化名村，崔庄古冬枣园被认定为中国重要农业文化遗产项目。依据休闲农业的行业管理制度，评定出天津市级称号休闲农业示范园区22个、示范村（点）243个，行业内规范经营户达到3000户。二十余年来，在政府相关管理部门的引导下，在产业经营者的一致努力下，天津休闲农业的产业规模不断扩大，内在经营机制不断完善，整体服务水平持续提升，从而吸引了数量越来越多、范围越来越广的都市游客来到天津乡村休闲度假：2018年全市休闲农业接待游客数量1900万人次，全年综合收入突破70亿元。休闲农业的经营

　　① 苑雅文.2016天津市休闲农业与乡村旅游发展模式与展望［A］//2016天津市经济社会形势分析与预测（经济卷）［C］.天津：天津社会科学院出版社,2016:334-340.

活动也成为农民重要的劳动方式和收入来源,休闲农业经营项目为天津带来6.9万个职业岗位,同时辐射带动30万人就业。

天津休闲农业呈现出多方面的个性特点:一是空间布局上的聚类分布。在景点景观附近,主要提供农家生活服务的项目集聚,综合性庄园、市民农园主要分布在近郊地区,生态农庄、乡野公园则分布在远郊地区。二是旅游村落快速发展,内部管理模式松散式与集聚式共存,集聚式模式快速发展。三是生态体验活动的专项旅游日益受到市场欢迎,相关项目建设和提升的速度很快。四是依靠政策支持和经营资本投入,行业内部的经营管理水平不断提升,由传统管理向先进现代管理发展。

尽管有独特的魅力和令人骄傲的成绩,但是距离乡村振兴的要求以及与先进地区相比较,天津的休闲农业还有很多不足之处,主要表现有:旅游活动依托的农村地区基础设施、配套设施不够完善,旅游旺季时道路拥堵、无处停车的现象严重;休闲农业项目同质化明显,低端项目占主流,特色文化含量低,品牌影响力不够;行业内项目经营水平差距较大,很多经济实力差、市场开发能力弱的经营者缺乏创新举措和市场扩张能力[①]。今后,要抓住机遇,积极投入到乡村振兴的建设中:实施供给侧结构性改革,提高农村生产要素的投资回报;借鉴国内先进管理经验,加快塑造影响力大的品牌形象;树立文化自信,提高休闲农业的持续发展能力;引进先进的管理模式和技术手段,提高休闲农业的整体实力;建设"三农"工作队伍,发挥科研智库的服务功能。

第二节　休闲农业文化研究的理论基础

国内对休闲农业实践的考察与总结有很多,如北京、江苏等地发布了休闲农业发展报告、乡村旅游"北京模式"研究等。天津休闲农业的快速发展,日益得到学术界的关注,相关专著有《大美津郊》《蓟州区全域旅游研究》等。

---

① 徐虹,李瑾,李永森主编.天津市休闲农业与乡村旅游发展报告(第一卷)[M].北京:中国旅游出版社,2017:81.

一、可持续发展理论

粗放式的快速发展道路给周边的环境留下了很多伤痕,也给人类自身的生存安全带来了不小的威胁。可持续发展的观念是发达国家率先提出、中国等发展中国家积极响应的理念,已经得到当今社会的普遍认同,其要求我们在发展中不能以本时代的人类需求为核心,还要保证对后代的生存不会产生危害。

20 世纪五六十年代,全球经济的快速增长带来了资源浪费、环境恶化等不良影响,这种把"增长与发展画等号"的经济发展模式受到了学者们的质疑:科普作家莱切尔·卡逊在 1962 年发布了著作《寂静的春天》,生动而透彻的论述引起世界对经济发展模式的关注。1987 年,联合国世界与环境发展委员会布伦特兰主席发表了名为"我们共同的未来"的报告,正式提出"可持续发展"①的概念。通过系统阐述人类面临的一系列重大经济、社会和环境问题,《我们共同的未来》明确提出"永续发展"的目标,认为要在不损害后代需求的基础上满足当代人的资源消耗要求,要同时实现"经济的发展、自然资源与环境的和谐、子孙后代安居乐业的永续满足"等多重目标。1992 年,联合国环境与发展大会对可持续发展的基本要领进行了讨论,获得与会各国的首肯,可持续发展理念得到各国政府、各方舆论组织的极大关注和贯彻实施。

可持续发展概念的界定主要包括两个方向:"需要"和对需要的"限制"。首先要满足人类生存脱贫的基本需求,其次是限制对未来环境有危害的当代开发行为。实践证明,人类以破坏环境为代价的过度开发,必将危及整个地球的生命系统和全人类的生存。可持续发展追求的是共同发展、协同发展、公平发展、高效发展和多维发展,也就是在整体协调发展的大格局下,实现经济、社会、环境三大系统的高效配置和科学运转。世界范围的可持续发展是一个多种模式的多维度实践活动,应该从各地方的基本情况出发,实施符合本国或本地区实际的发展道路。

---

① 崔大鹏,张坤民.走好关键的第三步:纪念《我们共同的未来》发表 20 周年[J].环境经济 2007,(9):31-34.

可持续发展包括三个方面的要求：一是从经济视角看，鼓励经济增长而不是以环境保护为名取消经济增长，不仅重视经济增长的数量，更追求经济发展的质量，集约型的经济增长方式就是典型模式；二是从生态视角看，把经济社会发展对资源的消耗与自然界的承载能力相配比，必须在获得发展成就的同时保护好人类的生存环境，同时要对粗放发展阶段造成的环境损害进行修复，实践活动中要对自然资源的消耗进行限制，对生态环境实施积极的保护，确保人类的发展与地球环境的承载能力相匹配；三是从社会视角看，环境保护是社会公平的体现。在整个可持续发展的体系中，经济发展是社会持续发展的基础，生态系统的健康运行是社会持续发展的条件，社会可持续发展是人类追求的共同目标①。

作为一种休闲养生的旅游活动，良好的自然和生态环境是休闲农业发展的基础条件。因此，休闲农业的可持续发展不仅限于研究将农业资源作为旅游资源利用，还必须将地域的均衡、科学发展作为核心目标，要维护好自然和生态环境，节约资源，探索出经济发展与资源永续利用有机结合协调发展之路。我国休闲农业发展中也存在旅游活动对生态环境破坏的现象，今后要通过相关法规的引导和疏导，通过政策资金的投入和建设，实现休闲农业对资源的科学合理开发，实现人与自然的和谐共存。

二、体验经济理论

体验也叫体会，是通过感觉器官对人、物或事情进行了解或感应。体验经济是一种服务手段，其从特定的生活情境出发，使客户形成感官体验及思维认同，以此抓住消费者的注意力，诱导消费行为的发生，实现销售方产品或服务的经济价值。现代的市场经济格局下，人们的个性化消费欲望不断增强，体验经济有助于满足消费者的个性化诉求，实现通过亲身感受得到直观印象的消费动力。

世界经济的发展经历了四个不同的阶段：一是产品经济时代，即农业经济时代。农业经济时代商品短缺、流通体系不健全，生产者控制产品和生产

---

① 张坤民. 可持续发展论[M]. 北京：中国环境科学出版社，1997：15.

资料,即生产者主宰着经济、主宰着世界。二是商品经济时代,又称工业经济时代。随着工业化的不断深入和社会分工的细化,出现了产品充足的社会格局,带来了活跃的市场交易和市场竞争,商品的销售成为市场主导的经济活动。三是服务经济时代。随着商品经济发展到激烈竞争的阶段,为了得到消费者的认同,经营者开始注重服务的供给量,也就是通过向客户提供超值服务,塑造个性化的品牌影响力,赢得消费者的认同。四是体验经济时代。体验经济时代在服务经济基础上的进一步发展,更加强化了消费过程中的客户体验,让消费者在消费过程中得到更强烈的满足感。

正是在这样的经济发展进程中,1999 年,学者约瑟夫·派恩和詹姆斯·吉尔摩发表了专著《体验经济》,认为当今经济社会沿着"产品经济—商品经济—服务经济"的过程发展进化,并提出体验经济是更高、更新的经济形态①。产品经济的代表是农业,商品经济的代表是工业。随着新技术的不断涌现,出现了服务需求的增加和服务人员的增长。服务指的是在商品生产的基础上,根据客户的需求进行的、以商品为核心的销售活动。充分的市场实践已经表明,服务经济逐步向高端和极致发展,体验经济应运而生。所谓体验是使消费者以个性化的方式参与其中的事件,也就是当一个人达到情绪、体力、智力乃至精神的某一特定水平时,在自身的意识中产生了美好的记忆和感觉。体验活动的策划者通过充满个性的活动设计,给消费者留下一种难忘的消费记忆。

体验经济是现代营销学的重要理论基础,被认为是一种全新的经济形态,推动了当今经济社会的消费方式和生产方式的重大变革,具有个性化、终端性、差异性、感官性、知识性、记忆性、参与性、经济性等多种特征,各项特征相互关联、相互结合,推动着现代经营活动的广泛开展,在市场交易关系中融入了"与人交友"的人性情感色彩。

体验经济的提出,提升了休闲农业的经营水准。作为旅游活动的新形式,休闲农业向消费者提供农业农村资源的体验服务,消费者得到审美、休

---

①　约瑟夫·派恩、詹姆斯·吉尔摩.体验经济[M],夏业良等译,北京:机械工业出版社,2008:10.

闲、康养、教育等享受,休闲农业在为城市居民提供服务产品的同时,增加了农民的收入,这也让体验经济得到了最直接的运用和能量散发。

三、文化学

文化是在人类发展和社会进步的历程中逐渐积累形成的。1952年,克罗伯和克拉克洪发表了专著《文化:一个概念定义的考评》,书中收集了关于文化的160多种定义,被学术界广泛认同的定义有以下几种:一是泰勒的描述性界定,其认为文化或文明,就其广泛的民族学意义来说,包括"全部的知识、信仰、艺术、道德、法律和风俗",还包括社会成员"所掌握和接受的任何其他的才能和习惯的复合体";二是萨姆纳的心理性界定,其认为人类"为适应生活环境所做出的调整行为"就是文化,也称为文明;三是萨丕尔的历史性界定,其认为学者用文化来表达"人类生活中通过社会遗传下来"的财富,可以分为物质财富和精神财富两个类别;四是威斯勒的规范性界定,其认为"社会或部落所遵循的生活方式"就是文化;五是奥格本的结构性界定,其认为文化是一个完整体系,包括各种发明和文明以及相互之间的彼此关联①;六是我国学者梁漱溟在其专著《东西文化及其哲学》中的界定,认为文化是一个民族生活的种种方面,其中主要包括两个方面:精神生活方面和社会生活方面②。

冯年华等学者从文化的视角研究乡村旅游,对文化首先进行了解析,认为文化是人类在改造自然过程中产生的,反映了人类文明的进化过程。学者们认为,文化包含三个层面的内容:宏观层面看,文化涵盖了人类文明的所有成果,可以分成物质文化、精神文化和制度文化;中观层面看,文化是对精神成果的创造性转化,是人类精神领域客观形态变化的反映;微观层面看,文化是对学术思想和价值观念的对象化,包括内化和外化两种方式。从文化的表现形式来看,可以归纳为道德、信仰、知识、艺术、风俗等多种表达方式。文化的基本特性则包括:一是文化是在人类进化发展过程中衍生出来的劳动成果,是对自然界的"人化"创造;二是文化是人类实践活动的对象化,是人类智

---

① 冯年华等. 乡村旅游文化学[M]. 北京:经济科学出版社,2011:16.
② 梁漱溟. 东西文化及其哲学[M]. 上海:上海人民出版社,2015:10.

慧的价值实现;三是文化是特定群体中的历史积淀,是受到广泛认同的行为规范,而且会沿着时间和空间传递下去。

文化表现为人类的精神力量,在人类社会的发展进程中,这种精神力量又被转化为物质力量,对人类社会的发展产生了重要的支撑和支持作用。先进和优秀的文化对社会发展产生了巨大的推动作用,而反过来看,腐朽没落或反动的文化对社会发展会产生极大的阻碍乃至毁灭作用。也就是说,文化对人类社会的发展有着非常重要的作用,优秀文化能够增强人的精神斗志,进而转化为物质生产力。

四、产业融合理论

产业融合理论起源于 20 世纪 60 年代。产业融合是依托于技术变革的产业结构变化,是多个产业或同一产业内部不同行业之间的相互渗透或相互交融,经过这种交流与融合,多种形式、多个分部整合起来,进而形成一种新的产业形态,这是经济发展到一定阶段的必然现象。[①] 产业融合是在市场、技术、行业竞合、政府管制等合力推动下,在一个动态的发展过程中逐渐形成的。产业融合的动力来源于两个方面:一是源自外部的动力,也就是从产业外部的经济全球化、管制放松、需求变化等动力机制;二是源自产业内部的动力,包括技术创新、观念进化、管理创新等。融合的结果是不同产业之间的联系增多、相互的界限变得模糊,融合后的产业价值创造能力得到了提升。

从融合的方式看,产业融合可以细分为渗透、交叉和重组三种形式,产业渗透是在产业边界处产生的融合交流活动,产业交叉是产业间功能的融合渗透趋势,产业重组是产业内部的融合重建活动。此外,根据融合的程度,产业融合又可以分为完全融合和部分融合;根据产业融合的手段,可以分为替代型融合、互补型融合和结合型融合。[②]

产业融合是一种产业组织的创新活动,可以有效地提高劳动生产率,从而提高新型生产组织的竞争能力。丰富的实践成果表明,产业融合在人类经

---

① 马健.产业融合理论研究评述[J].经济学动态.2002,(5):78-81.

② 郑立新,罗鹏.乡村振兴视阈中的农民主体作用、制约因素及路径选择[J].云梦学刊,2020,(1):115-124.

济社会的发展中起到了重要的作用:一是通过与新技术、新理念、新领域的融合,有效促进了传统产业的变革和升级,让传统产业结构得到优化,实现了经济效益提升的目标;二是通过跨地域经济组织的互相渗透与交融,实现区域之间经济资源的有效流动,打破了区域或地域设置的交流或交易壁垒,有效降低了经营组织的管理成本,形成具有更强竞争力的网络化组织体系;三是通过与新产业、新成员的融合,企业的外部竞争关系有了重大变化,企业有了更多的合作伙伴,企业的市场开发成本有效降低,企业竞争力获得了根本性提升。

产业融合的结果是出现了新的产业、新的组织以及新的经济增长点。休闲农业是产业融合的典型表现,其充分结合了农业与旅游业的优势,有效促进了二者的合作共赢与科学发展。从产业融合研究休闲农业,通过经济、城乡、劳动力的融合,有助于提高劳动生产率,进而促进休闲农业的持续、有效、快速的发展。

第三节　天津休闲农业文化研究的意义与方法

一、对天津休闲农业文化要素展开研究的意义

(一)休闲农业是天津实现乡村振兴的重要抓手

党的十九大报告中提出了"乡村振兴战略"。农业、农村、农民问题是关系国计民生的根本性问题,解决好"三农"问题是全党工作的重中之重。农业强不强、农村美不美、农民富不富,决定着亿万农民的获得感和幸福感,决定着中国全面小康社会的成色和社会主义现代化的质量[①]。回望历史,中国特色的革命思想、革命斗争、革命道路是从土地革命开始的,是从农村包围城市的道路开始的。改革开放第一步实践,是从农村家庭联产承包责任制的探索

---

① 吴奇修.不忘初心牢记使命,扎实推进乡村振兴[J].当代农村财经2019,(9):2-6.

开始的,改革开放获得的巨大人口红利主要来源于农村。中国特色社会主义进入新时代后,党中央高度重视"三农"工作:乡村振兴战略的主战场是农村、脱贫攻坚战的主攻方向是农村、全面建成小康社会的关键点是农村。习近平总书记明确要求,要不断推进"三农"工作的理论创新、实践创新和制度创新,推动农业、农村发展取得历史性成就、发生历史性变化。所以,关注"三农"、研究"三农"、策论"三农",是当前管理和研究部门必须担当的历史使命。天津的农村与农业虽然经济占比不大,但是农村地区的疆土面积和人口规模占据了一半份额,乡村振兴是关系全市生态环境、人民生活的重大工程,同样要引起我们的重视。

(二)文化是破解休闲农业发展难题的重要抓手和支撑

城乡融合是我国现代化进程的必然趋势,但这并非意味着乡村的消亡,而是要科学布局城乡发展比例。乡村振兴是中国发展的新领域,也是社科研究理论与实践交融的新领域。为此要抓住有发展潜力的乡村,搞好规划引导和三产融合,实现文化提升经济效益的目标,实现各方利益均衡分配的格局,这正是通过乡村振兴实现乡村价值的有效方式。

实践证明,乡村文化振兴是乡村全面振兴的重点和核心。2016 年,我们在下乡调研中发现了风景秀丽、人文气息浓厚的小山村——小穿芳峪村:村史上曾有八位雅士在这里建园生活,设立"穿芳义塾"推广教育,开展规模化植树与山地养护,实施精细化农耕与改良试验。劳作之余,这些雅士勤于笔耕,留下了高水平的文献资料,成为当今可供研究的宝贵文化财富。我们体会到,乡村振兴进程中存在着政策落地的"最后一公里"和农民迈向兴旺的"最初一公里"的双向难题,也就是农村基层对政策理解不深刻、执行不到位,乡村基层管理者和农民对自身需求认知模糊、缺乏思考。为提高科研人员服务地方经济社会发展的机会与能力,科研人员应走出书斋做学问,在工作中要"撸起袖子加油干""挽起裤腿下田间",积极深入到基层一线调查研究,帮助基层单位发现和解决问题,从而强化理论研究的基础、印证理论研究的结论,最后提出更有见地、更有分量的咨政策略和理论创新。基于与小穿芳峪村丰富的合作实践,我们决定在这里设立天津社会科学院的智库实践基地,为科研人员提供实践的有效平台,同时以点带面,面向天津市内乃至国内的乡村地区开展多学科、多角度的实践考察和咨询服务,全面提升科研人员的智库服务水平。地方社会科学院作为地域高级社科研究机构和综合性高端智库,承担着"顶天"和"立地"的服务职能,"顶天"指为地方党委政府提供决策服务,"立地"指为基层经济发展建言献策。智库实践基地的设立正是为了夯实"立地"的根基,构建起理论与实践密切联系的综合平台,促进科研人员挖掘基层素材、发现理论创新灵感,再让源于实践的创新成果服务于决策层和基层。几年的运转证明,实践基地的建立,打通了科研与实践的链接梗阻,科研人员发挥特长、补齐短板,成为乡村发展的重要力量。

丰富的科研实践活动也向我们展示出,休闲农业文化研究的难点在于科学界定历史(民俗)文化与旅游文化的关系:二者虽然具有不同的内涵和外在表现,但在历史长河的发展中,两种文化相互交织、融合,存在着互相转化的现象。休闲农业项目经营中文化建设的难题表现在两个方面:一方面是历史、民俗文化不能转化为有效的经济价值,另一方面是经营者忽视文化建设的短期化经营行为。本课题正是基于文化资源禀赋的视角,对天津休闲农业依托的文化要素进行总结和剖析,找出地域文化资源促进天津休闲农业产业发展的有效路径。

2020年春节前后,新冠肺炎疫情给天津休闲农业的发展带来了挑战。从宏观到微观、从个体到集体、从自然到社会、从传统到现代、从无知到科学、从颠覆到创新,人们对疫情的反思必然会应用到休闲农业的产业发展过程中新冠肺炎疫情既是当前经济社会遭遇的重大挑战,也是未来社会经济变革升级的重要契机,必将推动社会重大公共安全事件治理机制的创新。可以预见,未来的休闲农业发展必须停止对野生动物的伤害、对自然环境的破坏,提升卫生防疫的设施和服务手段。疫情的侵袭和封闭的生活,也将激发人们对健康美好生活的向往,绿色、健康、运动将成为休闲农业重要的文化内涵。

二、研究的目的、方法与路径

研究的目的在于通过全面分析休闲农业文化的理论体系,整合天津休闲农业的自然与生态、生产与生命、历史与民俗等文化要素,衡量这些文化要素的表现特点和价值,提出今后发展中以文化促进休闲农业发展的具体路径。

　　研究运用典型调查、专家访谈、文史资料查询等多种方法,全面汇总天津休闲农业的文化资源;采用实证分析与规范分析相结合,定性研究、定量研究和实践调查相结合的方法,找出文化资源与天津休闲农业融合共进的有效路径。

　　我们通过以下路径获取资料,开展分析与研究:一是搜集整理天津各郊区农业及农村的文化资料;二是走访调查天津休闲农业典型案例,分析文化要素的类型与在休闲农业产业发展中的作用方式;三是比较研究天津休闲农业文化建设的实践经验与不足;四是从全域旅游、文化生态、品牌文化视角探寻天津休闲农业的文化提升路径;五是构建天津休闲农业文化的价值实现机制。

第一章　休闲农业的理论框架与文化特性

第一节　休闲农业理论研究的主要内容和观点

发达国家的休闲农业起步较早,学者们对休闲农业实践活动进行了深入的考察,架构起比较成熟的理论研究体系,主要内容有:对休闲农业与经济社会持续发展关系的研究,认为要保护乡村文化、实现永续发展;对休闲农业概念内涵的界定;对休闲农业活动内容、供需关系的研究;对休闲农业经营过程对经济、社会、环境影响的考察;对休闲农业产业内部运营规律的分析,如产品开发的路径和市场营销体系的构建等;对典型项目的投资模式、管理体系以及营销手段的跟踪考察和经验总结。

随着我国休闲农业产业规模的不断扩大,经营管理实践日益丰富,国内学者对休闲农业展开了系统的理论研究,围绕产业功能、组织形态、品牌建设、营销体系等节点构建起完整的学科理论体系。

一、休闲农业概念研究述评

在我国休闲农业的发展进程中,其实践活动产生于 20 世纪 80 年代,而理论研究是在产业规模壮大以后的 21 世纪成熟起来的。休闲农业的概念曾使用过多种词语进行定义,使用比较多的有"观光农业""乡村旅游""农业旅游"等。2011 年,国家农业部(现农业农村部)制定了《全国休闲农业发展"十二五"规划》,"休闲农业"成为受到各界公认的概念,前期使用的农业旅游、观光农业等词汇的内涵一般等同于"休闲农业"。学术界关注比较多的还有休闲农业与乡村旅游的关系,多个政策文件将二者结合起来表述,如"全国休闲农业与乡村旅游示范(县)点"评定体系、"休闲农业与乡村旅游发展报告"研究体系等。在学术界的研究中,一般用广义的"休闲农业"涵盖"休闲农业与乡村旅游"两个体系。

休闲农业作为一个新名词,起源于1989年我国台湾地区的休闲农业研讨会。1999年我国台湾地区发布的《休闲农业辅导管理办法》指出,休闲农业是指利用田园景观、自然生态及环境资源,结合农林渔牧生产、农业经营活动、农村文化及农家生活,提供人们休闲、增进人们对农业及农村的体验为目的的农业经营。在《全国休闲农业发展"十二五"规划》中,休闲农业的概念得到规范性表述,认为休闲农业是贯穿农村第一、第二、第三产业,融合生产、生活和生态功能,紧密连接农业、农产品加工业、服务业的新型农业产业形态和新型消费业态[1]。

学者们对休闲农业的概念进行了多角度描述。郑文堂(2015)从休闲农业的产业基础、运营模式、经营特点等角度进行了分析,认为休闲农业是高科技、高效益、集约化、市场化的现代经营活动,能够美化景观、保护环境、提供休闲旅游并可持续发展的新型农业产业[2]。学者们认为,休闲农业是一种以农业、农村为媒介的旅游业态,是运用农村的自然生态和人文环境,经过设计和规划建设,为游客提供充满农业特色的休闲活动。

二、休闲农业项目的经营模式与营销规律

包乌兰托亚把休闲农业理解为现代农业产业的发展形式,其运用产业经济学等相关学科理论,构建出传统农业的产业链延伸、农业与旅游业交融的新型产业[3]。实践中,休闲农业表现出不同的特色与主题,从空间布局看,各

---

① 苑雅文.乡村振兴战略下休闲农业文化的要素构成与价值实现[J].环渤海经济瞭望,2019,(7):5-8.

② 郑文堂.休闲农业发展中的农耕文化挖掘[M].北京:中国农业出版社,2015:9.

③ 包乌兰托亚.我国休闲农业资源开发与产业化发展研究[M].北京:经济管理出版社,2018:19.

地域的项目类型和特色也有异同,学术界依据不同的分类标准,做出了多种分类方式,范子文将休闲农业归纳为观光农园、市民公园、农业公园、教育农园、休闲农场、森林旅游、农村留学、民宿农庄和民宿旅游等类别①。还有学者从功能、产业结构或分布地域进行了概括,将休闲农业划分为观光农园和市民农园、近郊型和远郊型、休闲种植业和休闲牧业等多种分类体系。学术界对我国休闲农业经营主体的组织形式进行了广泛的研究,概括出"公司+农户""政府+公司+社会中介+农户""村集体+农民合作社"等多种组合型的现代产业组织形态。

学者们注意到,休闲农业项目运营中普遍存在着产业体系不完善、经营规模偏小、管理规范性较差等问题。深入考察后学者们发现,这些问题严重制约了休闲农业的发展与壮大。学者们还进行了延展性考察,发现产业集群能够产生良好的规模辐射效应,带动农村地区相关产业的配套布局,从而产生空间溢出效应,促进休闲农业为核心的区域化布局和产业链集聚。通过对旅游村、特色镇等产业集群的定向专题研究,学者们对休闲农业集群形成的驱动力进行了考证,对休闲农业集群的机理进行了系统梳理,总结出优化休闲农业产业链、提升整体经济效益的路径。

随着产业规模不断扩大,这一领域的市场竞争也日趋激烈,学者们从体验营销、事件营销、品牌管理等角度对休闲农业营销进行了多角度的研究,提出全面提升休闲农业项目的经营水平,必须关注品牌建设,提高品牌管理能力,开展符合现代市场发展规律的营销活动。对于休闲农业与乡村旅游营销的研究,国内学者更偏重于策略性研究,大多是围绕营销环节或者是营销技巧的点状研究,通过对典型案例的实践活动的考察与分析,探索品牌化营销战略、战术性实证考察、品牌整合营销策略等理论问题。

三、休闲农业与国家宏观政策

休闲农业是区域农业与旅游业的有机融合,通过交互融合成为一种促进农村经济发展的新业态。在国家宏观政策的规范和引导下,旅游对乡村扶贫

---

① 范子文.北京休闲农业升级研究[M].北京:中国农业科学技术出版社,2014:12.

的作用逐渐显现,休闲农业在我国的地位日益提高。赵航在其博士论文《休闲农业发展的理论与实践》中提出,由于理论研究的滞后以及短期经济利益的诱导,休闲农业发展实践中缺乏科学规划和宏观指导,出现了规模较小、集约化程度不高、竞争力不强等深层次问题,应以科学的理论指导来推动我国休闲农业的健康发展。[①]

从国家宏观环境看,休闲农业对我国实现小康社会、新农村建设、和谐社会等一系列国家重大战略有积极的促进作用,但是由于发展进程还比较短暂,需要进一步从理论的系统性开展研究,同时要从实践应用的角度开展深化和延展,发挥理论研究对经济社会发展的积极作用。

第二节　休闲农业理论体系的构建与展望

一、休闲农业理论体系研究

近年来,国内学者结合休闲农业的发展实践,对休闲农业的理论体系进行了全方位的探讨,逐步构建起完整的理论框架。

2015年,范水生出版了专著《休闲农业理论与实践》,对休闲农业的概念、内涵、产业类别、评价体系等进行了系统的研究,构建了一个比较全面的理论体系。范水生提出,休闲农业是一种新的产业类型,要运用生态、经济与文化共融的发展理念进行科学评价,休闲农场是产业发展载体,具有生产、生活、生态的综合性。[②] 2018年,原梅生在《中国休闲农业发展研究》一书中,构建起休闲农业的理论框架,从经济学、管理学视角对我国休闲农业的产业进行了系统性理论分析和实证考察,对休闲农业发展的思想渊源、理论依托和文献资料进行了系统梳理,通过对国内外先进地区休闲农业发展经验的总结,探索我国休闲农业的理论基础和现实基础,对休闲农业与农民增收的关系进

---

① 赵航.休闲农业发展的理论与实践[D].福建师范大学,2012年5月:10.
② 范水生.休闲农业理论与实践[M].北京:中国农业出版社,2011:35.

行了深入分析。①

二、休闲农业理论研究展望

休闲农业的产业定位已经上升到国家战略层面,是乡村振兴战略重要的组成。国内休闲农业的研究范围比较广,研究成果丰富。今后,以下几个方面的研究将成为研究的热点:一是关于休闲农业主体的相关研究。休闲农业具有调整农业生产结构、解决农村剩余劳动力、提高农民的收入、促进外出务工青年返乡的重要功能与作用,休闲农业的发展在很大程度上也取决于农民的参与程度,因此,应对休闲农业经营主体及利益相关者的参与意愿、经营行为、经济效益、参与的意识和态度、休闲农业人才培养等方面开展系统的研究和跟踪考察。二是对产业发展中农村土地流转问题的关注。休闲农业项目的经营必然要依托于项目所在地土地资源的供给方式,休闲农业的发展要求原有的农村土地在功能上要更加丰富,而不恰当的土地流转可能会造成农村耕地被违规占用、农村土地利用结构失衡、农民土地收益主体地位受到侵犯等问题,而这方面的研究还属于空白,应给予更多的关注。三是对休闲农业的文化属性的研究。由于经营者的资金和管理水平普遍不足,当前行业内普遍存在着短视、粗放的经营短板,经营者对于文化在经营中的地位缺乏正确认知,对于文化的表现形式、价值实现方式更缺乏科学合理的设计和有效的实践探索,整体呈现出文化含量低、缺乏品牌个性的现象。

第三节　休闲农业的文化特性

一、旅游文化学研究述评

休闲农业是一种旅游活动,旅游文化学是休闲农业文化研究的理论基础。旅游文化学是"关于旅游文化系统及旅游文化研究的学问",由文化学与

---

① 原梅生.中国休闲农业发展研究[M].北京:中国财政经济出版社,2018:10-12.

旅游学交叉产生,理论研究比较深入,结构体系相对成熟,已经成为旅游教育体系的必修课。学者们对旅游文化相关的理论知识进行了归纳和总结,重点介绍旅游文化的概念、定位、发展历程以及中国旅游文化传统,结合旅游的实践活动,概括出具体的文化种类,如宗教旅游文化、民俗旅游文化、文学艺术以及建筑文化等。邹本涛等在《旅游文化学》一书中,以多维视角审视旅游文化系统及旅游文化研究的问题,把旅游文化作为核心概念,以旅游学和文化学为学科基础,通过旅游体验文化、旅游介入文化两条主线,对旅游文化的概念体系进行了系统概括,对产业发展中政治、经济、自然等因素的影响方式进行了考察,全面分析了旅游文化研究的状况与趋势,构建起完整的概念范畴和理论体系,揭示了旅游文化研究的特点与规律。[①] 沈祖祥在《旅游文化学》一书中对旅游文化的理论体系进行了系统研究:一是运用系统论的研究方法,确立了旅游文化学的研究内容与学科框架;二是以组织学理论为基础,对旅游文化的组织及作用定位进行了科学界定,以旅游文化演进历史及旅游文化形成和产生为基础,探讨旅游文化的特点及其传承规律;三是对旅游文化的分解,对旅游主体文化、客体文化和介体文化进行分类研究;四是通过案例研究探索旅游文化发展的动力与规律,找寻旅游文化理论的应用法则。[②]

冯年华等则构建起乡村旅游文化学的理论框架,认为乡村旅游文化学是隶属于文化学的一个新分支,实践发展和理论研究的积累说明了这个学科的存在是个事实。[③] 学者们通过对我国乡村旅游文化的发展沿革、运行现状与未来趋势的全面考察,运用旅游学和文化学研究的原理和技术,构建并深入剖析了乡村旅游文化学研究体系,系统阐述了旅游文化的内容、特征,并对旅游文化发挥作用的方式与效力进行了深入分析和科学评价。

二、休闲农业是一种文化活动

1988 年 6 月 28 日到 7 月 8 日,深圳市为了招商,以荔枝丰收为主题举办大型的经贸洽谈和联谊活动,22 万来宾前来参加,合作贸易额超过 5 亿。这

① 邹本涛,谢春山.旅游文化学[M].北京:中国旅游出版社,2016:7.
② 沈祖祥.旅游文化学[M].福州:福建人民出版社,2012:9.
③ 冯年华等.乡村旅游文化学[M].北京:经济科学出版社,2011:22.

是深圳市举办的首届荔枝节,标志着我国休闲农业这一新兴产业的起步,也成为深圳市每年举办的标志性"市节"。进入 21 世纪,我国休闲农业进入全面、多样化发展的阶段,到 2018 年,全国休闲农业总营业收入超过 8000 亿元,总接待人次超过 30 亿人,占游客活动总接待人数的半壁江山。回顾 30 多年的发展历程,我国的休闲农业走过了由"农家乐"到"乡村游"到"乡村度假"再到"乡村生活"的发展之路,人们由吃"农家饭"的短期度假逐渐发展到中短期乡村生活体验乃至中长期健康养生活动。

作为一个新兴产业,休闲农业的概念范畴已经得到了广泛认同。在多种项目认定中,休闲农业与乡村旅游往往作为一个同类项目被捆绑在一起,默认为同类。为了把休闲农业文化的研究范畴精准定位,有必要对休闲农业与乡村旅游的关系进行辨析:休闲农业是农业产业的链条延展,以充分开发具有观光、旅游价值的乡村资源为发展提前,把农业生产、农家生活、乡村节庆与游客观光、体验融为一体,让都市游客领略到大自然的风光和乡村文化。可见,休闲农业是农业和旅游业交叉结合产生的新型农业生产经营形态,能够同步开展农业与旅游业的经营活动。休闲农业实质上是农业的衍生品,脱离农业,休闲农业就是无水之源、无根之木。而乡村旅游则强调空间维度的地域分界,将整个乡村地域系统作为开发对象,以旅游者为主体,以聚落、建筑、环境以及乡村民俗风情等为客体,在旅游服务等中间介体的支持下,组建为乡村旅游的互动体系。乡村旅游关注旅游主体的感受,强调旅游活动与乡村人文环境及自然环境之间的关联性。本书以休闲农业为核心概念,囊括了乡村旅游与休闲农业的同类特征,对乡村旅游中的文化积淀、服务体系等先进思想进行了吸纳和借鉴。

作为一种旅游活动,休闲农业属于文化活动,其是以特定的乡村地域文化为依托的体验过程。学术界对"文化"一词的解释有广义和狭义两种:广义文化的研究范围宽泛,涵盖人类生产、生活的全部行为过程和行为结果,表现为人类物质财富与精神财富;狭义文化一般指表现为社会意识形态的精神财富,如文学、艺术等。[①] 遵循广义文化的概念范畴,我们认为,休闲农业文化是

---

① 冯年华等. 乡村旅游文化学 [M]. 北京:经济科学出版社,2011:18.

劳动者在农业生产实践中和生活过程中创造出来的、与农业有关的物质文化、制度文化和精神文化的总和。休闲农业以农业、农村、农民独特的生产和生活为依托,通过开发乡村丰富的自然景观、特色文化以及农业生产等资源,向社会提供有自身特点的观光休养、农事参与、文化鉴赏等休闲产品。

中国是历史悠久的农业大国,漫长的农业生产岁月铸就了多彩的乡村文化。休闲农业文化属于乡村文化体系,涉及民族、农耕、作物、饮食、民俗、节庆等文化内容。休闲农业文化与乡村文化有着明显区别:休闲农业文化是基于经济活动的特定规律,重新整合了乡村文化与都市文明,表现出经济性、时代性以及复合性等特征,继承了中国传统农耕文化中"安家乐土、崇尚和谐"的追求和观念。特别是休闲农业具有现代商业经营的竞争意识和创新精神,在"绿色生态"的大局观下,表现出兴旺的"文化力"[①]。文化是休闲农业发展的灵魂,失去了文化内涵,休闲农业就不可能持久发展。因此,必须牢牢把握优秀的中华文化精髓,发挥文化在乡村振兴中的巨大作用,实现休闲农业的跨越式发展。

休闲农业是农业发展的新途径,农家乐、生态旅游村、综合性农庄等经营形式成为农民创新创业的重要途径。同时,都市人到乡村旅游的市场潜力很大,休闲农业已经成为我国旅游活动重要的形式之一。休闲农业要遵循旅游业的发展规律,科学分析都市游客的诉求和消费热点,要把活动的内容建立在优秀乡村文化的展示和体验上,从而把休闲农业的文化旅游特质表现得更加充分。

三、休闲农业发展中文化的重要作用

文化是破解休闲农业发展难题的重要抓手,首先要提高农民的文化素养,建设具有文化自信的乡村社会环境,形成有利于休闲农业产业活动的人文环境;其次要实施全面的文化管理,充分挖掘地域特色文化,通过注入先进技术、执行科学管理,切实提升休闲农业的管理水平,形成高效持续的产业发展态势。

---

① 贾春峰.文化力[M].北京:人民出版社,1995:15.

产业兴旺的核心在于文化力的作用。国内外成功与失败的经营案例证明,文化与项目的高效结合为休闲农业的发展注入了活力,缺乏文化的产业不可能实现持久的繁荣。党的十九大报告指出,要"结合时代要求继承创新,让中华文化展现出永久魅力和时代风采"。作为乡村振兴工程的一个重要内容,休闲农业必须实现文化与产业的共同提升,只有这样才能真正实现城乡的共同繁荣,实现农民与市民的共同富裕和幸福,实现社会和生态的共同进步①。

文化在休闲农业发展中的重要作用可以概括为以下四点:

一是乡土文化的血脉传承。中国悠久的历史以五千年的农耕文明为主线,工业化的都市文化不过百余年的历史,因此,乡土文化是中国传统文化的精髓,也是我们民族优良的根基,凝聚了中华民族宝贵的精神财富。休闲农业项目的运营过程,是乡土文化直接有效的传播途径,游客在休闲养生的同时,乡土情怀、传统文化在其心中扎下了根,这很好地起到了中华文化推介、延续和传承的作用。通过丰富多彩的乡村文化活动,如农家生活、丰收节庆、才艺展演等面对面的交流,将优秀的地域文化和乡民朴实的人文精神活动转化为符合现代社会传播习惯的内容,促使文化在传承中实现创造性转化,成为都市人推崇和追求的文化要素。

二是民众生活质量的显著提升。现代社会中,工业化的快速发展让都市人精神紧张,往往需要在休假时享受一种舒适、放松的生活,以保证休养后以更好的精神状态重新投入到紧张的工作中。互动性强的休闲农业,吸引都市人感受乡村自然风光的同时,通过参与生产劳动体验农耕文化,提升其满意度,丰富而有生命力的乡土文化让游客感觉乡村度假旅游是一种超值的消费,是提高生活质量的一种有效手段。

三是传统乡土文化的现代转型。休闲农业文化是根植于现代经济活动的一种产业文化,必然要对传统的乡土文化进行筛选和植入,也是乡土文化适应现代经济社会的一种转型升级。在当今社会,人们在享受乡村清新空气

---

① 苑雅文.乡村振兴战略下休闲农业文化的要素构成与价值实现[J].环渤海经济瞭望,2019,(7):5-8.

的同时，还需要享受先进的现代化生活服务。休闲农业文化的提升转型，显然要依靠农民素质和技能的提高，这种提升也促进了当代的乡风文明建设，成为实现乡村振兴战略的积极实践。

四是乡村经济发展与文化建设的有效平衡。休闲农业发展中存在着过于重经济、轻文化的状况，暴露出经营项目同质化、文化内涵表层化的问题，项目运营中往往以餐饮为核心，但是缺乏精益求精的制作工艺，更缺乏个性化的服务。从整个行业的经营状况上看，休闲农业文化活动的形式和内容都很欠缺，在一定程度上导致乡土文化处于封闭状态，休闲农业的利润回报处于较低的水平。开展积极的休闲农业文化建设，为都市与乡村不同社会群体的跨文化融合搭建起互动的平台，助推各种社会力量在碰撞中实现共生和发展，在产生经济回报的同时，形成了持续的文化活力。

第四节　休闲农业文化研究的理论框架

一、内涵：乡村休闲的文化

休闲是一种状态。赵艳粉等认为，休闲指的是人们在自身幸福感和价值观的指引下追求的一种真、善、美的生命过程。[①] 人们对休闲生活的追求自古有之，比如琴棋书画、种花养鱼、游山玩水等都是我国民众休闲活动的重要内容。从活动的目的上看，人们休闲放松一般包括两个层面的目标：一是物质层面，消除身体的疲劳和不适；二是精神层面，补充能量、获得精神上的放松和提振。休闲农业本质上是到乡村去休闲，即现代都市人通过自然生态、田园风光、乡风民俗的参与和体验，身体上得到调养，精神上得到放松，同时又吸纳了新的乡土文化。经过短暂的乡村休闲养生，都市人的疲劳得到了缓解，焦虑得到了释放，能够以更饱满的热情投入到新一轮的生活和工作中。

---

① 赵艳粉，李华.北京休闲农业文化的资源类型及开发［J］.农业工程，2014，（4）：154-158.

休闲是实施休闲农业的前提。人们休闲的诉求得以实现需要具备闲暇的时间和必要的经济条件。休闲农业文化不是纯粹的农村地区的乡土文化，是让城市人产生兴趣和追求的乡村休闲文化，是传统农业文化与现代农业文化的整合，是乡土文化与现代都市文化的有机融合。城市游客通过体验农耕、农家饮食、乡村建筑等文化元素，感受到农村地区特定的生态、生命、生产和生活等方面的文化特色和氛围，让身体和精神得到放松和享受，这种服务活动也让农民和相关的项目经营者得到了经济回报，成为农村地区产业链延伸、收入提高的重要抓手。

二、休闲农业文化的特点

一是继承性。休闲农业文化的根本是传承我国优秀传统文化。都市是现代工业化发展的产物，农村和农业承载着绝大多数城里人的家族诞生与发展、前辈或自身早年乡村生活的记忆，破解乡愁是都市人到乡村休闲度假的重要诉求。乡村景观、农耕活动、农家生活是休闲农业的重要内容，通过农家食宿、田野观光、农事参与、民俗体验等方式，游客能够在休闲中感受有魅力的中国乡土文化，感受优秀的中国传统文化，既得到了感官上的享受，又得到了精神上的洗礼和提升，正因如此，到乡村旅游才能吸引大量的消费者。都市环境成长起来的新一代一般缺少农村生活经验，曾经有过乡村生活经历的成年人期待回归到乡野环境中，都市游客往往沉浸于具有田园风情的自然景色中，在与农家的交流和体验中，更对乡村农家生活的方式和特色农产品产生兴趣，在享受农家餐饮、绿色风景之后，会带着浓郁的兴趣去乡村参观，探寻当地的历史故事、民俗风尚、特色农艺以及文艺演出等文化传统，特别是通过旅游地组织的文化展演、节庆集聚等交流活动，游客对乡村的优秀文化能够有直观的认知，实现优秀传统文化的继承和发展的社会目标。

二是综合性。休闲农业文化不是简单的说教，也不是书面上的文字，是融于一系列实际活动中的内在精髓，通过旅游活动中的食、宿、行、游、购、娱等互动环节传达给游客，既有物质形式的，也有精神形式的。休闲农业是游客与项目经营者在乡村的特定场所发生的互动过程，不仅包括特定的自然与人文景观，还包括旅游服务、营销推广以及设计美学等多个层面，是一个多种元素组成的复合型系统,是多种文化要素碰撞交织的动态立体网络。因此,休闲农业的文化不是指某一个单纯的方面或形态,而是一种综合性的表现形式和体系。

三是创新性。休闲农业是农业与现代旅游业碰撞后的交叉产业,休闲农业文化不完全是对农村、农业文化的照搬、复制,其需要根据现代人的消费习惯加以重塑和创新,特别是在现代先进的科学技术的支持下,人们与农业文明对接和碰撞的形式不断创新,比如网络系统在销售模式上的创新推动、计算机手段在景观模拟上的真实再现、实景表演对历史典故的活化与升华,等等,无不体现出一种创新发展、创造提升的新视野和新体系。

四是传播性。通过各种休闲体验活动,消费者对先进的现代农业生产以及健康的乡村生活进行了直接的体验感受,回归城市后又将这种体会通过与亲朋好友的交流、分享等形式将信息传播开来,由于消费者群体的移动和信息传播,优秀的乡土文化在更大范围内得到了有效传播,具有地域特色的休闲农业文化得到了移植和扩散。

五是生态性。休闲农业在发展的过程中要注重对生态环境的保护,要有大局观和可持续发展观,休闲活动开展的过程不能破坏自然环境。休闲农业本身以绿色、有机农产品为主要体验目标,通过休闲农业产业链条的延伸,扩大了地区优势农产品的市场影响力,游客对绿色生态环境和产品的付费买单,促进了现代生态文明的发展。绿色生态是休闲农业必须遵循的核心标准,也是休闲农业文化不可或缺的基本点位。

三、休闲农业文化建设秉承的原则

(一)夯实基础,注重社会经济与自然的协调发展

第一,把生态环保放在首位。休闲农业根本上是一种经济行为,追求商业利益是经营者的必然追求,而消费者在活动过程中往往会给乡村环境带来一些负面的影响,比如大量的垃圾污染了乡村环境、大规模的活动聚集地侵占了农业用地,等等。但是我们必须认识到产业发展需要缓和人类与大自然之间的矛盾,要谋求生态的平衡与稳定,应杜绝追求短期经济利益而危害环境的开发行为,要加强规范和引导,杜绝对自然和生态环境的侵害。要把休

闲农业文化建立在经济与自然和谐共赢的基础上,立足长远,走可持续发展的道路。

第二,遵循文化产业发展规律,把传统文化植入现代生活中。我国农村地区有着悠久的农耕文明传承史以及在辛勤劳作中积淀下来的劳动技能和民俗风尚,这些优秀的文化传统是中华民族发展进步的宝贵财富,是休闲农业产业发展的重要依托。因此休闲农业在项目的经营活动中,要尊重优秀的中华传统文化,传播优秀的农耕文明,按照市场化的运营规律,将这种乡土文化与现代的技术手段相结合,把道地农产品、乡村养生等乡土文化发展为项目经营的内容,更为有效地让游客感受到优秀文化的先进性。

(二)活化展现方式,实现特色文化的社会响应

休闲农业文化来源于有传统、有历史的乡村,不是简单的农家饭和农产品,因此要深入挖掘地域文化的深刻内涵,找出休闲农业的特色文化主题,并且以有感染力的形式将这种文化表现出来,让游客在美好的活动中体验文化的魅力。休闲文化融合在系列的农家生活和生产活动体验中,但是当前大众传播媒介对文化的关注和普及还比较少,专业化的研究和开发更是欠缺,特别是对生态文化、生命文化、农耕文化的宣传主要停留在书面或单纯的说教上,不能让农民展示出最感人的文化内涵,也不足以给游客难以忘怀的客观感受。因此,要动员各方力量,深入挖掘休闲文化的内涵,加强媒体的宣传介绍,广泛开展影视、美术、摄影等艺术的展现形式等。要大力强化休闲农业文化的景观设计和活动开发,充分调动人的主观能动性,通过生动有趣的体验活动,提高游客和经营者的文化认知,让文化真正成为产业发展的有力抓手。休闲农业通过具有互动性的农事展览、民俗展示、活动体验等方式,将传统文化以活态、动态的形式推介给游客,北京的农业嘉年华、少数民族地区的生态博物馆等都是深受市民欢迎的乡土文化传播方式。

四、休闲农业文化的要素构成

休闲农业既是产业形态也是消费形态,是对第一、第二、第三产业的有效链接,涵盖了农村的生产、生活和生态环节,把农业耕作、农产品加工和消费者旅游服务链接在这个新型活动体系中。与休闲农业的发展相关,休闲农业

文化具有四个基本要素,分别为地理文化、物产文化、耕作文化、乡土文化,形成了一个包含生态、生命、生产与生活在内的"四生"系统。理论研究认为,文化的构成是一个立体交叉的系统,可以从两个层面加以分解,横向层面一般包括物质层次的实体文化和精神层次的观念文化,纵向层面一般包括民族文化、民俗文化和民生(个体)文化①。

据此,本文构建起休闲农业文化要素的"四生"系统,即生态文化、生命文化、生产文化、生活文化,按照内在本质把休闲农业文化的诸多要素归并到这四类中,也就是休闲农业承载的所有的文化要素可以有序地纳入这四个类别中。同时这四个子系统又组合成一个完整的闭合系统,在各个子系统中,文化要素按照物质层面和精神层面进一步划分成若干细类,通过考察分析找到每种文化要素的特点和表现形式,进而探求休闲农业文化要素价值实现的科学路径(见表1-1)。

表1-1　休闲农业文化要素构成一览表

	物质层面	精神层面
生态文化要素	湿地、海洋、山谷等生态涵养区域的参观与体验	康养活动、健步走、森林露营
生命文化要素	珍贵植物、珍稀动物以及地域特色动植物景观,四季植被、花海、果实等时令特色景观的参观	农业文化遗产展示、生态活体博物馆
生产文化要素	劳动工具、劳动场地、生产活动的参与与体验	农学思想体验、研学活动
生活文化要素	革命传统展览,乡村建筑、乡村园林的参观与体验,农家食宿	红色文化宣传,民俗节庆、民族风情、民间文娱展演

(一)生态文化

生态指一切生物的生存状态以及生物之间和生物与环境之间相互关联

① 苑雅文.乡村振兴战略下休闲农业文化的要素构成与价值实现[J].环渤海经济瞭望,2019,(7):5-8.

的关系。人类社会的发展证明,人类的任何活动要受到自然规律的约束,要科学地处理好人与自然的关系,休闲农业的发展必须符合自然规律的客观要求。现代社会对于生态环境高度重视,认为生态文明是新型文明形态,是人类社会发展的转折点,勾画出美好的人类发展方向。中国一向尊重自然、热爱生命,生态文明是中华文明的坚实基础,生态兴则文明兴、生态衰则文明衰。休闲农业的生态文化可分为物质和精神两个层面,物质层面包括自然生态景观的参观与体验(如海洋、湿地、山谷等生态涵养区域和时令特色景观),活动的方式主要为参观体验,团队和个人均可参与其中;精神层面则主要指康养活动,是指以良好的乡村环境为依托、以健康养生理念为指引开展的主题度假活动,一般采取中长期、组团式的运营模式。①。

（二）生命文化

生命指自然界中具有生存与生长特征的物产,是人类与自然界物产资源共有的特征。人们可以感受到,宇宙和大自然以特殊的物质状态孕育了生命,而生命则以特定的形态组成了宇宙和大自然。休闲农业生命文化的物质层面包括珍贵植物、珍稀动物以及充满地域特色的动植物风景,当前的休闲农业活动中,乡村古树是都市人探访的热点资源,应季的油菜花海已经成为一种重要的节庆活动和旅游产品;精神层面则涵盖农业文化遗产的参观与体验。不同于传统文化遗产以静态展示为主的形式,休闲农业对文化遗产的展示采用了动态、开放的形式,通过活态的生命形式来展示自然界的遗产,如天津的崔庄冬枣林。

农业活动的结晶是农业物产,这也是休闲农业发展的前提。农业吸引着城市游客到田间地头去体验种植的艺术和丰收的喜悦,而农村地区丰富的新鲜的物产资源为游客带来了城市生活差异化的体验和感受,地道、传统的原生态天然物产在休闲农业的互动活动中被转化为商品,而且实现了更高的价值回报。

休闲农业还具有对农业文化遗产活化和感知的特殊功能。1971 年,法国

---

① 苑雅文.乡村振兴战略下休闲农业文化的要素构成与价值实现[J].环渤海经济瞭望,2019,(7):5-8.

的于贝尔和里维埃提出了生态博物馆的概念,我国从1995年开始建起了梭嘎苗族生态博物馆等十余个活化的村寨型博物馆,成功地保护了苗、侗、瑶、汉等民族村寨的传统文化,让游客体验到了生动的鲜活的文化遗存。

(三)生产文化

农业生产是指种植农作物的活动,是农民在长期的劳动过程中,不断总结、提升并传承下来的物质创造能力,表现为历代农民从事农业耕作劳动的生产方式和劳动技能。[①] 在农民的生产劳动实践中,随着经验的积累和技术的进步,农业生产活动的内容、方式和成果也在不断地发展和变化,生产技术不断提高,生产成果不断丰富,更好地满足了人类的生活的需求。休闲农业生产文化的物质层面包括劳动场地、生产工具、生产活动的参观与体验,其中果实采摘是深受都市人喜爱的旅游活动,播种、收割等农耕过程则是具有教育和宣传作用的实践活动。休闲农业生产文化的精神层面则指对"耕读渔猎"的农人生活的展示和对古代农学思想的解读,如磨豆腐、制果醋等加工活动,展示了农产品在生活中被加工或提升的过程。

农耕是获得农业生产成果的必然活动,农耕文化显然是休闲农业文化的核心要素。在我国悠久的农业发展史上,儒家、道家以及其他宗教信仰渗透到农耕文化中,通过乡村的人文交流、民俗活动等形式流传下来,记录在相关文字史料中并且得以广泛传播和继承。农耕文化是我国最广泛、最重要的文化内容。

在我国广袤的大地上,农田分布在盆地、平原、丘陵、山地,湖泊、江河、大海则成为渔业的劳作场所。千百年来,按照自然、科学的规律,先人们在不同的环境中摸索出各具特色的生产方式、劳动技能和作息时令,人们秉承"应时、取宜、守则、和谐"的原则,在农业生产中坚持顺应自然时令、采取适宜方式、遵守自然法则、和谐系统布局的思想体系。这种优秀的农耕文化中凝聚着中华民族先祖的实践智慧,更蕴含着浓厚的哲学和科学思想。先秦时期的《击壤歌》描述了当时人们的耕作生活:"日出而作,日入而息,凿井而饮,耕田

---

① 苑雅文.乡村振兴战略下休闲农业文化的要素构成与价值实现[J].环渤海经济瞭望,2019,(7):5-8.

而食。"唐代诗人李绅留下的经典诗句脍炙人口:"锄禾日当午,汗滴禾下土。谁知盘中餐,粒粒皆辛苦。"这首诗是我们今天教育孩子爱惜粮食的"法宝"。我国几千年的农耕历史创造了长盛不衰的优秀传统文化。在社会经济的发展中,我们要保护和传承好优秀的农耕文化,在休闲农业的活动中注入最鲜活最丰富的养分,进而实现经济与文化协同发展的休闲农业的根本目标。

在地理分布上,我国农业区以秦长城为分界线,长城以北为游牧文化区,长城以南为农耕文化区。这种分布其实是源于自然条件,也就是根据不同的气候、土壤条件,形成了不同的生产结构和各具特色的生产技术。在长城以南地区,气温和降水条件适合发展农业生产,人们可以根据日照条件按照季节开展复种,并在实践中采取多作物多品种搭配的种植模式。

当然,根据不同的自然条件,各个农业区块也开展了各种农副产品的种植和加工,如栽桑养蚕、种植棉麻和蔬果、樵采捕捞和农副产品加工。传统社会中,人们衣着原料的解决是以种植业为依托的,是植物性生产与动物性生产、农业生产与手工业生产的结合,种桑养蚕、缫丝织布是传统农耕文化中的动人场景。为了便于储存以备淡季食用,农产品加工备受农民重视,收获时要及时把瓜菜、果品、鱼肉、蛋类等产品腌制储存,尤有特色的是利用微生物发酵制作出酱、豆豉、酒、醋等,各地民间都有自己总结和流传的农副加工产品方法。农业发展中,农村地区的畜牧业是作为副业存在的,人们主要饲养猪、禽和耕牛等。畜牧业利用秸秆糠秕、蔬菜的残根老叶等做饲料,为农业提供畜力的同时,牲畜又成为人们重要的食材来源。

在长城以北地区分布着大量的优良牧场,蒙古、突厥、女真等游牧民族交替生活在这块广阔的土地上。他们经营和发展畜牧产业,拥有庞大的羊、马、骆驼以及鹿等畜群,这些畜群成为游牧民族的经济来源和生活依赖。畜牧业在我国有集中饲养和放养两种形式,内陆地区一般采取"舍饲和放牧"相结合的生产方式,坚持适时与适量的喂饲,开展适度的放牧活动,这体现了集约经营、精耕细作的农学思想;牧区的畜牧技术则不同,其强调逐水草而居的游牧模式,特别重视牧场的保护和合理利用,牧人需要掌握优良的骑术,民间存在着很有特色的"控马法"等特色技艺。

休闲农业在其发展的过程中,对我国的农耕文化进行了全方位、立体的挖掘,开发出多种形式的展览展示与互动活动。主要类型有:粮食文化(稻作文化、梯田文化、粟文化)、油菜文化、葡萄文化、猪牛羊鹿蜂鸡等吉祥动物文化。每年春季是休闲农业的开始时间,各地纷纷以桃花节、梨花节为题开始新年的乡村游活动,而应季去看油菜花、采摘水果、制作葡萄酒、果醋、粮食酒也成为很多游客重要的体验活动。农产品是蕴含着农民丰收喜悦的劳动成果,更是消费者希望带回的原生态产品。因此,秋高气爽的农产品丰收季节是休闲农业产业的高潮期。

(四)生活文化

休闲农业中的生活主要指具有地域特色、民风民俗的农家生活。传承革命文化的红色教育归属于这一类别。休闲农业生活文化的物质层面包括民宅建筑的空间格局和农家食宿的特色品味,具有地域风情的农家食宿是受众最为广泛的乡村物质享受和休闲体验;精神层面则涉及红色教育活动、民俗节庆活动、民族风情展示、民间文娱表演等。都市居民可以通过呼吸清新空气、感受特色文化,体会到日出而作、日落而息的乡村生活规律,感受邻里和美、愉悦热闹的乡村生活氛围。通过地方建筑、地方习俗、地方饮食、地方服饰等乡土文化的物质载体,弥补了城市居民在日常生活中很少能感受到的乡土气息,使休闲农业成为一种有效的物质和精神养生活动,同时也让游客接受一场生动的文化教育。休闲农业是一种很有实效的优秀传统文化的传承活动。

按照农事劳作的规律,农民重复着日出而作、日落而息的规律生活,在生产与生活、时间与空间的立体架构中,形成了有地域特色的、涵盖各个方面的特色乡土文化,这是休闲农业文化依托的基础。乡村生活文化是最接地气、最为丰富的文化类型,有着极强的市场影响力和传播力,能够有效地唤起城市人对乡间聚集生活的向往、对邻里互助共乐的憧憬,通过休闲农业活动对这种生活文化加以深度体验,也是为城市游客带来愉悦享受的消费回报。

农村地区的红色文化是休闲农业重要的文化构成,因为在中华人民共和国成立的过程中,农民地区具有重要作用,所以我们在本书中将其作为生活文化的一部分进行考察。

第五节　休闲农业文化的发展规律与类型

一、经济与文化协同发展

经济是人类得以发展传承的依托,文化则是人们在发展进化中凝聚的思想精髓。经济与文化分属于不同的领域,但是二者在人的主体身份上实现了相互交融——经济的主体是人,经济的发展要靠人来实现;文化现象的主体是人,文化实现价值靠的也是人的主观能动性。整个人类社会发展的过程中,文化与经济是一种互相交叉、互相融合的作用过程,一方面,经济发展给文化发展带来了不可忽视的影响,另一方面,整个社会的文化素养又决定了经济发展的内在品质。在相互交融中,经济素质决定着文化素质,文化进步推动着经济发展。

休闲农业是一种产业活动,追求经济效益是必然的、也是必需的。作为休闲农业核心内涵的文化要素,其通过展览展示或互动活动等表现和传播渠道,发挥出提升产业经济效益的能力,实现了经济与文化的协同发展。在实施乡村振兴战略的时代背景下,我们更要科学合理地推动落实休闲农业文化要素的经济价值,实现产业兴旺、乡风文明的综合效益。在实践中,政府、科研院所和休闲农业的经营者要通力合作,发挥各自的资源优势,深入挖掘具有传承价值的地域文化资源,通过科学恰当的手段将其植入休闲农业活动中,从而全面提升整个产业的文化内涵,通过文化含量的增长促进经济效益的提高,实现整个产业的持续健康发展,让休闲农业成为我国社会发展的强大的新生力量和经济来源。

休闲农业的经济与文化的协同应遵循以下原则:

一是依赖特色资源。休闲农业的文化创意,必须依托具有地域特点的文化资源,采用创新创意的先进理念和开发手段,将静态的文化要素转化为动态的休闲农业活动,进而提高休闲农业的经济回报率。我们要全面分析和研究区域资源要素环境,通过结构调整、形式创新等手段,从特色资源禀赋出发探寻休闲农业的发展方向,形成消费者认可的、具有市场活力的要素组合新模式。

二是兼顾各方利益。休闲农业文化建设不能只关注经营主体的经济利益,必须兼顾相关各方主体的利益,特别是要满足生态环境保护的大格局和当地农民的利益诉求,要实现政府、农村、农民、企业的协同发展,实现社会、自然、产业之间的协同发展,构建起文化产业健康、持续发展的机制和体制。

三是活化优秀的乡村传统文化。传统文化要想为现代人接受,不能采取照本宣科的刻板方式,要结合新的时代背景,以生动自然的方式向游客展示,达到弘扬中华优秀传统文化以及中华美学精神的大目标。文化开发实践活动中,对古籍文献的整理与开发是重要的一项内容,这是对传统文化的解析与传播,能够给现代人带来精神上的滋养。习近平总书记指出,要"让书写在古籍里的文字活起来",我们主张通过创意的手段展示古籍中的优秀文化内涵,开发出具有历史记忆的旅游产品和主题活动,实现特色文化资源的经济价值和社会价值。

四是符合市场运行规律。休闲农业是一种经济行为,是受到市场供求关系制约的经营活动,项目经营者要注意搞好市场调研,采用科学的营销方式,按照消费者的需求打造有特色的服务型产品,提供符合市场运行规律的休闲、养生等文化活动。

二、休闲农业文化与产业融合发展的类型

休闲农业文化具有交流性和互补性,在价值实现方面潜力巨大。在项目经营实践中,通过有效植入特色文化,营造出有源头、有分量的文化氛围,有助于摆脱休闲农业利润回报低的行业性瓶颈制约,提高市场消费群体的满意度和消费投资。通过对休闲农业先进项目的深入考察和理论探索,休闲农业文化与休闲农业产业的融合可以划分为三种类型,分别为文化与产业的拓展型融合、复原型融合和重置型融合。

(一)文化与产业的拓展型融合

文化与产业拓展型融合的典型案例是袁家村,其以广义的地域特色文化为依托,打造"关中印象"的文化旅游,开展具有广泛市场认同的农家餐饮服

务和特色文化展示,不仅活跃了一个村的经济,还带动了周边十多个村庄的产业布局和经济发展,成为国内一流的休闲农业经营项目。

袁家村坐落于陕西省咸阳市的农村地区,本身并没有山水等特色旅游资源,对于乡村旅游活动来说,袁家村自然资源的条件一般。在21世纪初,袁家村结束了破坏乡村环境的工业开发,决定转型发展现代农业。2007年,袁家村开始投资经营休闲农业,提出"农耕文化兴业、旅游服务富民"的发展定位,以"关中风情"为产业的核心内容,建设了关中戏楼、文化广场等硬件设施,特别是精心设计了集作坊、民俗、小吃为一体的特色旅游街区,打造出在国内很有影响的乡村旅游品牌——关中印象体验地。依托良好的社会影响和强大的客流,袁家村在科学融资、高效管理的基础上,为休闲农业注入了丰富的文化内涵,打造出很有风韵的文化街区和场景,能够让游客在享受美食以后,带着信任和兴致投入到学习和体验民俗文化中。

袁家村的成功之处在于,其没有拘泥于自身固有的资源条件,而是把更大范围的区域文化作为休闲活动的资源库,筛选出适应市场需求的优秀文化要素,让地域文化成为袁家村在市场上的"冲锋号",并从投融资模式、服务形式上进行科学布局,做好相关产品的生产与管理,为游客提供品质一流的特色餐饮和文化体验,通过特色服务将公共的区域文化转化为独有的品牌文化。袁家村的各条街道上人流如织,充满乡土气息的街巷中布满了各类作坊和地方小吃店,如油坊、醋坊、辣子坊、豆腐坊、油泼面、凉皮等店面,充分展现出关中生活的美好情景和特色美味。按照传统工艺加工制作的酸奶、油炒辣面儿、挂面等优质产品,成为消费者大快朵颐之后还要打包带走的特色礼品,有效延伸了休闲农业的销售半径。

袁家村的文化定位无疑是智慧的凝聚——经营者巧妙借用了"关中"这个大区域概念,通过集聚式运营、企业化管理,开发出具有自身品牌价值的特色服务,获得了消费者的极大认同。袁家村的成功可以归纳为以下几点:一是注重特色乡村文化的培养和塑造,进而提升其项目内在的管理品质;二是注重与周边项目形成有序的竞争合作关系,错位发展,实现共同繁荣;三是实施文化创新,积极拓展产品延伸的市场深度和广度,保障休闲农业盈利点位的稳定和丰富,实现休闲农业产业的持续性扩张。①

(二)文化与产业的复原型融合

天津市蓟州区小穿芳峪村山清水秀,晚清时期曾有多位学者、文人及官宦来到这里聚居生活,他们在这里务农劳动,维护自然生态,建起穿芳义塾提升地方文化,还留下了百万字关于生活与思索的文字著述。在我们深入基层的调研过程中,与村级管理主体开展了有效的沟通与合作,通过资料整理、村志编修等活动,实现了深入挖掘特色文化,进而对乡村治理的实践有了深刻的认识,实现了对乡村全方位的智力扶助,使其走出有特色的文化与产业的复原型融合道路——即根据独有的特色历史,小穿芳峪村着手修复龙泉园、响泉园、八家村馆等古园林,注入现代科技,采用现代经营手段,开展文化书院、村史展馆、特色农耕等有历史记忆的文化活动,形成历史文化与休闲产业的良性互动,让特色文化成为产业发展、乡风文明的动力源泉。

(三)文化与产业的重置型融合

农村地区的民俗是我国传统文化在生活中的重要遗存。对文化与产业进行重置型融合是指通过特定的形式(如节庆和会展等主要形式),把隐藏在民间的文化展示出来。这种活动在弘扬乡村地域文化的同时,也有效提升了当地休闲农业的市场影响力。节庆和会展是集聚型的文化活动,是政府满足人民文化生活需求、推动休闲农业发展的重要手段,一般以植物开花的乡村景观、农产品收获或者冰雪景观为依托,开展文化庆典、展览、展示等活动。自2018年,党中央、国务院在全国范围内开展了"农民丰收节"活动,这是一项重大决策,彰显出"三农"工作的重要地位,有效提升了广大农民的荣誉感、幸福感和获得感。"农民丰收节"活动采取了节庆会展的模式,不仅让农民提振了信心,还为农民搭建了一个有效沟通的大平台,向外部市场推介特色农产品,扩大市场影响,增加销售收入,把农民生活与旅游庆典、市民体验全面地结合起来,无疑能够有效地促进中华农耕文明和优秀文化传统的传承和弘扬。

---

① 苑雅文.乡村振兴战略下休闲农业文化的要素构成与价值实现[J].环渤海经济瞭望,2019,(7):5-8.

为了填补春节前后北方地区"猫冬"的休闲生活空挡，北京充分利用昌平草莓博览园的场地和设备，从 2013 年开始举办"北京农业嘉年华"。活动集园艺观光、休闲娱乐、农耕展示、科普教育、科技推广等活动于一体，将农业的生产、生活、生态融入其中。"北京农业嘉年华"是一种大型会展活动，有效利用了昌平草莓园的规模化农业生产设施，在"政府主导、市场运作"的科学布局下，建立了专业化公司运营和多渠道销售网络，在核心展区设立缤纷农业馆和创新农业馆，每年推出不同的展示主题，有重点地推出各种传统农产品和新品种、新服务，把农产品打造为特色景观，与观光休闲相结合，营造田园美景，形成了各具特色的农旅融合产品，展现出强大的乡村文化的市场影响力。

"北京农业嘉年华"的会期为每年的 3 月中旬至 5 月上旬，至今已成功举办了 7 届，吸引了北京和大量外地游客定期前往，实现了很好的经济效益与社会效益。据统计，每届"北京农业嘉年华"接待游客在 130 万人次以上，绝大部分游客来自北京，天津和河北游客的关注度逐年增高，约占 13%。

三、文化与产业融合发展中存在的问题

文化与产业的有效融合是休闲农业发展的必然选择，但是，在休闲农业文化建设的实践中存在着一些共性的问题和不足：一是投融资机制缺乏活力，外部资本进入和内部资本提升的动力明显不足。从休闲农业的整体格局看，由于农业地区基础设施条件差，农业项目投资大、投资回收期长，难以吸引更多有实力的社会资本进入这一领域，比较突出的表现是缺乏支撑产业提档升级的优秀项目；二是产业整体布局中，低端化、同质化项目占据主导地位。整个产业中低档食宿项目占比较高，经营者普遍缺乏对特色文化、文化旅游活动的挖掘与开发，导致缺乏具有特色文化和个性特点的休闲农业项目。三是文化活动所依托的基础设施和配套设施不够完善，道路交通、停车场地、排污系统、采暖供水系统、网络平台建设等方面存在着制约瓶颈，造成旅游旺季道路拥堵严重、旅游场所无处停车、旅游地卫生环境不达标、冬季缺乏活动项目和场所等问题。

针对这些问题和不足进行深入分析，我们发现，文化缺失是制约产业发

展的重要原因,其体现为大部分休闲农业项目的管理水平有限,特别是大多数农民创业者被动经营,缺乏提升管理水平的意识和扩大经营的渠道。由于生活相对闭塞,很多农民对自己的乡村传统缺乏"文化自信",捕捉不到文化提升产业的重要作用,无法将乡村传统转化为文化提升产业的有效措施。同时,从理论研究层面和相关政策规定方面看,多数农民创业者对休闲农业特色文化的挖掘也比较欠缺,特别是对将文化转化为产业发展实践的探索更为缺乏,这也是休闲农业产业中需要各方普遍关注和加强探索的领域。

四、休闲农业文化开发的实践探索

在全面实施乡村振兴的背景下,休闲农业文化开发的实践探索主要有:

一是建立起政府主导的乡村文化普及机制。休闲农业文化具有三个属性:历史传承、当代创造和未来规划。推动休闲农业的文化普及,要同时发挥并利用这三个方面的属性——既要传承优秀传统文化,还要及时归纳出当代文化风范,同时对未来文化的发展做出科学的规划。政府各相关部门可以通过政策宣传、知识传授和价值认定,培养乡村文化建设和宣传的志愿者队伍,提高农民的人文素养,增强农村地区文化的自我建设、自我完善的能力。

二是发挥社会科学研究等智力机构的扶助作用。休闲农业文化包括农村文化遗产保护、乡村文化资源开发以及文化与乡村旅游融合等环节,这是个复杂的过程,需要在政府之外的研究人员深入基层、开展有针对性的专业化研究。科研人员通过与农村基层的碰撞与对接,能够深入了解乡村地区的优秀文化,提示当地农民开展特色文化的建设工程,帮助农民树立文化自信,从而实现文化和休闲农业产业的良性互动。通过梳理挖掘地域文化、乡土文化,农村地区能够恢复生动的传统节庆活动,如花会、庙会等在民间很有影响的民俗活动,让游客体验到有地方特色的民间文化表演,建立起活跃的优秀地域文化展示平台。

三是建立人才输入机制,提升当地农民的参与度。休闲农业是一种消费活动,必须要遵循市场规律去经营。项目运行中,不能采取生硬死板的文化说教,要按照消费者参与乡村旅游的诉求搞好服务,让游客享受到农村的自然之美,感受到乡村的文化之美。发展休闲农业文化,应保持农村基层党组织的核心作用,吸引当地农民参与和投入,特别是当代新乡贤、农村创业能人的回归,建立起当代新乡贤和农村创业能人参与乡村治理的合法路径,以人才机制保障休闲农业的快速发展。

四是充分利用现代科技手段。激活沉睡中的乡村文化资源,依托现代科学技术进行创造性的活化与转化,赋予传统文化资源新的时代内涵,这是实现休闲农业文化价值的关键手段。很多休闲农业项目在运营中注入了现代的科学技术,有效推动了文化资源的生产性转化,有效提升了休闲农业的经营效益水平。如小穿芳峪村进行了古典园林文化遗存的科技性开发,借助现代化的 VR(虚拟现实)技术,让游客仿佛置身于古典园林之中,从对这种文化资源有切身的体会。

五是重视特色文化的投资开发。相对而言,休闲农业依托于农业和农村地区,起点低、基础弱是其必然面临的困境,容易导致缺乏文化内涵、低水平重复等问题,严重制约了整个产业的健康和可持续发展。实践中有很多成功的案例,通过有效集聚社会力量,注入特色文化要素,形成差异化品牌内涵,塑造具有地方特色的品牌形象,提升了当地休闲农业的经济效益。成功的经验在于,营造出吸引外部资本的投资环境,合理配比资金的来源和经营方式,实现农村地区土地资源、特色文化资源的资本化,推动投资人对特色文化的挖掘与开发,实现错位发展、有序竞争,全面提升休闲农业的文化品质。

第二章　天津休闲农业的发展历程与现状

我国的休闲农业产生于 20 世纪 80 年代末。当时深圳举办了首届"荔枝节",采摘活动不仅取得了良好的经济效益,也为招商引资的最终目的提供了良好的文化氛围,休闲农业成为城乡经济繁荣的有效媒介。其后,各地的农业观光活动逐渐丰富起来,如成都三圣乡的"五朵金花"、贵州西江千户苗寨等都是休闲农业领军项目。进入 21 世纪,我国休闲农业进入全面发展的时期,以农家乐、精品民宿、乡村休闲区为特色的项目不断涌现,在规模、分布和效益上,呈现出快速扩展、蓬勃发展、多样化发展、品牌化发展的新态势。

第一节　天津休闲农业的发展历程

1994 年,天津市蓟州区的高翠莲开办了农家院,这被视为天津市休闲农业起步的标志。到如今二十多年过去,全市的休闲农业已经从自发发展的初期走上了规范管理的可持续发展道路。截至 2019 年底,天津市全市有示范园区 22 个、示范村(点)243 个、示范经营户 3000 户,这标志着天津的休闲农业已经具有了一定的产业规模,具备了有内涵的地域特色。特别是休闲农业的发展很好地带动了农村劳动力的就业,并产生了显著的经营绩效,已经成为全市农村地区、特别是旅游资源丰富的蓟州山区经济发展的重要手段[1],乡村

---

[1]　苑雅文,时会芳.实施乡村振兴战略拓展天津休闲农业发展新空间[J].天津经济,2018,(3):19-23.

已经成为城市居民休闲度假的重要场所之一。

二十多年来,天津休闲农业的产业规模由小发展到大,接待能力由弱提升到强,实现了全面的发展和提升。回顾其发展历程和内在特点,可以将其划分为以下五个阶段:

第一阶段,起步阶段(1994—1998)。

1994年,蓟州区下营镇常州村村民高翠莲发现很多登山游客有留宿的需求,就利用自家房舍搞起了旅游接待活动。这是天津市第一个农家院,也是天津首个休闲农业经营项目,标志着天津休闲农业的起步。常州村拥有独特的地理优势:其位于全市最北端,坐落于地域名山"九山顶"的入口处。常州村既是天津海拔最高的村落,也是登山游客必然会停留的自然村。全村只有80多户、200多位村民,是个典型的小山村。因为地势较高、位置比较偏远,村民只能依靠原始的交通方式与外界联系,1994年前,这里是个依托传统农业生存的贫困村庄。

受到休闲农业先进地区的启发,常州村领导班子看到了自身的资源优势:蓟州区是天津地区人类活动最早的地区,常州村恰好坐落在中上元古界标准地层剖面的起点,是游客和学者访古探源的重要目的地;村后是著名的九山顶,山高林密,动植物资源独特而且丰富;村子曾经是抗日战争时期重要的革命活动区,有着充足的红色文化。面对这么多的旅游资源,常州村积极推动九山顶风景区的开发,又带动村民开办起多家农家院。到1998年,全村办起了27家农家旅店,成为天津市首个乡村旅游特色村,到此旅游的游客可选择的活动也从单纯的登山逐渐扩展到山里农家生活的体验和享受。紧随其后,天津核心景区盘山和黄崖关长城周边的农户看到常州村的成功实践,也预见到乡村旅游市场蕴含的巨大商机,很多农户依托风景区纷纷搞起了农家院经营。这个时期,农家院经营一般以景区为核心展开,接待规模比较小,经营设施民居化,服务热情,但管理规范性较差,缺乏行业监管。

1998年,天津市东丽区的华泰现代农业开发有限公司投资建成现代化农业设施园区,并自行设计制作了智能大棚、全日光智能温室、日光节能温室,依托蝴蝶兰特色资源,注册了"詹泰"品牌。这是天津起步较早的现代农业和观光农业项目。

第二阶段,推动发展阶段(1999—2003)。

常州村的率先垂范让政府管理部门看到了发展的机遇。为了抓住时机、开辟农民增收的新途径,天津市和蓟州区政府及时总结,积极推广先进村点的宝贵经验,同时全面跟进鼓励政策和帮扶措施,天津的休闲农业率先在蓟州北部山区和南部库区发展起来。为加强对经营业户的规范和监管,相关管理部门及时出台政策和管理标准,同时开展了多渠道的从业人员业务培训。2002年3月,蓟州区发布了《农家院服务质量标准》,对农家院经营采取资格准入制度,推行挂牌管理、监督检查,这一管理制度在国内具有领先性。国家旅游局、天津市旅游局对这种创新式管理给予了积极的评价,中央新闻媒体对这一管理制度进行了宣传和报道。在各方面的支持和鼓励下,到2003年底,蓟州区发展旅游特色村20个,拥有登记注册的旅游专业户320户。

区别于拥有独特山地资源的蓟州区,天津其他区的休闲农业主要以专业化园区的农业观光等为主,如静海区的绿土地休闲观光园、滨海新区的海通湖渔村和诺恩水产技术公司等。专业的乡村休闲项目为天津的休闲农业产业注入了规范发展的活力。2002年2月,西青区的曹庄花卉市场、天津热带植物园开门纳客,这是两个规模大、管理规范成熟的项目,经营项目与市民关系密切,不仅满足了市民购买绿植的需求,还迎合了市民赏花怡情的休闲生活诉求,成为都市居民生活的重要调节剂。

第三阶段,快速发展阶段(2004—2007)。

2004年,"三农"问题被提到了国家发展战略的重要高度;2005年,国家提出了社会主义新农村战略;2006年,国家旅游局开展了"乡村旅游主题年",这一系列举措充分表明,休闲农业和乡村旅游在破解"三农"问题、统筹城乡发展等方面的作用日益显著,我国休闲旅游需求出现井喷式增长,天津市休闲农业和乡村旅游也进入快速发展阶段。2004年,西青区第六埠村开始实施市民农园项目,为周边市民提供农产品耕种的代理服务。郭家沟村、毛家峪村、龙顺生态观光园、西青区农业高新技术示范园区等旅游村和观光园快速发展起来。

这一阶段,天津市政府对全市休闲农业的发展进行了科学布局,明确了旅游特色村等重要组织模式。2007年底,天津市旅游局、天津市农委《关于大力推进全市旅游特色村(点)发展的实施意见》正式实施,标志着天津休闲农业步入规范化发展时段。

第四阶段,规范提升阶段(2008—2011)。

2008年,国家对"黄金周"进行了新安排,将全年休假时段调整为"两长五短",城市居民的度假需求得到了很好地满足。特别是随着经济改革的深入开展,在快节奏、精神相对紧张的生活模式下,都市人对慢节奏、有韵味的乡村休闲生活的渴望被激发出来,人们对休闲农业的市场需求不断增长,从简单的观光游览转向更深层次的养生度假。同时,很多离退休人员错峰出行,在非节假日组团来到乡村,开展低成本的养生活动。

从2008年开始,天津市全面展开休闲农业规范提升工程,通过休闲农业与乡村旅游特色村(点)创建活动,实施了"百千万"工程:在全市建成100个旅游特色村、1000个乡村旅游经营户的规模,吸引1万人直接从事乡村旅游产业。随后,各区县旅游特色村(点)的规范管理有序展开,相关部门进行了严格的旅游特色村(点)认定和检查,对经营户数、基础设施、行业管理机构建设、制度建设、旅游接待点等综合体系进行了系统的登记、验证和评定。基于这个管理体系,全市各农业区打造出"一村一品""一户一艺"等休闲农业典型村点,如:蓟州区建成邦均苗木花卉中心、团山子安梨园等特色项目,西青区建成津西现代农业示范园、杨柳青菜博园、杨柳青庄园等专业园区。在这个发展阶段,滨海新区的渔家游逐渐成熟,发挥京津区域独有的海洋资源优势,以河海生态和渔业资源为依托,以"村古、渔旺、河纵、海阔"为特色吸引力,凭借古渔村的独特风情和特色风俗,建设了独特的"渔家乐"特色村和古渔村旅游目的地,吸引了京津区域和周边城市的大量游客,丰富了天津休闲农业的内容和形式,成为山地游、农业园区游之外的又一个特色旅游形式。

这一阶段的规范管理使全市的休闲农业获得了稳步发展,蓟州区成为全市休闲农业的先进地区,并于2010年成功入选首批"全国休闲农业与乡村旅游示范县"名单,成为国内有影响的休闲农业目的地。作为全市休闲农业产业的主力区域,2011年底,蓟州区11个乡镇设立了休闲农业项目,创建了国家级景观名镇1个和示范点2个,104个市级旅游特色村(点)和7个市级休闲农庄,正式注册的乡村旅游经营户达到1260个。

第五阶段,转型升级阶段(2012年至今)。

天津市休闲农业进入规范管理、文化提升的阶段。2012年3月,蓟州区在下营镇郭家沟村试点建设乡村旅游精品村。全面分析资源条件和市场需求后,项目组确定了"京津地区北方民居旅游目的地"的发展定位,在村落的改造建设中不搞大拆大建,不搞都市化的楼宇建设,以特色的乡间景色为基调,对村容村貌、农家宅院进行了全面的提升改造,整体完善提升硬件条件。同时,项目组对农家院进行了公司化的规范管理,打造天津市乡村旅游村升级的示范模板。在这一时期,蓟州区小穿芳峪村深入挖掘独特的前辈乐居山村的文化遗存,走出有历史依托的文化旅游道路。滨海新区崔庄村有古冬枣园928亩,其中600年以上的冬枣树有168棵,这些古果树遗存不仅具有较高的市场价值,而且从古冬枣树良好的存活状态和较大的种植规模来看,还具有很高的文物保护价值和文化旅游市场吸引力。崔庄村村南有修建于明代的娘娘河,村里流传着张娘娘与崔庄冬枣的美丽传说。崔庄村以古冬枣资源为核心进行了立体布局,建设了皇家枣园驿站、古戏楼、冬枣博物馆、农民书画苑、荷花塘、冬枣采摘园、农耕竞技场、都市小菜园等项目。2013年,"崔庄冬枣"被授予国家地理标志。经过多年的发展,常州村的农家乐经营者也得到了收入回报,乐观的经营前景吸引着经营者把利润投入到经营条件的改善上,加上政策资金、商业贷款等资金的注入,大多数农家院更新、扩建、提升了2~3次,村里的农家院软硬件条件不断提高,在消费市场上很有影响力。

2015年开始,宝坻区政府大力促进休闲农业的发展,依托本区域的特色旅游资源抱团发展,打造出小辛码头等40个特色旅游村。在全区的乡村旅游布局中,围绕潮白河、黄庄洼、箭杆河和青龙湾河的不同地域文化,采取集聚的发展模式,形成水乡风情、农耕文化、特色民俗文化和运动休闲四组风情独特的组团村庄。休闲农业发展建设中,宝坻区格外重视把握"特色文化"这条主线,走出了一条有内涵、有内容的发展道路,如:东走线窝村建成以"蓟运河畔的抗战旗帜"为主题的村史展览;牛庄子村吸引非物质文化遗产"葫芦庐"入驻,联手打造了中国葫芦文化展览,并大力开展研学、养生等团队活动;冯家庄村深入挖掘"宝坻境内第一个党支部"的红色底蕴,开展红色旅游活动;耶律各庄则依托萧太后运粮河、古石桥旧址等历史遗迹开办辽金文化展览,开展了特色历史文化展示活动。这些特色文化强化了休闲农业村点的主题和定位，彰显出休闲农业的文化品位和市场影响力，在采摘和农家食宿的基础上，吸引了更多的文化游客，并成为提升休闲农业利润回报的有效实践。

第二节　天津休闲农业的发展现状

一、总体情况

从 1994 年起步到今天的转型升级，天津的休闲农业经历了五个发展阶段，已经形成了具有明显地域特色、集聚化、规模化的整体布局。从空间分布的视角看，全市的休闲农业项目可以归纳成四个板块，即蓟州山区休闲农业区、滨海休闲农业区、环城休闲农业区和远郊休闲农业区。由于经营项目所依托的软硬件资源的不同，每个板块表现出一些独特特征，如：蓟州山区以休闲养生为主题，滨海休闲农业区则以赶海戏水为基调，环城休闲农业区则以特色农耕文化的体验为核心。为了更加深入地考察天津休闲农业产业的整体布局，进一步从项目的经营特色进行分析，我们可以将其归纳为这样四种模式——农家生活导向型、农业生产导向型、农村生态导向型和功能拓展导向型，各种模式的特点和典型案例将在本章第三节进行分析。

经过二十多年的积累，全市休闲农业产业呈现出三个方面的发展和提升：经营规模不断扩大、旅游资源不断丰富、经营管理水平不断改进。从消费市场的反应看，供给水平的提升也吸引了更多的不同年龄的游客参与到乡村旅游活动中，特别是随着乡村冬季旅游活动的开发，休闲农业的经营时段得到延长，整个产业的经营收入不断提高。截至 2018 年底，全市休闲农业与乡村旅游产业的总体经营情况达到了如下规模：综合经济收入达到 70 亿元，全年接待游客数量达到 1900 万人次；整个产业的直接从业人员 6.9 万人，周边农民提供季节性或扩展性服务，带动性就业人数达到 30 万。全市休闲农业项目的运营得到了不断完善，也受到相关管理部门的肯定和社会的认同。到 2018 年底，全市有 4 个"全国休闲农业与乡村旅游示范区"，4 个"中国美丽田园"，15 个"中国美丽休闲乡村"，20 个"全国休闲农业与乡村旅游示范点"。在特色文化的传承与体验项目中，西井峪村被评为中国历史文化名村，崔庄古冬枣园被评为中国重要农业文化遗产。

根据天津市休闲农业协会发布的名单可知，从 2014 年到 2018 年的五年间，全市休闲农业主要分布在西青、东丽、津南、北辰、宝坻、武清、蓟州、宁河、静海、滨海新区，共有休闲农业示范园区 22 个、示范村(点)243 个，休闲农业的规模经营户达到 3000 户(见表 2-1、表 2-2)。

表 2-1　天津市休闲农业示范园区

区	2014 年 （5 个）	2015 年 （5 个）	2016 年 （5 个）	2017 年 （5 个）	2018 年 （2 个）
西青 （3）	水高庄园		金三农休闲旅游度假园区	绿生园花漾年华主题公园	
东丽 （2）		滨海国际花卉科技园区			宽达生态农业科技园
津南 （2）		名洋湖都市农业园区	迎新合作社农业休闲观光园		
北辰 （1）	双街都市农业示范园区				
宝坻 （1）			晶宝温泉农庄		
武清 （5）	君利现代农业示范园			京滨玫瑰庄园 金锅生态园 津溪桃源	北国之春(天津)有限公司
蓟州 （1）			将军岭蜜蜂香草园		
宁河 （1）		齐心现代农业示范园			

续表

区	2014 年 (5 个)	2015 年 (5 个)	2016 年 (5 个)	2017 年 (5 个)	2018 年 (2 个)
静海 (2)		林海循环经济示范区		崇泰休闲农业示范园区	
滨海新区 (4)	滨海生态农业科技园区 四季生态田园	滨海茶淀葡萄科技园区	滨海中新生态农业休闲园区		

※资料来源:根据天津市休闲农业协会发布名单整理。

表 2-2 天津市休闲农业示范村(点)

行政区	2014 年 (121 个)	2015 年 (44 个)	2016 年 (35 个)	2017 年 (30 个)	2018 年 (13 个)
西青区 (13)	第六埠村、梨园花卉市场、热带植物观光园、曹庄花卉市场、张家窝现代农业产业园	宏宇蔬菜种植专业合作社、洪年蔬菜种植专业合作社	大壮蔬菜种植合作社、华盛绿能光伏农业科技园、福农蔬菜合作社	九百禾葡萄种植园、天然氧园蔬菜合作社、天兴佳业科技有限公司	
东丽区 (4)	无瑕农业生态园、华泰现代农业园区、华明现代农业示范园	华明一品生态园			
津南区 (8)	迎新合作社、名洋湖都市庄园、元旭生态园	葛沽农业示范园	月坛农业科技有限公司、跃进农业种植专业合作社	前进村、鑫龙盛地果蔬专业合作社	
北辰区 (5)	万源龙顺度假庄园、青水源种养殖庄园、西堤头都市渔业产业园区、春田花花柚子园	柳青度假庄园			

行政区	2014 年 （121 个）	2015 年 （44 个）	2016 年 （35 个）	2017 年 （30 个）	2018 年 （13 个）
滨海新区 （20）	诺恩渔业生态园、茶淀葡萄科技园、绿地兰天农业生态观光园、滨海皇家枣园、宁车沽生态渔业休闲示范区、督军园中园、小马杓沽村、海通湖渔村、薛卫台村生态园、陆强旅游休闲庄园	滨港旅游度假中心、茶淀街宝田村、英旗葡萄种植专业合作社、鸿安家庭农场有限公司、浩龙生态休闲农业示范园区	清华庄园、华大绿色食品有限公司	永丰蔬菜种植专业合作社	清风休闲农业观光示范点、盛方家庭农场有限公司行政区
宝坻区 （31）	樊庄子村、田邢庄村、李宧庄村、小辛码头村、白毛村、云杉农场、天勘农业园、霞光农业观光园、泰泽康农业示范园、自沽农场、晶宝温泉农庄	现代泥鳅、水蛭产业园、东走线窝村润宏休闲农业生态园、南里自沽村休闲农业示范园、董塔庄村休闲农业示范园、小靳庄村	葫芦文化主题公园、林海龙湾菊花示范园、双庄村、西刘举人庄村、杨岗庄村、欢喜庄村、民盛蔬菜园、八台港村、鲁文庄村	江石窝村、林亭口镇东凤窝村、于士顺家庭农场、草坪婚礼广场、云杉农场	前辛庄村
武清区 （24）	灰锅口村、南辛庄村、后蒲棒村、蒙辛庄村、蒙村店村、后幼庄村、东汪庄村、西王庄村、田水铺村、北国之春示范园、宝建农庄	津溪桃源、君健有机农庄、南仁庄农趣园	漫森活农场、一方田童趣农庄	和润福德公司、文喜家庭农场、润州合作社、欣然农业园、硕丰园	凯耀休闲观光体验园、安然家庭农场、天民蔬果专业合作社

续表

行政区	2014 年 (121 个)	2015 年 (44 个)	2016 年 (35 个)	2017 年 (30 个)	2018 年 (13 个)
蓟州区 (83)	常州村、郭家沟村、毛家峪村、大平安村、砖瓦窑村、联合村、西井峪村、小穿芳峪村、寺沟村、船舱峪村、东山村、黄崖关村、青山岭村、莲花岭村、东水厂村、坝尺峪村、前甘涧村、小平安村、桃花寺村、大峪村、西葛岑村、团山子村、道古峪村、英歌寨村、东果园村、营房村、石头营村、车道峪村、赤霞峪村、张家峪村、白庄子村、西大峪村、下营村、石佛村、玉石庄村、石炮沟村、小港村、苦梨峪村、段庄村、太平沟村、桑树庵村、杨家峪村、盘谷蜜蜂园、将军岭山庄、智利风情园、团山子梨园、罗庄子香酥梨园、白庄子湿地公园、下营金银花观光园、许家台公园、瑞年生态农场	马伸桥蓝莓产业园区、绿普生有机生态园、金囤家庭农场、安坪桃花塬、蓟东一号山庄、十里荷海农业观光园、核桃郊野公园、大巨各庄村、坝尺峪村、东水厂村、丈烟台村、隆福寺村、众耕农庄、鲁家峪村、程家庄村	青甸洼观光示范园、智农设施农业发展中心、快活林山庄、宜辉家庭农场、佳源苗木专业合作社、锦绣牡丹观光园、下营优质梨采摘园、育英洼精品观光园、青山村、天平庄观光园	双河湾农业精准扶贫试验示范园、宏奇果蔬种植园区	京津国色天香牡丹园、芳草园草莓采摘基地、燕居休闲山庄、百龄谷生态庄园、赵家峪村

行政区	2014年（121个）	2015年（44个）	2016年（35个）	2017年（30个）	2018年（13个）
宁河区（28）	小闫村、齐心食用菌观光园、亨达庄园、信泽生态园、蟹源休闲渔业园、奥博七里农业养殖园、芦花香海城生态园、东海万亩生态旅游观光农业示范园区、贵达卧牛湖度假村、东盛生态农业示范园	津兴绿丰农业生态园、北移民村、和谐荣达都市渔业示范园区、天祥休闲渔业示范园区、百利种苗培育有限公司	七里海休闲娱乐园、大王台村垂钓休闲农业园、造甲城葡萄农业园	兴宁农场、蓝添绮彩园、瑞丰农业园、柴火妞乐园、小沙窝葡萄园、吉瑞达生态园、康澜庄园、芦丰农业园、丰顺种植专业合作社	金鼎时代种植合作社
静海区（27）	西双塘村、范庄子村、胡辛庄村、西钓台村、岳家庄村、绿源生态园、光合谷旅游度假区、津美设施农业园区、生宝谷物种植农业园、龙海现代农业示范园、周家湾绿土地观光园、春光休闲农业园区、多兴庄园	德利泰农业发展合作社、易丰源谷物种植合作社、瑞峰祥农业技术合作社、四小屯农业旅游合作社、禾晟蔬菜合作社、雪桃示范园	牛顿庄园、满意庄设施农业观光园、绿谷都市农业示范园、林海嘉园	小高庄村、靖伟林木家庭农场、吕官屯村	四海畜牧养殖合作社

※资料来源:根据天津市休闲农业协会发布资料整理。

二、天津休闲农业发展的基本路径

乡村振兴战略的提出,为休闲农业带来了新的发展机遇,也赋予这个新兴产业重要的责任。综合分析天津"三农"领域的资源和效益情况可知,休闲农业和乡村旅游作为农村地区快速崛起的新产业、新业态,不仅给市民带来了享受,也成为增加农民收入、延伸第一产业链的有效途径,成为乡村跨越式发展的重要抓手,必将在全市乡村振兴的进程中发挥重要作用。市内休闲农业项目集聚的地区,吸引了外出务工人员回流,将打工收入、服务技能和社会关系等投入到经营活动中,让很多乡村重新汇集了硬件资源和经营人力,有效破解了乡村"空巢化"的冷清局面,农村地区的社会治理明显改善。在农业供给侧结构性改革、农村三次产业融合发展的引领和驱动下,面对财税优惠、投融资鼓励等政策激励,大批工商资本投入到农业特别是休闲农业项目中,使先进的生产技术和管理手段在农村地区得到了示范引领和普及。通过念好"产业经"、打好"融合牌",休闲农业向着高端、高效和高质的方向发展,有效带动了第一产业的效益提升,打通了第一产业与第二产业的链接点位,整个产业链向利润附加值更高的新领域、新方向延伸。

(一)经营主体:由农民自发、自主经营向政府引导、市场主导转变

天津休闲农业的起步是农民自发建立,实施自主管理的方式。经过了二十多年的发展,休闲农业的组织管理体系日趋完善,成立了市、区、镇三级管理机构,相关部门指导规划实施、标准制定、示范评定、项目监管等工作。据调查,天津市强农惠农的政策导向累计投入资金6000余万元,撬动了超过80亿元的社会资本投入到休闲农业领域,使这一产业的发展建设资金得到了保障。在政策规范和市场推动的双重作用下,全市休闲农业已经进入规范化发展的阶段,经营项目也得到了都市游客的认可,整个行业的年接待量从2010年的717万人次发展到2017年的1900万人次,年均增幅达到了15.6%。由于2018年相关政策调整,全市休闲农业产业规模与2017年基本持平。

实践中,天津市委、市政府高度重视休闲农业和乡村旅游的发展工作,相关管理部门进行了周密的发展规划和系统监管,通过实施政策引导、规划统领等一系列有效举措,激发了丰富的典型培育、投融资鼓励以及自有品牌建设等创新经营活动,在政策和市场的共同促进下,天津休闲农业的整体行业水平稳步提升,展现了很有魅力的发展前景。同时,行业管理和经营实体的管理水平显著提高,成立了天津市休闲农业协会和休闲农业研究中心,并根据自身资源条件和实践经验编制了《天津市休闲农业"十三五"发展规划》,确定天津市休闲农业的中长期发展布局,规划出其健康发展路径。天津市农委发布了《关于促进休闲农业加快发展的指导意见》,提出这一产业的经营实体要具有"主导产业突出、特色产业鲜明、体制机制灵活、人文气息浓厚、生态环

境优美、多种功能叠加"等功能。到 2018 年，整个行业标准化、品质化、规范化水平不断提升。

(二)经营手段:由农家食宿的简单服务向多业态融合的新格局转变

休闲农业在发展初期，整个行业主要是为附近景区的游客提供辅助性的农家食宿。随着资金积累和社会资本的投入，休闲农业在农家食宿、市民农园等传统业态基础上，引入了更多新型的经营手段，将科技、金融、网络营销等现代商业手段融入进休闲农业产业建设中，培育出众筹投资、订单生产、电商管理等新型发展模式，出现了循环合作、集聚抱团、跨界融合、扩展延伸等新的行业布局。电子商务等先进技术发挥了市场促进作用，"乐津郊"等电商平台展现了网络管理、电商推动的高效业态。当前，休闲农业整个产业呈现出多业态的发展格局，涌现出小穿乡野公园、齐心庄园、津溪桃园等综合性经营模式，走出了"农区变景区、田园变公园、民房变客房、农事变享受、产品变礼品"的休闲农业创新发展道路。都市游客在享受绿水青山的大自然馈赠的同时，能够感受到农家生活的返璞归真，特别是能领略到优秀农耕文明的深刻内涵。

(三)品牌培育:从品牌缺位向有市场影响力的品牌建设转变

走过缺乏个性、缺乏特色品牌文化的发展初期，天津的休闲农业已经进入到品牌化发展的阶段，建成了蓟州、宝坻、武清、西青等休闲农业与乡村旅游示范区，获得全国休闲农业与乡村旅游示范点、中国美丽休闲乡村、中国美丽田园、中国重要农业文化等称号的项目达到 40 个，天津休闲农业已经成为在国内具有一定市场影响力的特色地域品牌。此外，以特色产业为主导的西青小沙窝、武清东马坊等 35 个村被认定为"一村一品"的全国示范村，津南月坛农业园、北辰双街农业科技园等 16 个园区则成为我国农村创业创新基地，这些称号已经成为市场认可的特色品牌。为了引导和提升产业主体的品牌培育能力，相关管理部门制定出"9123"实施体系，即整合出 9 条旅游线路，布局 15 个休闲农园、建设 200 个旅游村点和 3000 个经营实体。经过多年的推进与实施，这一目标体系已经得到了很好的贯彻和实现。从消费市场的品牌追求看，蓟州山野生态游、宝坻稻乡风情游、滨海赶海拾贝游已经成为全市休闲农业的特色品牌活动，对周边地区的都市游客形成了强大的吸引力。

（四）市场导向：从被动经营向主动开发转变

在发展初期，天津休闲农业的经营者主要是依托风景区等资源优势，以被动的方式等待消费者的光顾。随着经验的积累和先进典型的示范，广大经营者越来越深刻地认识到，以市场为导向、主动出击才是休闲农业发展的根本出路。特别明显的是，很多农家院从最初的"我有什么就向游客提供什么"的经营方式，提升到依据游客的需求取向丰富自身的产品种类、提升自我的服务手段。以静海区的多兴庄园为例，为了提高消费者的满意度，其提供订单制农业生产，开发出依托农耕生产的特色体验游，有效避免了因市场判断失误造成的损失，又能根据客户需求及时调整配货方式，有效连接了休闲农业与传统农业的产业链条。发展过程中，经营者按照市场需求不断调整和提高自身的经营内容和服务模式，将以农家食宿为主的行业布局发展为包括特色食宿、休闲养生、文化体验等在内的多种经营内容，涌现出主题鲜明的书吧、茶吧、养生吧等新型经营形式，展现出具有鲜明的个性化、时尚化、多样化的发展布局。多年来，各级政府举办了多种主题推介活动引导市民扩大消费，及时制作和播出视听新闻和宣传片，协助优秀产品的经营者开发市场，开展赏花节、丰收节等集聚型农事节庆活动，广大经营者能够抓住这些有效的市场机遇，主动开发、扩大客流，通过提升服务赢得了长足的发展。

（五）产业形态：从单一产品向全产业链的布局转变

在发展初期，天津休闲农业以提供农家食宿为主要服务内容，现在已经发展为全产业链的立体布局，形成了以农村地区生态、生命、生产、生活为核心的多种形式的实体经营项目，实现了"一镇一业、一村一品、一园一景"的集群和集聚效应。在经营管理体系的塑造中，积极探索农民互惠共赢的利益分享机制，鼓励农民通过土地、庭院、设施等资产入股，多渠道提高农民的工资性、财产性和经营性收入，拓宽了农民就业和增收的新渠道，为农民转型发展创造了机遇。2017年，全市休闲农业接待游客达到了1990万人次，乡村旅游和农副产品综合收入达到75亿元，实现了连续7年增幅在20%以上的发展速度。从产业链条的布局看，休闲农业的发展带动了880家规模以上的农产品加工企业加入进来，有效促进了产业链条的延伸，提高了产品的附加价值，形成了具有地域特色的粮油、肉类、奶制品、水产品、果蔬、调味品等农产品加工体系,全市农产品加工产值突破了 3600 亿元。2018 年,天津休闲农业的发展受整体经济形势的影响,经营规模和效益与 2017 年基本持平,综合收入逾 70 亿元,直接从业人员为 6.9 万人,带动 30 万农民就业,休闲农业成为农民增收的重要途径。需要说明的是,为了规范农村农业的发展秩序,天津对违规"大棚房"进行了彻底清查和严肃治理,及时纠正了休闲农业向"房地产"变相扩展,为休闲农业今后的发展指引了正确的方向。

第三节　天津休闲农业的特点与发展模式

一、天津休闲农业的特点

经过二十多年的发展,天津休闲农业已经具备了一定的规模和实力,成为农村地区重要的产业形态,并为市民提供了便利的休闲养生场所。休闲农业依托本地乡村特有的自然资源、物产资源和人力资源,在实践中逐渐形成了自己的个性特点,下面从空间布局、管理形态、核心内容、服务手段等四个方面进行解析。

(一)从产业的空间布局看,表现为差异化发展、集聚化组合

首先,由于各个区镇拥有的资源条件的差别,全市休闲农业项目在空间布局上表现出差异化的发展态势:在特色旅游景点的周边,经营项目以提供农家食宿服务的农家乐为主。例如,在盘山、黄崖关长城以及海滨等特色景观周边,分布着大量的农家乐以及渔家乐,为游客在景区活动后提供餐饮和住宿服务。在紧邻市区的近郊,则以提供农事体验、休闲购物、特色展演的综合性农庄、市民农园和主题公园为主,如人气很旺的曹庄花卉市场,成为市民采购盆栽花卉的重要渠道,同时消费者还得到了观赏绿色植物的快乐体验。在宝坻、蓟州等远郊地区,则以提供农家食宿、休闲养生和特色文化体验的旅游村落、生态农庄和特色园区为主,其能够提供农耕体验和住宿等中长期旅游服务,如津溪桃园、王稳庄水稻公园等农业园区,以春季赏花、秋季收获为重要结点,为消费者提供欣赏乡村美景、体验农耕活动、探寻优秀文化的服

务。在全市的休闲农业项目中,蓟州区凭80项休闲农业项目占据首位。蓟州区是天津休闲农业产业的核心地区,其以全面立体的服务布局,让消费者的观景、养生、社交、庆典等多种诉求得到了满足。

(二)从旅游村的管理形态看,松散式与集聚式共存,集聚式快速发展

旅游村是休闲农业发展中有效的集聚发展形式。从旅游村的管理形态上看,天津休闲农业可分为两种:一是以景区为依托、以农家食宿为内容的松散式集合,如砖瓦窑村依托盘山、船仓峪村依托梨木台形成了数十个农家院的聚集,采取各业户独立经营的方式;二是依托特色风景和农家文化,以集中管理、项目多样为特色的组合,如郭家沟村、毛家峪村、小穿芳峪村等组建了实施集体管理的专业公司,对村落资源进行统一规划和开发,规范和统一了村内农家院的经营与服务,建设了特色风景、文化体验、休闲游戏等专业活动场所,成为一种有吸引力的新型景区和深受消费者欢迎的休闲农业的重要形式。从发展的趋势看,集聚管理的旅游村发展很快,不仅体现为数量和占比不断增加,集体管理的方式和效率也在不断提高,旅游村成为一块有分量的招牌。如西井峪村的外来管理团队不仅进行了旅游村整体规划设计,完成了全村场景的改造,还亲自建设和经营了示范项目,引领并促进全村经营项目管理水平的提升。

(三)从旅游活动的核心内容看,生态体验活动有了长足的发展

现代社会中,休闲旅游的主要目的不仅是体验农家食宿,还包括体验有特色的农家生活和农耕文化。在不同城市的田间地头,感受到稻田听蛙鸣、采摘成熟果蔬、捡拾新鲜鸡蛋的乡野乐趣,与城市的喧嚣和紧张的工作节奏形成了鲜明对比,不仅能让都市游客享受没有污染的大自然,更能让其收获原生态的特色农产品。从天津休闲农业的整体布局看,这种生态体验活动发展很快,已经成为吸引市民到乡村休闲的重要内容。比如齐心庄园、宜辉家庭农场、众耕农庄等项目大力发展精品农业,在农业生产过程中,将农事体验、时尚餐饮巧妙地融入其中,让游客在享受农耕生活的同时,体验优秀文化的魅力。

(四)从经营项目的服务手段看,传统低端管理向现代高端模式转变

休闲农业发展初期的经营项目一般以农户的自主经营为主要形式,受限

于自身资源和服务技能,一般只提供简单食宿服务,在内部管理和市场开发等方面缺乏专业化的技术和手段。在政府规范引导、社会资本和先进管理方法进入、经营户规模扩张等因素的全方位助推下,当今天津休闲农业跨过传统低端的管理阶段,已经发展为以现代高端管理为主流的先进格局。如毛家峪村在众多农家乐集聚的基础上,开发出山水游艺、会议研学、节庆演出等综合性旅游活动。大巨各庄村则投资建设了紫云水岸香草园,打造出规模化的植物展示园区,成为乡村度假中有新意的活动内容。

二、天津休闲农业的发展模式

天津市"十三五"发展规划中对绿色都市型农业进行了全面布局,确立了农业供给侧结构性改革的主线定位,运用"改革创新、激励约束和政府监管"等手段,实施优化农村空间布局、保护农产品生产环境、修复乡村生态系统等产业发展措施,塑造以"绿色"为标志特征的农业生产体系和农民生活方式,实现天津地域范围的"农业强、农民富、农村美"。

根据行业内各种项目的管理方式和经营内容,休闲农业可以分为农家生活、农业生产、农村生态和功能拓展四种导向型发展模式。结合多年的实地调查经验,以有关部门评选出的265家天津市休闲农业示范区和村(点)为基础,我们对天津休闲农业的发展模式进行了分类,结果见表2-3。

表2-3　天津市休闲农业发展模式一览表

模式	分类	数量	旅游吸引物	典型代表
农家生活导向	农家乐	52	特色农家生活	砖瓦窑村 英歌寨村
	文化节庆	10	民俗文化、农耕习俗	团山子梨花节 小辛码头村丰收节
农业生产导向	果实采摘	74	农耕时点活动	津溪桃园 罗庄子香酥梨园
	市民农园	18	农业生产全过程	第六埠村市民农园 多兴庄园

模式	分类	数量	旅游吸引物	典型代表
农村生态导向	环境观赏	28	自然资源的观赏	紫云水岸乡野公园 曹庄花卉市场
	生态体验	19	生态资源的深度体验	光合谷度假村 林海嘉园
功能拓展导向	综合发展	49	资源与服务全面发展	牛顿庄园 齐心庄园
	产业外延	15	技术变革、形式创新	小穿芳峪村 西井峪村
合计	--	265	--	--

※资料来源:2014—2018年天津市休闲农业示范区和示范村(点)名单及情况介绍

(一)农家生活导向型发展模式

指在特定农业区域建立起来的,以农家生活为主体,以乡村物质资源和特色文化资源为载体,面向都市游客开展农家食宿、民俗娱乐活动的休闲农业经营项目,可以进一步划分为农家乐和文化节庆两种类型,农家乐的特点是以乡村农户为主要活动场所,开展"吃农家饭、住农家院、聊农家事、购农家物"等系列农家生活体验;文化节庆型的特点是以乡村特有的民俗文化为核心,在特定时点、秉承传统开展的节庆和集聚活动,发挥以点带面的作用,扩大休闲农业项目的市场影响力,提高农家食宿和相关农产品、纪念品的销售规模。

(二)农业生产导向型发展模式

指以农业生产园区为活动区,按照农业生产时节,组织游客参与农业播种、耕作、丰收的全生产过程,从劳动中体验农业生产的乐趣、享受劳动成果的收获。主要类型有:一是以果蔬采摘为代表的时点活动,以生产农作物、园艺作物、花卉、茶等为主营项目,组织游客集中参与生产、耕作或收获等应季活动;二是通过订单制等长期合同方式,使游客全程参与农产品的生产、收获和消费过程,供销双方是一种长期稳定的合作关系,例如市民农园。综合来看,农家生产导向型发展模式的项目多数以地域优势产品为主打,以订制生产为手段,以交通便利、游客多的区域为经营区,吸引农户土地流转入股实施规模经营,再以园区、基地的形式呈现给市场和消费者。以紧邻市区的西青区为例,农业园区化已经成为该区最大亮点和产业发展载体,来自农业园区、专业养殖场的收入占全区农业收入的主体地位,休闲农业则成为农业生产中的新环节,在现代农业生产的基础上附加了休闲功能,成为第一产业向第三产业延伸的成功实践和有效链接。

(三)农村生态导向型发展模式

指依托农村地区良好的生态环境,利用地区特色(如自然景区等)及区位优势(如山地森林、海洋、水库、湿地等资源)以及野生动植物资源,开展的休闲养生、运动健身等专项旅游活动,分为自然观赏和生态体验两种方式。农村生态导向模式下,消费者旅游的目的明确:以特色休闲为主,力求回归自然、亲近自然体验文化、休养身心。一般乡村生态旅游具有较强的季节性,天津受北方气候条件的限制,休闲旅游一般集中在每年的4月中旬至10月底。随着休闲旅游产品的增加和经营管理水平的提高,以"光合谷温泉度假村"为代表的大型项目,通过科学规划和内部场馆的建设,实现了不受季节影响、全年接待游客的发展格局,在蓟州山区则通过冬季冰雪活动有效延展了生态享受的实践和活动内容。

(四)功能拓展导向型发展模式

指有效链接生活、生产、生态中的三种或两种功能,以较大的投资和先进的管理体系面向市场的综合性项目,以旅游村和农业科技园区为主要经营实体,全面满足了游客对休闲、养生、聚会等方面的多种诉求,可以分为综合发展和产业外延两种类型。齐心庄园是综合发展类型的典型代表,依托于大型的农业园区,经营者引入民间艺人设立展馆,开展学生研学等农业普及教育,组织丰收、假日等节庆活动。西井峪村则是产业外延类型的典型代表,通过典型引领、整体规划、抱团发展的方式,将"集体、公司、农户"三个主体捆绑在一起,实现了从小农经济向规模化发展的转化,特别是根据自身的特色文化资源进行有个性特点的旅游景观建设和旅游活动开展,成为据有文化内涵的创新型项目主体。

第四节　天津休闲农业的成功经验与不足

一、天津休闲农业发展的成功经验

（一）施行政策的扶持与引导，推进整个产业的健康布局和快速发展

天津的产业结构比较特殊，农业产值在全市 GDP（国内生产总值）中仅占 1.28%，但是，从农村在全市的疆土面积和人口比重上来看，特别是从生态环境和人文环境的整体性来看，农村地区又是天津市不可缺少的重要组成：从数字上看，天津农村地区占全市总体疆土面积的 59.3%，农业人口占总人口的 36.6%。尽管农业产值比较低，对天津整体经济贡献很小，但是一半以上的疆土面积和三分之一的人口规模，对于天津的可持续发展来说有着举足轻重的作用，特别是对全市生态环境的改善以及整个社会和谐氛围的营造具有至关重要的作用。

党的十九大提出了"乡村振兴"的战略目标，更是把"三农"问题的彻底解决提到了最为紧要的地位，而休闲农业作为农业产业链条延伸的重要方式，无疑是天津农业转型升级的有力抓手。当前，天津市在国家乡村振兴的整体部署下，对全市休闲农业的产业发展提供多方面的鼓励政策和优惠措施，着力将这种新兴的第三产业打造为能够让农民致富、让消费者满意的高效经济活动。相关的政策主要有：特色旅游村转型升级的专项补贴、乡村文化产业项目的投资补贴、乡村旅游硬件环境的提升改造拨款（如污水及垃圾处理系统、公共交通体系建设拨款等）。正是在政府的科学指导下，以郭家沟、毛家峪等集群式发展为代表的项目成为京津冀地区内很有影响的旅游地，在春夏秋的旅游旺季，很多休闲农业经营项目面临着"一床难求"的繁荣景象。科学的管理政策为休闲农业的健康发展提供了保障。在项目经营者全面的理解和科学的运营下，全市的休闲农业产业不断调整、提升结构布局，吸引了大量社会资金和民间资本注入，在外来人才和当地农户的共同努力下，全市休闲农业走上健康和可持续的发展轨道。

(二)实施科学的乡村规划设计,促进传统产业提档升级

天津农村地区拥有丰富的旅游资源,有山有水,还有滨海渔村,对平原和内陆地区的游客有着极强的吸引力。从 2008 年开始,相关管理部门实施科学的规划设计建设相关项目,形成"以线串点、以点带面"的良好发展格局。同时,全市的旅游村和自然村,全方位开展规划引领的管理模式,让民间的经营活动有科学的上层管理和顶层设计,整个产业呈现有序的快速发展局面。通过强化规划的引领作用,极大地促进了产业内部的科学配置。按照乡村振兴战略的总目标,天津市制定了休闲农业中长期发展规划,确立了"三廊道、三板块"的规划布局,遵循"旅游+""生态+""互联网+"等新理念,建设了一批休闲农业集聚区和特色村(点),大力发展农家乐以外的综合农庄、运动营地、研学基地等高端业态,提供旅游度假、休闲康养、农耕体验、文化探寻等多品种的旅游产品,很好地满足了多样化、个性化的市场需求,并为农民的收入来源拓展了新的、更为宽广的渠道。

(三)引进先进投资和管理,优化产业组织,延伸产业链条

作为第一产业向精深加工和定向服务的延伸,休闲农业是传统农业延伸产业链条、提高利润水平的有效手段。实践中,很多专业农庄、农园由于游客的参与产生了更为广泛的市场影响,如王稳庄水稻公园的运营,不仅带来了大量的生态景观欣赏游客,还让游客在与美好风景、农耕场景的直接接触中,对"小站稻"有了忠诚的品牌信任,带来了非常可观的市场销售业绩。这是休闲农业与第一产业结合的成功实践,旅游活动成为特色农产品的品牌推介和销售渠道。休闲农业项目在经营过程中,通过优化投资环境,引入外部的投资和先进的管理,很多大型项目充分发挥龙头企业、合作社的带头作用,极大地促进了特色优势产业的联动发展,有效提升了整个产业的经营水平。综合型、规模型的休闲项目主体,跨越了小规模农家餐饮的低利润格局,助力做大做强果蔬、水产品、奶制品、粮油、肉食、调味品等农业主导产业,助力做精做强传统农业产业,有力地带动了农产品在地加工、精深加工的延伸拓展,在冷链物流、电子商务等现代商贸体系的支持下,成为成长性、经营性良好的新型业态。同时,通过投资主体的重新塑造,园区景区建设得以加强,产业内部的经营管理水平逐渐提升,文化村镇、田园综合体等产业新模式带来了更为客

观的利润回报,有效促进了休闲产业提档升级。

(四)重视人力资源的注入,搞好全产业链的创新

经济的发展离不开人力资源的保障。休闲农业由于产业类型新、市场开发难等特点,更是离不开"能人返乡""投资人下乡""顾问入乡"等优秀人才的支撑。通过政策吸引和舆论引导,让打工农民、退伍军人和优秀大学生等重新加入农业生产的队伍中,把新的知识和资金注入到传统产业中,能够实现产业链的全面发展和提升。相关管理部门应积极发挥行业引导作用,开展灵活多样的专业培训,助力基层组建出"懂农业、爱农村、爱农民"的人才队伍,为行业发展积蓄力量。天津地区的高校和科研院所等资源应积极投入到实践中,把农业生产、现代管理、社会文化等专业知识注入项目管理中,帮助基层打造出有品牌号召力的特色产品,从而实现全产业链的创新型发展。

二、天津休闲农业发展中存在的不足

尽管取得了不菲的成绩,但是由于农村地区经济发展的基础相对薄弱,天津休闲农业还存在着以下几个问题:

第一,重视硬件建设,忽视软件管理,经营项目的成长性较差。

由于休闲农业项目坐落于发展相对落后的农村地区,项目依托的基础设施存在着很多不足,如公共交通体系不完善、旅游活动地区的服务配套设施缺乏或不完善、卫生保健资源短缺等,这不仅造成了旅游旺季交通不便、接待能力不足,也存在着卫生防疫、社会治安等方面的安全隐患,这些瓶颈制约了休闲农业向更大的规模发展。在个体经营项目的运营中,经营者往往是出身于传统农业的生产能手,但是由于经济实力不足、文化水平有限,很多休闲农业项目只肯在硬件设施上投入资金和精力,对内部管理、科学营销等软件环节的关注显著缺乏,这就导致园区硬件建设完成以后,由于缺乏专业的管理和营销团队,无法开发出有效的市场销售渠道,最终导致经营惨淡,甚至资金链断裂,很多经营主体只能维持人力资本的补偿,很难回收固定投资,大经营主体难以依靠利润回流获得扩大和成长的机会。

第二,经营行为同质化严重,缺乏特色文化和品牌形象的塑造。

从农民转型的项目经营业主的管理能力有限,缺乏外部的学习和体验,

服务以自我感受为标准。特别是其在经营活动中往往依靠表面的模仿,这就导致整个行业中,低端的农家食宿占了较大比重,不仅缺乏个性产品,很多经营者的服务水准也处于较低水平,简陋的农家餐饮无法满足都市游客求新的愿望。在走访调研中,笔者发现,并不是天津的乡村缺乏个性文化,而是经营者没有能力发现和培养特色文化,对于农村基层的文化建设存在一个真空地带——即政策下乡的"最后一公里"和农民外闯的"最初一公里"的双向缺失。由于对传统文化、地域文化、民俗文化的挖掘不够系统和深入,很多经营项目缺乏个性魅力和品牌影响力,无法成为持续发展的市场强者。从全市的产业格局看,尚未打造出国内有影响的一流项目,无法比拟陕西袁家村、安徽宏村、浙江莫干山等影响力强的品牌形象。这种缺乏个性魅力的同质化、低端化经营模式,一般轻视乡土文化的注入,特色的产品和民情不能得到充分展示,导致"农"味不浓,"农"情不厚,不能得到游客的肯定和"再回头"消费。

第三,经营水平参差不齐,缺乏创新举措。

由于以农家食宿为主的农家乐占比较大,导致全市的行业收费标准比较低,往往存在低价抢占市场的现象,高投入农家院的收费标准无法得到消费者认可,产生了"劣币逐良币"的不利竞争格局。由于休闲农业的市场需求变化很快,多数经营者没有能力开发出潜在的消费者需求,从而导致很多经营业主以被动经营为主,只能根据自身的条件提供简单服务,缺乏创新举措,更无力根据市场整合自身资源、提高服务水平,从而表现为坐等客户、无力扩张的冷清局面。2018年,天津市相关管理部门对农村地区的违规建设进行了坚决的拆改,规范治理过程中,个别休闲农业项目损失较大。如某休闲农园被拆除违规建设的林下木屋21栋、儿童游乐和成人户外拓展设施,拆除面积达到40余亩,直接经济损失达2000多万元;另一个综合农庄被拆除民宿、观光亭、木屋餐厅等,直接经济损失500余万元,人员遣散费40多万元,当年减少800万元的营业收入。这也暴露出休闲农业产业发展进程中法律、法规还不够完善,宣传和治理不够及时和深入,为今后产业的创新举措设定了界限。

三、天津休闲农业的提升与改进路径

第一,抢抓机遇,积极投入到乡村振兴的伟大事业中。

党的十九大提出了"乡村振兴",这是当前最为重要和紧迫的任务。习近平总书记指出,农业、农村、农民问题是关系国计民生的根本性问题,解决好"三农"问题是当前全党工作的重中之重。"农业强不强、农村美不美、农民富不富",决定着亿万农民的获得感和幸福感,决定着中国全面小康社会的成色。回望历史,中国特色的革命道路是从土地革命开始的,是从农村包围城市的道路开始的,改革开放的第一步,是从探索农村家庭联产承包责任制开始的。实践证明,土地革命、改革开放取得成功主要源于农民阶级的进步。中国特色社会主义进入新时代后,党中央高度重视"三农"工作。天津的农业产值虽然占比不大,但是农村疆土面积占据了城市的一半规模,乡村振兴是关系到全市生态环境、人民生活的重大工程。城乡融合是我国现代化进程的必然趋势,但城乡融合并不意味着乡村的消亡,而是科学布局城乡发展比例。为此要抓住有发展潜力的乡村,搞好规划引导和三产融合,形成能够均衡分配各方利益的格局,这正是通过乡村振兴实现乡村价值的有效方式。休闲农业能够促进农业产业链条延伸,促进第一、第二、第三产业深度融合,带动农民就业、增加农民收入,还具有保护生态的功能,与传统农业相比较,休闲农业的综合效益水平更加显著,是天津实现乡村振兴的重要抓手。

第二,重视乡土文化氛围的营造,全面提升休闲农业的持续发展力。

乡村文化振兴是乡村全面振兴的重点和核心。我们经过多年的调查和研究,编辑出版了三辑"小穿芳峪文库"(五本)和影印古籍一套,这是挖掘、保护以及开发乡村文化资源的成果,是乡村振兴进程中科研院所与农村基层合作的成功案例。这个成功的合作具有三个方面的意义:一是有助于打造当地的文化品牌,促进乡村文化传播;二是推动文博、文创、文旅产业深度融合,提升地域旅游产品的竞争力;三是文献整理与村民口述参与,有力地推动了"乡村记忆"工程,唤醒乡村沉睡的本土文化资源,传播社会正能量,形成新时代乡风文明新风尚。这种文化开发对于整个行业而言是一次创新,确立了营造乡村文化氛围的重要性和有效路径,对于走出低端食宿服务束缚的农家乐而言是一个前进的"金钥匙"。休闲农业产业应注重特色乡村文化的培养和塑造,提升经营项目内在管理品质,同时要以同宗同源的文化为背景,搞好、搞活项目与周边村落的有序合作,消除恶性竞争的不良影响,建设地域农业农村的品牌共同体。

第三,引进先进的管理和技术,加快塑造影响力大的品牌形象。

要大力引进先进的管理和技术,依托个性化的资源基础,实行特色经营、差异发展,不断提升产业的市场影响力。经营实践中,要积极建设科学、现代的组织形式,通过农民合作社、资本股份制和全产业链集群等利益联结机制的建立,发挥现代管理的高效性和科学性,破解小规模经营的瓶颈,走出规模化、规范化、品牌化的发展道路。应创新投融资模式,大力发挥外部规模化资本和专业化管理的作用,运用多种渠道提高执业者的素养,将"互联网+"、VR(虚拟现实)等新技术融入项目开发中,大力推进 PPP 等投融资模式,切实提升休闲农业的产业实力和利润回报。在现代产业组织的建设进程中,要让村民以科学有效的方式参与到家乡的治理中,与相关利益主体共同建立起科学的乡村治理体系。应拓展产品延伸的市场深度和广度,满足更广泛的消费者的需求,确保盈利点稳定而丰富。要积极向国内国际知名品牌学习和靠拢,实施科学有效的品牌建设工程,力争在三五年内培养出高水平的休闲农业品牌,把休闲农业作为一个市场机缘,打开更多销售市场的渠道,带动乡镇集体经济实力的壮大和农民收入的提高,实现产业兴旺、生活富裕的战略目标。

第四,实施供给侧结构性改革,提高农村生产要素的投资回报。

顺应我国经济发展的整体布局,大力推进农业供给侧结构性改革,通过对休闲农业管理体制与机制的变革,对农业生产要素重新开展科学配置,提高行业供给水平,助力第一产业的产业链延伸和效益提升,进而实现乡村振兴的总体目标。休闲农业作为一种服务活动,是农业供给侧改革的重要路径。特别是应抓住农村宅基地改革的机遇,积极盘活闲置农宅,使闲置土地发挥出应有作用,提升农村土地的经济价值。大量的经营实践也证明,都市游客进入乡村,不仅想要享受乡村自然环境,一般都会对特色农产品、地域优秀文化进行探寻和体验,从而对有特色的品牌农业产生信任,建立起长期稳定的联系,最终发展成为相关产品的忠实客户。供给侧改革中,要重视对配套设施和基础服务的提升,特别是要提高公共卫生服务的水平,保证游客的健康和安全。总之,休闲农业通过产业链条从农业向旅游业的延伸,使农村闲置的土地、农宅得到了有效利用,提高了相关农产品的附加价值,为更多的农民提供了就业的机会,拓宽了农民的收入渠道。

第五,建设强有力的"三农"工作队伍,发挥科研智库的服务功能。

人才是产业发展不可或缺的资源。党的十九大报告指出,要培养造就一支懂农业、爱农村、爱农民的"三农"工作队伍。休闲农业作为一个新型服务行业,面临着从业人员"外行"多,管理人员和服务人员的专业素养比较低的人才资源瓶颈。现实中,由于很多项目的经营者和服务人员是由农民转型而来的,他们往往不具备专业的服务技能,也缺乏开发市场的技巧和途径。而外部投资人管理项目又存在着对接困难、管理成本高等问题,导致投资收益低、投资热情不高等行业发展问题。因此,要加强相关管理部门和地方管理机构的有力引导和支持,塑造良好的社会投资氛围,有效约束投机、违规等不良行为,帮助投资人走上专心经营、健康发展的道路。要加强对相关从业人员的指导和培训,发挥村级管理组织的经济开发作用,重视先进项目的示范作用,吸引大学生、技术人才、经营能人等回乡创业、奉献智慧。在乡村振兴的进程中,大专院校和科研院所也要发挥智库服务的重要作用,积极开展调查和研究,建立起科研服务和信息服务的平台和载体,实现智库资源与农村基层的有效对接,成为休闲农业发展接地气的顾问团队。

第三章　天津休闲农业文化要素的盘点

第一节　生态文化资源

一、天津农村地区生态文化概况

(一)区位条件

天津地处北温带,欧亚大陆的东部边缘,紧邻太平洋,位于东经 116°43′～118°04′、北纬 38°34′～40°15′之间,属暖温带大陆性季风型气候。天津陆地板块南北长 189 千米,东西宽 117 千米,陆地边界达 1137 千米。天津虽然濒临大海,但主要表现为大陆性的气候特征,具有陆地向海洋过度的气候特点。天津四季分明:春季温暖多风、干旱少雨;夏季高温炎热,降水集中;秋季天高气爽,气候舒爽;冬季天气寒冷,空气干燥,较少降雪。天津地区全年日照较足,平均气温 14℃,1 月最冷、7 月最热,因此,每年的春末、夏初和秋季是休闲农业项目经营的较好时期。天津地区全年降水不多,且各个季节分布不均、差别较大,冬季降雪是很珍贵的自然景观。天津地区是退海后形成的人类生存的陆地,留下了青池遗址、黄帝问道等文化景观。以下为蓟州、宝坻、武清、静海、滨海新区的区位概况。

从蓟州城关一带的历史沿革看,春秋时期蓟州区被称无终子国,战国时被称为无终邑,秦代属右北平郡,称无终县,隋代改称渔阳县;唐朝设蓟州,辖渔阳、三河、玉田三个县。辽金元各代,渔阳皆隶属蓟州。"古渔阳"的称号流传于世,文人王晋之有诗云:"蓟州古渔阳,素号山水乡。"①明朝时,废渔阳县制划入蓟州,外辖玉田、遵化、丰润和平谷四县。清朝时,蓟州隶属顺天府。民国二年(1913),蓟州改为蓟县,1914年归京兆地方,1928年署河北省。1973年,蓟县由河北省划归天津市。2016年,撤县设区,称蓟州区。蓟州地处天津的最北部,位于北纬39°45′~40°15′、东经117°05′~117°47′,是典型的暖温带大陆性季风型气候,全年平均降水量678.6毫米。蓟州区四季分明,阳光充足,山地区域的昼夜温差较大,全年平均气温为11.5℃,一般比市内平原地区低3℃~5℃。蓟州总面积1590平方千米,东西宽56千米,南北长55千米。全区下辖26个乡镇、949个行政村,可耕地57100公顷,林地约200万亩,森林覆盖率达到47%。

宝坻又称渠阳,夏商时期属冀州,秦代属渔阳,汉代尘封雍奴县,金大定十二年(1172)命名宝坻县,其名源自《诗经》名句"如坻如京",寓意"丰年谷物堆积如山"。1973年,宝坻县由河北省划归天津市。宝坻位于天津中北部地区平原地区,东经117°8′~117°40′、北纬39°21′~39°50′,地形包括冲积平原、沉积平原两种类型,海拔2.5~3米,地势呈现西北高东南低的态势,有高上和大洼两种地貌形式,南北长65千米,东西宽24千米,土地总面积1509平方千米。

武清位于天津西北部地区,东经116°46′43″~117°19′、北纬39°07′0″~39°42′20″,东西宽41.78千米,南北长65.22千米,总占地面积1574平方千米。战国时期,隶属燕国。秦朝时设为泉州、雍奴二县,北魏时归并为雍奴县。因武清县城在大泽的北部,故称为"雍阳",旧县村南的"四方台子"即为雍阳古县城遗址。唐天宝元年(742),雍奴县更名武清县,取"武功廓清"之义。2000年,更名武清区。

静海一带4000年前退海成为陆地。战国时期,西钓台、纪庄子一带形成了自然村。东周时期,此地称"长芦",先后归属齐、燕、赵等国。秦代隶属巨鹿郡。西汉为东平舒县属渤海郡,经济发达、人口丰盈,被史学界称为"东平

---

① 罗海燕,苑雅文.小穿芳峪艺文汇编·二编[M].天津:天津社会科学院出版社,2017:98.

舒文化"。西汉时海水淹没了这一地区,直至隋朝海水退去,遗为沼泽。五代后晋时称为宁州。宋辽以海河、大清河为界河,宋在窝子寨、独流东寨、独流北寨、沙窝寨、当城寨、钓台寨等建设了军事据点,由清州管辖。黄河改道后,军事据点逐渐转型为农业生活区,驻军开荒屯田,大量外地移民流入静海地区,地区经济逐渐发达,民众生活稳定。金代设为"靖海"县,意为"期望安定太平",遗憾的是其后战乱不断。静海拥有特殊的土壤环境,元朝时制盐业在静海快速发展起来,地区经济恢复。明洪武元年(1368),改称静海县,取避"靖难"、求"安宁"之意,属河间府管辖。清代隶属天津州、天津府,民国归属河北省。1973 年 8 月 1 日划归天津市。静海位于天津西南部,东经 116°42′~117°12′之间,北纬 38°35′~39°4′之间,东西宽 40 千米,南北长 54 千米,土地面积 1415 平方千米,被称为"津南门户"。

滨海新区地处华北平原北部、天津城区的最东端,是海河下游、渤海湾顶端、山东半岛与辽东半岛交汇点,东经 117°20′~118°00′,北纬 38°40′~39°00′,陆域面积 2270 平方千米,海域面积 3000 平方千米,海岸线达 153 千米。滨海新区境内,河、海归并,汇入大海,是吸引内陆游客的特色景观。2009 年,天津实施行政体制改革,撤销塘沽区、汉沽区、大港区,成立滨海新区。大港在战国初属齐,秦代属巨鹿郡,汉代属渤海郡,唐代属沧州,宋乾德四年(966 年)属沧清二州,民国曾属黄骅、静海和天津三县,1953 年后曾属南郊、静海、黄骅,1979 年设立天津大港。汉沽在汉代即有置灶煮盐遗存,属渔阳郡雍奴县,1962 年归属天津市。塘沽历史上以海河为界,行政分治,宋代南北两岸分属清池县和武清县,民国时分属天津县和宁河县,1952 年南北岸实行合治,划为天津市辖区。特殊的地理位置和发展历程,让这里在美丽的自然风光之外,还富含着独特的海防文化和近代工业文化,内涵厚重,是休闲农业发展和延伸的重要资源依托。

西青、东丽、津南、北辰紧邻市区,区位条件不再展开叙述,其发展脉络简单概括如下:西青区,陆地成型于唐代中期,曾是宋辽交界、宋朝边境地区,明代曾属静海县和武清县,清代隶属天津府,民国时属天津县,属直隶省,1953 年为天津市西郊区,1992 年更名为西青区。东丽,秦汉属渔阳郡泉州县,唐代属武清县,北宋属辽国析津府武清县,南宋属金国大兴府宝坻县,元代设军粮城,明属顺天府天津卫,清代分属宁河县、天津县,1953年为天津市东郊区,1992年更名为东丽区。北辰区,西周属燕国,秦代属渔阳郡,唐代属武清县,明代属顺天府通州,清代曾分属顺天府武清、宝坻、宁河县和天津府天津县,民国时曾分属京兆尹武清、宝坻县和直隶省天津、宁河县,1962年为北郊区,1992年更名为北辰区,是金、元、明、清时漕运通道上的交通要道,有"皇家粮仓"之称号。津南区,春秋战国时属齐国、燕国,秦代属广阳郡,隋唐属瀛州、沧州鲁城县,宋代属清池县,明代属静海县,清代分属静海县、沧州和天津县,1953年为天津市南郊区,1992年更名为津南区。

(二)自然资源

天津休闲农业有着良好的自然基础,其地处广袤的华北平原,北部有狭长的燕山山脉,东部有辽阔的渤海海域,这些构成了天津自然景观的基本面貌。天津境内九成疆土为冲积平原,还有千米以下的低山和丘陵。天津地处国内交通的咽喉要地,是连接北京与东北、华北等地区的陆地交通的重要枢纽,独有的远洋运输港口,使天津成为华北、东北地区的"畿辅门户"。从自然条件看,天津拥有山、河、湖、海、泉、湿地等丰富的景观资源,景观种类齐全。

天津的山地资源集中分布在蓟州区。蓟州区拥有被称为"京东第一山"的盘山,其特点是景色清幽、山势连绵;九山顶是天津最高峰,展现出"一峰突起、群峰环抱"的壮观景色;梨木台则是山水交融、峰峦叠翠的美丽景观;九龙山植被丰富,是天津唯一的山地国家森林公园,九条山脉势如九条巨龙集聚在天津大地;八仙山是国家级自然保护区,具有山高林密、岩层沉积的自然馈赠。此外,还有府君山、黄花山、翠屏山等各具特色、景色宜人的山地景观。

天津地处海河下游,土地、人脉跨越河水两岸。天津地上水资源丰富,有104条河道、1061条深渠流经天津,其中一级河道19条,二级河道79条,这使天津获得了"九河下梢""河海要冲"的称号。子牙河、大清河、永定河、南运河、北运河等支流汇合成海河,再流转到渤海湾。除了河流,天津还有多种类型的水资源:一是风景秀美的湖泊,如翠屏湖、东丽湖、团泊湖等湖泊犹如明珠镶嵌在天津大地,深受市民喜爱。二是能净化环境的大面积湿地,总面积达到3518.34平方千米,占全市陆地面积的29.52%。天津湿地类型丰富,拥有近海海岸湿地、湖泊湿地、河流湿地和沼泽地等多种类型,有效地起到了涵养水源、降解污染等调节自然环境的作用，成为天津及周边地区重要的生态净化之"肾"。湿地资源集中分布在天津的南部和北部，宁河区的七里海湿地是国家级湿地自然保护区。面积较大的还有大港湿地、团泊湖湿地和大黄堡湿地，其成为许多珍稀水禽的迁徙休憩站，野生生物的多样性在这里得到了很好的展现。三是相对于北京等内陆城市，天津拥有让人羡慕的海滨资源。天津地处渤海西部的浅水湾，海岸线长达 153 千米，拥有渔村、海港、沙滩等滨海景观和面积 370 多平方千米的滩涂。同时作为我国著名的海盐产区，天津长芦盐场所产的盐属国内一流。四是天津坐拥丰富的地热资源，属于非火山沉积盆地的中、低温类型，水温 30℃～90℃，水源埋藏浅、水质好，被国土资源部评为"国家首批温泉之都"，东丽湖、团泊湖等温泉成为休闲度假的特色项目。

蓟州区的山地有储量丰富的建筑用砂石料，还有金属、非金属矿藏，麦饭石、紫砂陶土、花岗岩、大理石等宝贵矿藏。蓟州麦饭石是一种药石，具有多种功效：一是药用，可泡水洗浴，缓解痤疮、湿疹、脚气、痱子等病症；二是改善水质；三是作为制造酱油、醋、糖果、啤酒等食品的微量元素添加剂，用来增强口感和营养；四是可改变土壤酸碱值，使盐碱地土质转变为中性，促进农业生产。据考证，盘山地区多长寿老人的重要因素在于经常使用经麦饭石过滤的水。蓟州区的紫砂矿储藏丰富，用其烧制的紫砂壶，透气不透水，外观光泽高雅，壶身耐泡，具有使用、观赏和收藏价值，这也使蓟州区获得"紫砂陶器之都"的称号。蓟州区的矿泉水也具有较高的开采价值。

二、天津农村地区的生态文化景观

（一）山地生态景观

蓟州区是天津唯一拥有山地资源的地区，全区地形复杂，地貌多样，山水资源齐聚，生态文化景观丰富。蓟州山地处于燕山南麓、长城脚下，是燕山山脉与华北平原的过渡地带，地势表现为北高南低的阶梯状。区内最高点是九山顶，海拔 1078.5 米，地势坡度 35 度；最低点在南部的马槽洼，海拔 1.8 米。山区和库区占全区土地总面积的 2/3，因北部是连绵的群山、中部有湖水、南部则是平原地带，蓟州区成为都市人观山戏水、享受生态大自然的养生基地。

蓟州山地有中山和低山。中山分布在东北部,山势连绵,与兴隆、平谷等地接壤。著名的山埠有:国家级重点风景名胜区盘山,又名盘龙山、四正山,在官庄镇境内;九山顶,又名松树果子,进山口在下营镇常州村;国家级自然保护区八仙山,在下营镇太平沟村北。九龙山、梨木台、元宝山、大南山等也属中山。中山山势坡度较大,山势险峻,峡谷幽深,雨季有瀑布和洪流出现。周围地区还有较大面积的低山,府君山位于城北,又名崆峒山,因"黄帝问道"闻名于世,还有翠屏山、黄崖关西山、五名山、凤凰山、桃花山等风景优美的低山山脉,这些低山山脉是当地人健身、赏景的重要去所。

从山地景观的分布看,4条山谷串联起蓟州山区全貌:其一,西北端起步,经下营、团山子、道古峪、孙各庄至王家坎;其二,西北泥河起,经桑园、城下、青山、石臼、西井峪、东井峪至穿芳峪;其三,黄崖关起,经下营、城下、洪水庄、大岭至城区;其四,北魏家河起,经卢家峪、田家峪、白峪、大石峪至新房子。山谷里空气清新、景色宜人的小山村是天津重要的休闲农业产业集聚地。

(二)水系生态景观

天津地域水资源丰富,"九河下梢"是个形象而贴切的描述。天津境内的海河水系包括潮白河、永定河、大清河、子牙河、南运河五大干流,加上这些干流的支流,天津大地上的海河水系如一把大蒲扇,呈现为典型的扇状水系。"九"这一数字在中国传统中被认为是最高、最大的象征,因此天津被称为"九河下梢"。海河水系是华北地区最大的水系,其西起太行山、南至黄河、北依内蒙古、东至渤海湾,流经内蒙古、晋、鲁、豫、辽、京、冀和天津八个省市,流域总面积达到了26.5平方千米。天津境内还有丰富的湿地、海洋以及温泉等水生态资源,下文将分地区展示天津农业区的典型水系生态景观。

宝坻。宝坻是华北地区的"富水"大区,水资源储备丰富。其境内有潮白新河、青龙湾减河、蓟运河、沟河等8条一级河道和午河、鲍丘河、青龙湾故道等6条二级河道,区域内的河流都是由西北向东南流动。潮白新河贯穿全区南北,被称为宝坻的母亲河,是著名的漕运文化传播地,水面宽广、水质清澈,河面最宽处达到1000米,水生动植物资源丰富,潮白河鲫鱼是知名的国家地理标识产品。宝坻区域地热资源丰富,温泉除应用于加工等产业之外,还被用于生活和休闲旅游。以帝景温泉度假村为例,其东邻潮白新河,占地面积达 400 亩,地热温泉储藏丰富,水温高达 98.8℃,水质清澈、富含多种矿元素,整体生态环境优越,温泉养生成为宝坻休闲农业的特色内容。宝坻境内还有口感甘甜、水质较好的矿泉水资源,弱碱性矿泉水成为其标志性产品。宝坻拥有的湿地也成为保护生态环境、涵养水源、滋养多样化生物系统的重要资源。

武清。武清境内有北运河、永定河、青龙湾河等 4 条一级河道和北新河、龙河、龙凤河故道等 7 条二级河道,属海河水系的中下游,水资源含量丰富。尤为重要的是京杭大运河纵贯武清全区,"当水路之冲衢,洵畿辅之咽喉"——这是武清地理位置的生动写照,也让这里成为古时兵家必争的关键地区。人类自古以来便是逐水而居。武清区的乡村也都是傍水而建,以水为生是这里的生态文化内涵,湿地边、河岸边或坑塘环绕的古老村庄旧址便是证明。大黄堡湿地是武清境内水系的中心,依托于此,这里形成了生态环境良好、具有生物多样性的特色水乡。武清域内以南、北蔡村为运河文化代表,从古今诗词描绘、生活记载中可以看到大运河的自然韵味和文化集结。

静海。静海境内水资源丰富,南运河、大清河、独流减河、子牙河、马厂减河等水系流经全境,有西钓台、纪庄子、石门洼等古村落遗址。静海地形虽然比较平缓但多洼淀,运河文化和洼淀文化是典型的乡村发展依托。光绪六年(1880 年),时任天津总兵的周盛传,在南运河与马厂减河交汇点上修建了九宣闸,为分泻南运河的洪水做出了巨大贡献,九宣闸也是天津地区现存最古老的重型水利设施。静海东南部区域地热资源丰富,水温高达 82℃,富含多种矿物质,具有很好的开发价值。静海湿地资源很丰富,团泊湖是天津第二大湖泊资源,有"人间绿肺,候鸟天堂"的美誉和很高的生态价值。

蓟州。蓟州区内有中小河流 17 条,汇入蓟运河后再流入渤海。州河是蓟州最大的一条河流,有黎河、沙河、果河、淋河、幺河等支流。州河在历史上是连接蓟州与天津的重要水上交通要道,为天津地区的经济、防卫做出了重要贡献,被誉为蓟州人的"母亲河"。蓟运河是海河流域北部水系的主要河流,源自遵化,流经蓟州、宝坻、玉田、宁河和汉沽,最终汇入渤海湾。蓟运河曾经是水路运输的要道,州河和洵河是汇入蓟运河的两大支流。1959 年,在蓟运河的出口处修建了于桥水库,又名翠屏湖,其风景秀丽、群山环绕,是天津地区重要的水源地。于桥水库周边还有丰富的湿地资源,自然环境优越,水鸟等生物资源丰富。

其他近郊区。天津近郊区有典型的洼淀地貌,包括西青区东南部的青泊洼和卫南洼、北辰区的三角淀和塌河淀、东丽区的南淀、西青区的东淀等。运河是世界上开凿最早、最长的人工河,天津境内以三岔河口为分界点和交汇处,南、北运河汇入海河。三岔河口被视为天津的发祥地和近代商贸文化的起源地。南运河是一条漕运河道,流经静海和西青南,北运河是北辰区标志性河道。作为河运、海运的必经地带,天津是古代漕运的关键枢纽,留下极为丰富的漕运历史文化。天津境内的运河沿岸,生态景观丰富,文化底蕴厚重,适宜打造景观性、亲水性强的自然休闲活动区,使其成为市民感受生态文化的美好去处。

(三)海洋生态景观

天津滨海新区处于渤海盆地的西岸边缘,是黄骅坳陷的北端,地貌呈现出从海积冲积平原向海积平原到潮间带的分布规律。据地质和考古研究,天津的滨海陆地形成跨度大约在公元前5000年到700年间,古海岸是天津海洋生态的重要景观,总面积达27730公顷,向人们展示了退海成陆的自然更迭。1992年建立了天津古海岸与湿地自然保护区,为国家级海洋类型保护区域,主要保护对象为贝壳堤、牡蛎滩遗迹和七里海滨海湿地的自然环境及其生态系统。[①] 沙岭子贝壳堤又称蛤蜊堤,是由海生贝壳碎屑、细沙、粉沙混合组成的滨海岸堤,是渤海湾古海岸线的重要遗迹,也是海岸线后退的重要标志。沙子岭贝壳堤长达30千米,有5000年的历史,是我国独有的古贝壳滩脊式海岸,与美国的古贝壳堤、南美的苏里南贝壳堤并称为世界"三大古贝壳堤"。沙岭子贝壳堤以高出地面1~4米的贝壳堆积形成三条典型堤岸,最宽处达到200米,奇特的自然景观吸引着人们来这里寻古考证。牡蛎是潮间带、潮下带的海生软体动物,牡蛎遗骸在海浪、海流的挟带和冲击下堆积在海边岸滩,牡蛎壳逐渐堆积成牡蛎滩。天津牡蛎滩具有世上罕见的面积和厚度,其形成时

---

① 张光玉,汪苏燕主编.天津湿地与古海岸遗迹[M].北京:中国林业出版社,2008:2.

间距今约 2200~5800 年,七里海附近的俵口乡是牡蛎滩的核心保护区。古海岸遗迹揭示了天津区域海平面变化、河流入海造陆、海岸线变迁的历史变化,是天津地区重要的文化遗存。

第二节　生命文化资源

一、天津生命文化资源概况

生命指自然界中具有生存与生长特征的物产,是人类与大自然物产资源所共有的特征。和大多数文化遗产的静态展示方式不同,休闲农业文化遗产主要采用动态的、开放的形式,以存活的生命形式和活动的展示方式来表现自然遗产[①]。

天津地区有着丰富的生物资源,已发现各类野生动物资源有哺乳动物、鸟类、两栖类、爬行类、鱼类、底栖类、浮游动物类七类。据调查,全市野生动物有 497 种,黄鼠狼、大灰狼、獾猪等兽类 41 种,家燕、麻雀、海鸥等鸟类 389 种,癞蛤蟆等两栖类 7 种,家蛇、乌龟等爬行类 19 种,青鳝等鱼类 41 种。调查显示,天津有国家重点保护动物 43 种:一级保护 6 种,有东方白鹳、黑鹳、白尾海雕、大鸨、金雕和金钱豹;二级保护 37 种,有白琵鹭、大天鹅、小天鹅、鸳鸯、白额雁、疣鼻天鹅、黄喉貂等。天津植物种类繁多,据调查有 160 科、618 属、1083 种,包括蕨类植物、裸子植物、被子植物和苔藓植物。天津拥有针叶林、针阔叶混交林、落叶阔叶林、灌草丛、草甸、盐生植被、沼泽植被、水生植被、沙生植被、人工林、农田种植植物 11 种植被资源。北部山地的野生动植物资源最为丰富,共有 132 科、422 属、808 种,占全市植物种类的 74.61%。

天津的古树名木是重要的自然遗产。根据相关管理制度,树龄在百年以上的大树称为古树,树种稀有、名贵或具有历史价值、纪念意义的树木则定义

---

① 苑雅文.乡村振兴战略下休闲农业文化的要素构成与价值实现[J].环渤海经济瞭望,2019,(7):5-8.

为名木。2018年,天津市进行了"古树名木"的资源普查,古树、名木的数量、品种繁多,达到2500余株,远远超过2006年普查的800株,其中一些树种是植物界的"鼻祖",进入国家级重点保护范围。天津有关部门对古树、名木建立了档案管理系统,采用专业部门、社会单位和个人养护等多种方式,建立起科学规范的管理模式。

地理标志产品是具有地域属性和人文属性的特色产品,属于农村地区生命文化景观的物质表现。天津获得国家质检总局授予"地理标志"的产品有8种,分别为:蓟州的盘山磨盘柿、天津板栗、黄花山核桃,静海的独流老醋、台头西瓜,宁河的七里海河蟹、芦台春酒,滨海新区的茶淀玫瑰香葡萄。作为生命文化的有效传播途径,这些产品特点鲜明:黄花山核桃由于特殊的地理位置、优越的生长环境,壳薄、果仁饱满、口感圆润清香,是独特优质山间野味;磨盘柿个大、均匀、色彩鲜艳、味道甘甜,产地盘山被国家林业部评为"磨盘柿之乡";天津板栗则是蓟州古老的栽培树种,有近三千年历史,栗子是富有营养的滋补品,含有大量淀粉、蛋白质、脂肪、B族维生素等,是一种可以代替粮食的产品;芦台春酒独特的口味源自特定的自然条件,酿酒用水来自燕山山脉,水中含适量的氧气和对人体有益的矿物质,弱碱性纯天然矿泉水是酿造白酒的最佳水源,"芦台产好酒"广为人知。当然,台头西瓜、茶淀玫瑰香葡萄、独流老醋等也是农业生产的成果,兼具生产和生命两种类型,我们将在下文中进行分析。

二、天津农村地区的生命文化景观

蓟州山地的形成可以追溯至8亿年前的上元古界末期,陆地从海面上升隆起,成了一片陆地,经过长时期的侵蚀和堆积,逐渐形成了蓟州"古推平原面"。蓟州西井峪一带仍然保持着"中上元古界"地貌,并于1984年建立了国家级地质剖面自然保护区"中上元古界地层剖面"。西井峪村成为国家认定的"中国历史文化名村",村内分布着石头房、石头墙、石头街巷、石头碾、石头磨、石头洞等原始乡村风物,仿佛一幅印有远古风貌的石景画页。蓟州境内可以找到很多古人类历史遗存,如新石器时代的青池遗址、"黄帝问道"的崆峒山遗址,还有汉、唐、宋、元、辽等历代文化遗存,清代时的皇帝行宫和皇家陵墓更是遍布全区。独乐寺被称为"千年古刹",其始建于隋代,重修于辽代,是我国早期木结构建筑之一,观音阁和山门是中国古代建筑的代表作,观音阁内的十一面观音像,是我国现存最古老、最高大的彩色泥塑作品,具有很高的建筑文化价值。通过实施封山育林、风沙源治理等生态保护工程,蓟州山区的生态环境得到恢复和有效提升,野生动植物的数量和种类增长迅速,山区栖息的野生动物有 400 多种,野生植物有近千种,被认定为名贵稀有的植物达 69 种。蓟州区还是天津重要的野生中药材基地,有药用动植物 427 种。

天津的古树、名木主要生长在农村地区,蓟州区数量最多。蓟州许家台村的"九龙槐",树龄 1400 年左右,高达 20 米,树冠茂密,遮阴面积达半亩以上,被称为"华北第一槐""天津树王";青山岭村的"并蒂松王",树高 33 米,树围 4.36 米,两树同根而生,比肩而立,甚是壮观;穿芳峪村的"槐抱榆",榆树嵌入槐树的怀抱,古人在旁立下了"唐槐"的石碑,很有历史风韵。武清大良镇的两株银杏树,树龄有 800 余年,于家庄村的两株古槐,树龄有 700 多年。津南区葛沽镇药王庙的古槐有 600 多年树龄,经历了无数劫难依然生机盎然。

天津还有丰富的海洋生命景观:天津古海岸和湿地等自然保护区内,生长着芦苇、水葱、碱蓬、三棱藨草和藻类等,堤岸上遍布猪毛菜、地肤、白茅、刺儿菜等野生植物。有鸟类 199 种的保护区是白鹤、鸳鸯等珍稀鸟类的天然栖息地。昆虫、植物、鸟类、底栖动物、鱼类、浮游动物、兽类、两栖爬行动物为较多的生物种类。丰富的河口湿地则是渤海湾渔业资源的重要生态支持系统。天津国家海洋博物馆拥有的 4 万余件藏品中,镇馆之宝——80 平方米的大型海百合化石、15 米长的鱼龙化石无疑是重要的天津海洋生命遗迹。

第三节　生产文化资源

一、天津农业生产文化概述

农业生产是指种植农作物的劳动实践。600 多年前,天津建卫,但天津农业文化的起源远早于其建卫的时间。据考证,早在 8000 年前的新石器时代,蓟州区就有了农业垦殖活动①。天津地区的规模化农业开发要晚于黄河流域，但是低洼的地势和丰富的水系，成为天津发展农业的有利条件。天津历经各代屯田垦荒，积累了厚重的农耕文化：潮白河、蓟运河一带源自燕蓟文化，大清河、南运河一带源自古章武文化，子牙河、北运河一带则是古泉州文化的延续。以武清为例，当地农耕活动始于新石器时代，当地村民采用犁、耙、耧、耩、铁瓦、砘、碌、水车、轴车等农具，总结出玉米种植中的"单条杠""大小垄""满天星"以及小麦种植中的"三密一稀""四密一稀""五尺畦八条垄"等农耕文化智慧。

天津的农耕文化起源自曹操屯田、备粮和军需转输基地，元代时即试种水稻，明代葛沽屯军种植水稻为小站稻的前身，清代时小站驻军屯种植水稻获得成功，"小站稻"让人们品尝到优质的天津农产品，并成为天津特有的农业品牌形象。宝坻地区的"袁黄劝农"是天津农业发展的重要机缘。明万历十六年（1588），浙江人袁黄担任宝坻知县，看到大片盐碱泥泞的土地后，袁黄决定利用宝坻的洼地和水渠，引导和带领当地农民开展水稻种植。水稻试种成功后，袁黄编写了天津第一部农业专著《劝农书》，在中国农学史上占有重要地位。为纪念袁黄，民间称宝坻水稻为"袁黄稻"。时光荏苒，经过考验后闻名于世的天津农产品种类很多，如小站稻、沙窝萝卜、宝坻三辣、天津白菜等，这些农产品在天津乃至国内外都有很多受众。

天津农村地区还有殖牧文化、渔业文化。以武清为例，当地以河堤、荒地、沟渠、坑塘及收获后的农田为牧场，发展野生家畜养殖场、奶牛放牧场、水产鱼塘等多种殖牧或渔业形式。武清境内水域广布，近百处的积水泊淀孕育了渔业文化，大黄堡湿地区域、王庆坨、泗村店等坑洼处，自然蓄水，育苗滋养，鱼虾资源富饶，地区渔业发达。由于濒临渤海湾，天津的海洋渔业资源丰富，渔业生产历史悠久。天津滨海地区考古发现的"逃网坠和丽蚌网坠"是战国时期的渔业劳动工具②。明代古书中也留下了"晒网家家集野汀"的生动记录。清朝康熙年间，朝廷取消海洋捕鱼的禁令，天津海洋渔业迅速发展，雍正

① 苑雅文.基于文化视角的天津农业旅游创新发展路径[J].中国商论,2015,(12)：131-133.

② 中国海洋文化编委会.中国海洋文化·天津卷[M].北京：海洋出版社,2016:73.

初年,天津的渔船达到 400 多只。渔业的兴盛,吸引了大量移民来此落户,集聚成北塘、青坨子、于家堡等特色渔村。

二、"驻军屯田"下的农业繁荣

天津农业的规模化发展受益于天津地区驻军的农垦实践活动。天津的水稻种植实践起源于一千多年前,明万历二十六年(1598),江西人汪应蛟担任天津海防巡抚,汪应姣不习惯吃北方的面食,认为"无水则碱,有水则润",在天津开展了水稻种植实践。驻军沿着海河开荒,开发出"十字围"的管理手段①:即把土地分成十个部分,"因桥建闸,周围筑埝,围内开渠,纵横灌注",取得了良好的收成。这种收获既解决了军饷不足的问题,又让南方士兵品尝到家乡的美味。

清同治九年(1870),安徽合肥人周盛传担任天津镇总兵,率兵十八营进驻天津马厂一带,沿途设驿站,十里一小站,四十里一大站,"小站"由此得名。周盛传为补充军饷开展屯田农耕,他吸取前人种稻的经验和教训,首先进行了水利工程建设,开挖马厂减河、疏通南运河,保证了水稻种植的水源和水质,然后在小站一带开垦荒地。经过周盛传近二十年的苦心经营,小站地区的水稻种植达到了规模化布局,取得了丰硕的农业收成。小站稻发展中值得记述的人物还有明代科学家徐光启,他在天津进行了深入的南稻北种科学实验,留下了《农政全书》等著作。

"小站稻"的成功在于兵团将领和农业专家的引领,同时也离不开驻军和移民的辛勤实践,当南运河水、漳河水带来的有机肥注入天津的盐碱荒滩后,以甜克咸、化碱成腴,使小站一带的贫瘠土壤转化为适合水稻生长的肥沃良田。加之天津地区有近 200 天无霜期的有利气候条件,终于酝酿出一年一季的优质稻米,这是军队屯垦史上突出的成功实践。

三、乡村生产技能

辛勤的农耕劳作中,天津农民掌握了丰富的生产技能,这是天津农村地

---

① 贾长华主编.历史名镇小站[M].天津:百花文艺出版社,2012:185.

区物质文化和精神文化的集中体现。小站稻作展览馆展示了小站稻的历史。种类齐全的农用器械,体现了农民的智慧与汗水:春耕用具有犁铧、铁锨、镐、攫子、耙,平整秧田的农具则有水车全套、耖子、耙子等,饲养牲口则有水槽、水梢、铡刀、车马具、鞭子、鞍子、背带等。到了现代,小站稻的耕种采用了背负式联合收割机、水稻剥壳机、水稻碾米机、电动打谷机、稻谷输送机等机器化种植收割的形式,节省人力、提高产量。展览直观地向人们展示了小站稻依托运河水灌溉、盐碱地的改良,最终生产出优良的地域农产品。

天津地区小麦的种植和收获过程是这样的:播麦之前要耕地,播种后为了保墒,要用石砘子把松土压实,这一环节被称为"镇压";小麦生长阶段,初春时松土划麦,由春到夏,小麦生产的阶段包括泛青、起身、拔节、挑旗、扬花、灌浆、蜡熟等,遇旱则需浇水灌溉;传统收获使用镰刀,麦收被称为"开镰";"扬场"是重要的农耕场景,农民斜迎着风扬起一些带糠带草的麦粒,利用风力,将麦粒与草糠分开,扬净的麦粒再晒干,就可以收获入仓。

天津民间还有在农业生产中诞生的劳动号子,如船工号子、搬运号子、打夯号子等,这是劳动群体统一节奏、调动情绪的有效方式。其中最特别又有活力的当属小站地区的"挠秧号子",这是小站农民在一个世纪的水稻生产过程中创造出来的文化活动,不求步调一致,重在缓解疲劳、鼓舞干劲,是人们在辛苦劳动中自娱自乐的一种形式,表现出人工除草的生态种植特色,可以说是小站农耕文化的一种表现形式。小站挠秧号子的曲调既有齐鲁民歌的奔放、燕赵唱腔的雄壮,又有江淮小曲的温婉,把丰富的移民文化展现给人们。中华人民共和国成立前,挠秧号子没有固定的歌词,只有基本的曲调,即兴发挥的唱词是打号人文化积淀的展露,一人领唱、众人相和,节奏适应插秧即可。中华人民共和国成立后,词曲专家在挠秧号子加入了欢快的节奏,提升了歌词的内容。[①] 1953 年,西小站村的西光剧团曾经以挠秧号子参加北京、天津的会演,受到各界好评,至今这里的村民还在积极继承和展演挠秧号子,将这种源于劳动人民的文艺形式广泛传播于世。

天津渔业包括海洋捕捞和淡水捕捞,渔民主要分布在塘沽、汉沽、宁河以

---

① 刘景周. 沽帆远影[M]. 天津:天津古籍出版社,2014:78.

及海河沿岸。在长期的生产实践中,天津渔民总结出一整套生产习俗,并掌握了很多专业化的生产技能[①]:首先是渔船养护。排船造底、钉喜钉、装大肋、雕龙眼、抛舱钱等都是很有技术含量的养护活动。其次是渔具的制作。明朝有浅海捕捞的撩网、棍网,清朝有远海捕捞的网具,内河渔民主要采用小型渔具捕捞,渔具有撩网、棍网、推网、抢网、粘网、拉网、挂网、溜箔网、蟹篓、蟹倒子等。三是捕捞作业。以拉网为例,拉网是数十尺乃至数百尺长的大网,下端设坠、上端有浮,将一端绳缚固定在岸边,乘舢板在海面撒网,再将绳缚引上岸,然后众多渔民一起拉网即"见网",是一种多人合作的渔业生产方式。民间还有很多个体化的捕蟹、捉蟹方法,蟹多时渔民可直接用手在窝中掏取,或在稻田或岸边沟渠用双手摸索泥底探摸,夜间靠灯光照蟹成为很有趣的活动。与钓鱼不同,钓蟹的绳端没有钩,系上一块蛤螺肉,抓住时机兜出即可。四是水产品加工。渔民将捕捞到的各种河海鲜加工制作成虾酱、鱼干等耐储存的食品,这也是天津滨海的特色食品。

草编是乡村生活的重要技能,主要有芦苇编织、玉米皮编织和麦莛编织。天津境内芦苇资源丰富,可以制作成苇席、苇筐、苇帘、苇笆等生活用品和生产工具。旧时,编苇席是乡村孩子们生活中的一件乐事,孩子们喜欢围在编席人的身边,听着生动的故事。每年能有新的席子使用也是家境富裕的标志。为了营造更好的生活环境,天津地区的农民总结出多种建筑方法,如静海的土坯房、蓟州西井峪的石头房,都是很有技术含量又取材于自然资源的特色建筑。

此外,天津民间还有砖瓦窑、盆碗窑、铁匠铺、豆腐坊、面坊、酒坊、醋坊乃至剃头挑等服务于生活的生产项目。

四、彰显农耕文化的地域品牌

(一)山地优质农产品

蓟州山地的各类干鲜果品质优良,在国内外享有盛誉,主要有核桃、板栗、柿子、苹果、红果、梨、葡萄、桑葚等。大棉球红果、黄崖关蜜梨、蓟州脆枣、

[①]　中国海洋文化编委会.中国海洋文化·天津卷[M].北京:海洋出版社,2016:23.

野生酸枣、猕猴桃、红花峪桑葚、黄花山核桃、三间房的红枣等山货是很有影响的地域产品。其中被称为"蓟州三宝"的有：以"甘、甜、硕、大"著称的盘山磨盘柿，肉质细密、味道甘甜的天津板栗和翠屏湖盛产的"鲤、鲫、元、鳜"四大名鱼，特别是金翅鲤鱼，曾为清代皇宫御膳贡品。蓟州的农作物主要有小麦、水稻、甘薯、高粱、谷子、大豆、荞麦、黍米、绿豆等数十种，还有烟草、芝麻、向日葵等经济作物。据记载，康熙年间，蓟州就有特种蔬菜 42 种。

（二）平原地区优质农产品

粮食作物是天津农业的主要产品，除名扬天下的天津水稻"小站稻"之外，还有小麦、玉米、高粱、谷子（小米）、大豆、甘薯等粮食作物。水稻主要种植在宁河、宝坻、东丽和津南。小麦一般与玉米复种或间作，主要分布在蓟州、宝坻、武清、静海。值得一提的是"宿麦"，即秋小麦，是天津古老的栽培品种。"袁黄劝农"就提出在天津地区推广种植秋小麦，清末民初，秋小麦在天津已经开始规模化种植。天津农村地区还种植了很多经济作物，包括：棉花（以武清、宝坻、宁河为主产地），大青叶等麻类（产在武清、宝坻），花生、向日葵、芝麻等油料作物（主要分布在武清、静海）。

伴随着经济与社会发展的步伐，很多天津平原的优质农产品名扬天下，大白菜、青萝卜（卫青）、黄韭（又称卫韭）和洋葱被称为"天津四大名菜"。大白菜是民国时天津农事试验场从河北徐水引种而来，有青麻叶和白麻叶两种，更为天津人认同的是青麻叶大白菜。早年的青萝卜以产自小刘庄的名气最大，伴随城市化布局的发展，沙窝萝卜、田水铺萝卜等地域产品后来居上。黄韭则是天津蔬菜的独特品种，清代时芥园有位姓朱的菜农无意中栽培成功，使黄韭成为味道鲜美的天津冬令菜品，并与紫蟹、银鱼、铁雀（麻雀）一起被称为年节大餐的"冬令四珍"。洋葱则是租界洋人西餐中使用较多的食材，具有汁多味美、耐储藏等优点，民国时土城、灰堆一带为洋葱主产地。"天津四大名菜"加上天津黄瓜、红皮大蒜，便是"天津六大名菜"之说。

各区的知名农产品有：武清农田大多依河傍水，地肥水美，蔬菜品种丰富、品质极佳，知名的地域名菜有三里屯菠菜、李楼韭菜、甄营芹菜、水牛苦瓜、黄庄葱头、豆张庄鲜辣椒、大王古庄（干）天鹰椒、甄营番茄、索庄和田水铺青萝卜。清朝时河西务索庄一带是旗人菜地，青萝卜品质优，在京津一带很有名气,有"索庄萝卜赛梨"的美誉。武清的粮食作物主要有小麦、玉米、谷子、高粱、豆类和薯类等。蓟州的平原洼区,水稻种植历史悠久,公乐亭的稻米曾经是敬献皇室的贡品,桑梓的西瓜、别山的大葱、王家浅的萝卜都是有历史的知名产品。宝坻有"三辣之乡"的美誉,五叶齐大葱、六瓣红(林亭口)大蒜、天鹰椒被称为"宝坻三辣",因品质优良、风味独特、种植规模大而深受市场青睐,产品畅销海内外。有趣的是,林亭口大蒜不但口味佳,还能用来裱画,曾经专供皇宫使用。银鱼和水鲜(河蟹)也是宝坻的知名水产品。静海台头西瓜、罗阁庄鸭梨、西翟庄金丝小枣都是品质极佳的农产品。静海地区还有种植枸杞的历史,其枸杞因色泽红润而被称为"津血杞",曾经是很有影响的特色品种。宁河的银鱼、水鲜、紫蟹等水产品曾是宫廷贡品,渤海湾特产的银鱼是金眼银鱼,一般在冬季逆流游到三岔河口产卵。紫蟹蟹体仅有铜钱大小,却有饱满、肥腴的蟹黄,煮熟后呈橘红色,口味极佳。其他知名农产品还有沙窝萝卜、崔庄冬枣、葛沽桃、茶淀玫瑰香葡萄,大园、小园则是专业化的花卉种植村。

第四节　生活文化资源

生活文化资源可以从物质和精神两个层面看,在物质层面包括农家宅院建筑的空间展现、农家大众餐饮的参与体验,特别是农家食宿体验深受游客欢迎;精神层面则包括红色教育活动、民俗节庆活动、民族风情展示、民间文娱表演等。城市居民通过感受特色文化,体会乡村生活方式及邻里和美、愉悦热闹的乡村生活氛围。

一、乡村特色饮食

乡村特色饮食无疑是游客感受最直接、最喜爱的乡村文化体验内容。饮食的本义即吃喝,其在人类的发展进化中积淀了厚重的历史与文化。由于各区域自然条件、发展过程不同,天津各地区有种类繁多、品质各异的农产品,也由此形成了各自独特的食品和菜肴,孕育出非常丰富的天津乡村特色饮食。从山地到平原再到海边,异常美味又风格独特的乡村饮食,必然让游客在大饱口福之后,带着浓厚的兴趣进一步考察深厚的天津乡村文化。①

时代更迭,给每个地区都留下了独具特色的风味美食。

蓟州。深厚的历史文化孕育了蓟州极富特色的饮食文化,创造性地衍生出种类繁多、风味独特的小吃。清朝时,邦均的子火烧和一品烧饼名扬天下,成为蓟州特有的招牌美食。子火烧,原名"子馉馇",形状像算盘子,用精制面粉、小磨香油制作,以芝麻、花椒盐为馅料,烤制而成。乾隆皇帝多次巡游盘山,品尝了这种外形扁圆、外层裹满芝麻的点心后赞不绝口,赐名"一品烧饼"。清朝的几位皇帝路过蓟州或游览盘山时,都要带上子火烧回宫享用,子火烧因此成为著名的宫廷食品。产于蓟州西南部沟河一带的桑梓豆片,既筋道又清香四溢,是蓟州乡亲待客的上等佳肴。弥漫着蓟州山野味道的小吃还有很多,如炒田螺、炒咯吱、花生蘸和糊饼等,这些美食让人食后难忘,颇有地方特色。蓟州地区民间还有四大碗、八大碗等年节宴席风俗。

宝坻。宝坻的风味主食有摊糊饼、又咸粥、蒸散馇、杂面汤、豆面菜、柳蒿芽馉馇和卷馅肉饼等。据说清朝乾隆年间,宝坻的卷馅肉饼就已非常流行,一斤前槽猪肉加一两半香油和葱姜等调料制成肉饼,先炸后烙,香脆可口,被称为"京东一绝"。民间的特色菜品则有贴馉馇熬小鱼、贴馉馇熬白菜、嘎鱼辣酱、炖大鱼头等,远近闻名的特色小吃有黄庄豆片、林亭口咯喳等。

武清。武清地区的饮食习惯因自然条件和村民来历而不同:以城关为中心的"运河西"凤河民俗圈,饮食习俗以白面、玉米面、小米为主,熟食有馒头、面条、饺子、窝窝头、玉米面饼子、小米饭等;以崔黄口为中心的"运河东"民俗圈,农业生产以种高粱、黑豆为主,饮食习俗以高粱馉馇、高粱米饭为主,掺加白面和玉米面;以王庆坨为中心的永定河套民俗圈,适宜生长小麦、玉米等五谷杂粮,主食以玉米面、白面、甘薯为主。武清的特色菜品有城关豆腐丝、河西务咯吱盒、和金边扣儿焖、河北屯肉饼、王庆坨扒猪头、干锅炮小鱼和炸蚂蚱等,还有独具民族特色的回族传统面点美食和雍洋贡酒、桃园御酒等美酒。

---

① 苑雅文.基于文化视角的天津农业旅游创新发展路径[J].中国商论,2015,(12):131-133.

值得关注的是,武清有几种小吃在民间知名度非常高,至今依然很有受众。一是"杨村糕干",其生产始于明初,由上等米粉和白糖加工制作而成。杨村糕干雪白细腻,干糯清甜,深受民众特别是孩童的喜爱。1914 年杨村糕干曾作为中国特产,与茅台酒等中国产品一道参加了巴拿马赛会,获得了铜质奖章。二是崩豆张和果仁张。清朝乾隆年间的宫廷御厨张明纯为皇帝制作了可口的崩豆小吃,这个手艺被后人继承和开发,创立了民间的以张氏命名的品牌小吃。

静海。静海地区人们日常餐饮食用频繁的"独流醋",与山西陈醋、镇江米醋被称为我国"三大名醋"。静海拥有丰富的水系和优质的水源,坐落在古运河边的独流人家在明朝时就掌握了成熟的制醋技法:精选优质元米、红高粱,采用传统配方,经几十道工序,长时间发酵酿制。独流醋色泽酱红、清澈,具有酸、甜、咸、香、鲜等独特风味,而且耐久存、不霉变,是人们烹制菜肴时的调味佳品。独流老醋被认定为地理标志产品,同时也是特色的地域品牌产品,静海的"天津冬菜"同理。陈官屯一带腌制冬菜的习俗可追溯至明永乐年。冬菜以静海地区优质的青麻叶大白菜为原料,采取特殊的腌制方法制作,民国时建立起专业化的商业经营机构之后,"天津冬菜"成为大批量外销的特色小吃。静海的风味小吃还有中旺肠子、王官庄焖子、王口炒货等。野菜也是民间的特色食材:黄蓿菜是盐碱地生长的一种野菜,被人们加工成凉拌菜、菜团子、菜饽饽、海鲜水饺等特色美食,此外还有蒿子、碱蓬棵、马绊菜、地梨等多种应季野生食材。台头西瓜、罗阁庄鸭梨、西翟庄金丝小枣是静海的品牌农产品。

滨海新区。天津民间喜食海鲜,民谚云:"借钱吃海货,不算不会过。"被誉为"天津卫三宗宝"的是"银鱼、紫蟹、大红袄",银鱼、紫蟹都是天津特有的名贵海鲜,品尝海鲜则是天津人日常生活中或外地人到天津的美好体验。滨海新区的渔民积累了丰富的鱼虾制作手艺,以闻名于世的汉沽"八大馇"制作为例:将来自汉沽海域的蚂子、鱼、八带、墨鱼、虾等"腥货儿"不除内脏,倒入大灶中沸腾的卤汁,慢煮入味。当年由于受生活条件所限,为适宜存放,八大馇口味偏咸,并因此成为一种风味独特的地方菜。沿海渔民流行的特色饮食还有虾酱、过淋虾油、虾米干、蚂子干、熬海鱼、汆卤面等,这些美食以海鲜为食材,适于储藏,很有渔家风味。

其他近郊区。杨柳青因漕运而发达,被誉为北国小江南、沽上小扬州,美食小吃也很丰富,王记酥糖、熟梨膏、茶汤等,至今仍是大众喜爱的传统风味小吃。有诗云:"大铜壶里积煤柴,白水清汤滚滚开,一碗冲来能果腹,香甜最好饱婴孩。"——这就是红高粱米加工磨末,再配上果脯沸水浇注制成的茶汤。此外,北仓的"八大豆"也很有特点。"八大豆"是一种民间百姓置办的没有荤菜的"素席",包括锅巴泡、炸素帽、炸元宵和炸鹅脖四道干菜,还有熘锅巴、烩豆腐、"独面筋"、熘粉皮四道汤菜。北仓地区的天穆酱牛肉则是具有民族特色的美食。糟熘鱼片、实心芹菜、明顺斋烧饼、马记茶汤、十大酥、软熘鱼扇、天津坛子肉等则是东丽地区的美食。津南以海鲜美食为主,有麻蛤蒸饺、烹煎大虾、蒸鲅鱼等。辣子土豆炒河蟹是津南地区很有名的传统菜品,其采用的食材是这里独有的稻田河蟹;家熬杂鱼则是以应季的多种海货炖煮而成,一般包括小鲈鱼、梭鱼、海虾、海拐子、鲆鱼、八带鱼等食材。

二、民俗民间文化

天津是水陆交通枢纽,自古就是军事屯兵要地。天津地区道地的本地人并不多,明朝以后,大批随军家属和外地移民来到天津定居,产生了很多移民村落。民谣有云:"问我祖先来何处,山西洪洞大槐树。"除山西外,还有山东、河南、河北等地迁来的移民。到清朝时,驻军屯田,开荒种地,天津地区的农业迅速发展起来。明清时期的漕运也带动了天津农村的繁荣,清末,天津成为商货转运的重要口岸。"由兵转农、由农渐商"是天津民风的发展脉络。天津地区民间信仰广泛,儒、释、道乃至民间崇拜类别很多。特别是受漕运影响,天津民间对妈祖尤为推崇,民间信仰对天津地域经济、文化、风俗等诸多方面也产生了重大的影响,丰富的花会节庆活动由此形成。

天津农业地区的发展要早于城市地区,民俗文化深厚而且丰富,包括:涵盖衣、食、住、行的消费习俗,涉及出生、成人、婚庆、死亡的人生礼俗以及各种节气时令、民间信仰等内容。经济社会发展造就了乡村文化活动的集聚和繁荣,杨柳青、西双塘、葛沽等都是天津地区富含民俗文化的重镇,杨柳青木板年画、大港剪纸、蓟州皮影等民间工艺品流传于世、长盛不衰,评剧、京东大鼓、快板等文艺表演则让天津乡村充满了艺术的灵动。

　　天津农村地区入选国家级非物质文化遗产名录的有9种:民间文学类,宁河的杨七郎墓的传说;传统音乐类,滨海新区的汉沽飞镲、北辰的刘园祥音法鼓、西青的香塔音乐法鼓、宝坻等的评剧、宝坻的京东大鼓;体育类,武清区的李式太极拳;传统美术类,西青的杨柳青木版年画;民俗类,津南的葛沽宝辇会。从2006年至今,天津市评选出4批共250项非物质文化遗产项目,其中农业地区有113项。本书整理出天津农业地区的国家级和市级非物质文化遗产名录,见表3-1,从中我们可以看到天津各农业地区丰富、厚重的民俗文化氛围。

表3-1　天津农业地区非物质文化遗产名录

区名	数量	市级	国家级
北辰	25	传统音乐:刘园祥音法鼓、韩家墅上善道乐、霍家嘴平音法鼓、宜兴埠诚音法鼓 传统舞蹈:虫八蜡庙小车会、王秦庄同议高跷、上蒲口同乐高跷、宜兴埠永长高跷、北仓随驾狮子、李嘴同和高跷、刘安庄同心高跷 曲　　艺:天津时调(大数子) 传统体育:北仓少练老会、鲍式八极拳、王秦庄少林功力拳、赵堡太极拳、穆氏传统戏法、永新二十四式通背拳、闫街少林功夫拳、两翼猿拳、刘快庄形意拳、穆氏花健 传统技艺:闫记酱制品制作技艺、穆氏盛斋元酱制品制作技艺、田氏船模制作技艺	刘园祥音法鼓
滨海	14	民间文学:盐母和盐母庙传说、张娘娘的传说 传统舞蹈:塘沽河头落子 传统美术:宫廷补绣 传统技艺:大港剪纸、汉沽"八大馇"制作技艺、长芦制盐技艺 传统音乐:小王庄民间吹打乐、汉沽飞镲、北塘飞钹、(评剧) 传统舞蹈:大沽龙灯、北塘丰登乐会高跷 民　　俗:潮音寺民间庙会	汉沽飞镲

区名	数量	市级	国家级
武清	14	民间文学:三义屯雌雄兄弟传说 传统音乐:黄花店梵呗音乐 传统舞蹈:河西务孝力高跷、高王院莲花落、寺各庄竹马会、西柳行太平车会 传统体育:李式太极拳、永良飞叉、五行通臂拳、高氏八卦掌 传统技艺:杨村糕干制作工艺、曹子里绢花制作技艺、东马房豆腐丝制作技艺 民　　俗:郝氏抚疤灵软膏制作技艺	李式太极拳
静海	11	民间文学:杨家将在静海的传说、姜子牙的传说 传统音乐:津门北韵禅乐 传统舞蹈:瑞云图龙灯会 传统体育:大六分村登杆圣会、独流通背拳、静海迷踪拳 传统技艺:独流老醋酿造技艺、老东乡中旺肠子制作技艺、陈官屯冬菜制作技艺、王氏民族管乐器制作技艺	
津南	10	传统音乐:小站挠秧号子 传统舞蹈:海下文武高跷、海下同善文武高跷、葛沽长乐老高跷、海下同乐高跷 传统美术:麦秸画 传统技艺:工艺面塑、田氏传统木工卯榫技艺、高氏空竹制作技艺 民　　俗:葛沽宝辇会	葛沽宝辇会
西青	9	传统音乐:香塔音乐法鼓 传统体育:霍氏练手拳、开合太极拳 传统美术:杨柳青木版年画、杨柳青剪纸 传统技艺:沙窝萝卜种植与窖藏技艺、范制葫芦模具制作技艺、木版水印技艺 民　　俗:运河文化杨柳青段	香塔音乐法鼓、杨柳青木版年画

区名	数量	市级	国家级
宝坻	9	民间文学:秦城传说、李半朝传说、袁黄传说 传统舞蹈:林亭口高腿子高跷 传统戏剧:评剧 传统戏剧:宝坻皮影戏 曲　　艺:京东大鼓 传统技艺:"一掌金"速算技艺 传统医药:宝坻剃头技艺	评剧、 京东大鼓
宁河	9	民间文学:杨七郎墓的传说 传统戏剧:(评剧) 传统体育:傅式形意拳 传统美术:东丰台木版年画 传统技艺:天津木板烙画、盆罐村制陶技艺、七里海河蟹面传统 　　　　制作技艺、芦台春酒传统酿造技艺 传统医药:传统铸剑技艺	杨七郎墓 的传说
蓟州	7	民间文学:燕子李三的传奇故事 传统舞蹈:杜吉素少林五虎棍 传统体育:北少林武术 传统技艺:子火烧和一品烧饼制作技艺、皮影雕刻技艺、兴泰德 　　　　烧锅白酒酿造技艺 民　　俗:独乐寺庙会	
东丽	7	民间文学:排地歌谣 传统舞蹈:新袁长利高跷 传统体育:无极拳 传统美术:大郑剪纸 传统技艺:赤土扣肉制作技艺、周记宫灯制作技艺 民　　俗:大杨宝辇出会	
合计	113*		9

※资料来源:根据天津市非物质文化遗产名单整理

＊宝坻、滨海、宁河共有一项评剧遗产

(一)庙会与花会

天津农村地区依当地寺庙供奉的主神纪念日形成了庙会风俗,民间称为"过庙"。在祭祀活动之外,逐渐融入市集交易和文艺展演,"逛庙会"成为广大农民生产之外的重要游乐和购物渠道。举办庙会一般包括三个流程：一是"请会"，也就是杂技、杂耍等民间活动，如武清的庙会有泗村店的武高跷、八里庄的文高跷、耿庄的小车、桃园的竹马、马房的龙会，聂营的叉会、碌碡会、灯会等十几道表演；二要"请戏"，有当地剧团的评剧、京剧、梆子表演，还有外地的戏班子来演出；三要安排庙会的市场贸易，农副产品、生活用品、生产农具等摊贩汇聚，一般分布在多条乡间道路上。

不同地域有不同的活动时段，有每年定期开办的庙会，还有节庆活动的临时性庙会，这些庙会构成了乡村全年的文化和商业活动。以蓟州为例，传统庙会有独乐寺庙会、黄崖关庙会、下仓娘娘庙会、峰山庙会、药王庙会、火神爷庙会等近二十种。庙会活动丰富了乡村的文化生活，也方便村民进行物资采买，因而成为一个重要的民俗活动。这种地域盛会也吸引了一些手工艺人落户在庙会周边的村寨，具有特色的乡村产业进而发展起来。穿芳峪一带的民众，每年会在农历二月十九参加英歌寨菩萨庙会、农历四月二十三参加峰山庙会，庙会期间农民可以不干农活儿，大家上庙看戏、观杂耍，逛买卖摊，京津唐各地商号、演艺团体和个体商户都会来庙会摆摊做交易或展演。庙会上生活日用品、耕种工具、皮货、刀剪、膏药、大力丸等物品种类繁多，还有拉洋片、变戏法、跑马戏、说书等文艺演出，加上各种传统小吃齐聚，庙会成为这一地区最大规模的交易会[①]。庙会一般持续三天，吸引了一些行商在这里落户，豆腐坊、瓦盆窑、酒作坊、面粉坊、麻花铺、肉铺、养蜂房等手工业者因此定居在穿芳峪村周边一带，留下很多特色工艺和产品。宝坻历史上有娘娘庙庙会、药王庙庙会、广济寺庙会、大觉寺庙会、孔庙庙会、文昌阁庙会等活动。当下，庙会成为天津休闲农业依托的重要民俗节庆活动，蓟州独乐寺庙会、静海药王庙庙会、宝坻广济寺庙会、滨海潮音寺庙会、杨柳青庙会等，在民间影响很大，带动了地域休闲农业的发展。

花会是一种民间歌舞形式，是在行走中进行的表演活动，一般与传统庙会结合在一起。天津最具特色的花会活动是被称为"天津皇会"的系列活动：天津祭拜海神娘娘妈祖的系列活动成为"娘娘会"，因得到乾隆皇帝赏识，被

---

① 苑雅文，罗海燕.小穿芳峪发展志略[M].北京:社会科学文献出版社,2018:228.

称为"皇会"。天津皇会是声势浩大、程序严密的系列活动,始于明朝永乐年的葛沽宝辇会是渔、盐劳作和漕运影响下发展起来的民间花会,每年农历正月初二至正月十六举办,是我国北方地区大型的妈祖祭祀活动,已经有600多年的历史。正月十六为天后娘娘即妈祖的接驾日,是辇会的最高潮。这天的活动主要有设摆、接驾、送驾三个环节,都是以迎送娘娘为中心展开的,追求"神人共乐"的目标。辇是天后娘娘出巡、回銮时乘坐的交通工具。花会队伍由座乐会和耍乐会组成。座乐包括辇、茶棚、法鼓,辇是指其中供奉娘娘塑像的轿子,茶棚是祭祀活动期间展放宝辇和供香客歇脚饮茶的地方,法鼓则是烘托、渲染祭祀气氛的演奏行为。耍乐则包括龙灯、旱船、竹马、杠箱、渔樵耕读、高跷等,与宝辇同时演出,气氛热烈。① 活动开始后,数架"凤辇"依次到"宝辇"前觐见妈祖,然后八人抬起千余斤的辇、前后各一把持作为指挥,小步稳行、大步快行的跑辇开始了,这是花会的核心活动。除城区内的天后宫和葛沽的花会,还有咸水沽"海下文武高跷"、八里台"民间吹奏乐"、大六分"登杆圣会"等皇会文化活动。

随着时间的推移和社会的发展,我国的民间花会由祭祀鬼神、驱逐妖魔的活动演化为民间歌舞的庆典活动,有龙灯、高跷、狮子、毛驴会、旱船、地秧歌、小车会、扑蝴蝶、英雄会、十不闲、牛车会、挎鼓、大锣会等多种活动形式,表演形式上有歌舞、杂技武术和音乐等类型。近年来,基于节庆开展的旅游活动因具有资源依赖度低、社会影响力大的优势,受到各界高度重视而迅速发展起来,已经成为天津休闲农业发展的重要形式。按照农业生产节令和公休假日规律,天津休闲农业每年以"桃花节""梨花节"为引领,以"丰收节"为高潮,注入内容丰富的民俗活动营养,吸引了大量游客前来体验和享受。

(二)民间工艺

天津乡村的民间工艺有多种,常见的有绘画、泥塑、雕刻和剪纸四种。

杨柳青木版年画。杨柳青木版年画将木版套印和手工彩绘两种技法相结合,融入传统版画、戏剧表演、生活场景等多种要素,以鲜明活泼、喜气吉祥

---

① 史静,陆浩.葛沽宝辇老会(天津皇会文化遗产档案丛书)[M].济南:山东教育出版社,2014:69.

的人物形象为核心,成为具有节庆气氛的民间美术作品,因此被称为杨柳青年画。杨柳青版画的发展离不开漕运的兴盛,漕运既方便了水彩、纸张等原料的运输,也带来了雄厚的经济资源和丰富的商品交易。清末时,杨柳青的村镇中遍布着画坊,"家家会点染,户户善丹青",成为国内知名的绘画之乡。杨柳青年画运用写实等艺术手法,将普通民众对劳动丰收和平安生活的期待和美好情感,通过时事风俗、历史典故等题材表现出来。最受民间大众喜爱的年画作品是《连年有余》:画面上"童颜佛身"的吉祥娃娃怀抱鲤鱼、手拿莲花,"鱼"与"余"谐音,寓意生活富足、吉祥美好。杨柳青年画取材非常广泛,既有神话传奇、戏曲人物、世俗风情以及山水花鸟等元素,也有娃娃仕女、时令节景、戏曲故事、花果农事等图案,著名的作品有《麒麟送子》《五子夺莲》《五谷丰登》《文姬归汉》等,极富艺术欣赏性。还有一种门神、财神的神像类门画,门神有钟馗、关公、张飞、秦琼、尉迟恭等多种人物,来自各地的民间习俗。

剪纸是民间流传很广的艺术活动,又叫刻纸,通过镂空给人以透空的视觉感觉和艺术享受,主要是剪窗花和雕影人儿,内容以花鸟鱼虫、飞禽走兽、文字图案为主,可以用于灯花、窗花、妇女头饰、皮影戏人物和家具装饰等,以谐音和象征手法寓意吉祥如意、荣华富贵等美好祝愿。杨柳青剪纸早在明清时期就很有名气,花鸟虫鱼、吉祥图案、历史故事、神话传说、戏曲人物等广泛题材都被纳入作品创作中,剪纸作品线条流畅、秀美可观,成为人们春节不能缺少的装饰艺术品。大港农村地区的剪纸艺术依靠口传心授的方式代代相传,形成了有地区特色的精、巧、绝、奇、特的剪纸艺术。大港地区的剪纸作品线条简洁、朴素大方,贝壳堤、古潟湖湿地、冬枣园以及现代油田、石化建筑都成为作品的表现主角。

除此之外,津南民间的"麦秸画"也很有乡村韵味。"麦秸画"采用小麦秸秆,经过煮、染、刮、拼、剪、烙、贴、裱等系列工序,制成艺术表现力强、光亮丝滑、如同刺绣作品的艺术画作。

天津民间还有民族乐器制作的传统技艺。静海区子牙镇、沿庄镇一带分布着很多制作民族乐器的家庭作坊,名气最大的当属潘庄子村的"王氏笛子"。王氏笛子采用4年竹龄的精品竹子,先放在阴凉透风处静置1~2年,再经过烤竹、打通、吹孔、打磨、定位等工序，运用圆锉、砂纸、钢条等传统工具进行精细的人工打磨，最后制成音色优美、演奏性能优越笛子成品。王氏笛子有很长的使用寿命和保留价值。[①]

独乐寺壁画。独乐寺壁画绘制于元代，以十六罗汉为主要题材，以翻腾的海浪、绵延的山峦为背景，诸罗汉排列站立如世人环绕，分布于观音阁东侧、西侧和北侧，造型较为生动，色彩丰富，独具艺术魅力，是在国内外有很高声望的寺观壁画精品。

（三）民间演艺

天津农村地区的民间表演种类众多，有京剧、评剧、河北梆子、乐亭大鼓、西河大鼓、京东大鼓、京韵大鼓、数来宝、京东小口和话剧等多种形式。宝坻评剧起源于18世纪的"京东蹦蹦戏"，融入了河北梆子、京剧以及地区流行的"地头调""娃娃腔"等唱腔，成为一种成熟的戏剧形式。清光绪末年，第三代蹦蹦戏班进北京演出，成功获得了市场认可。宝坻评剧以林亭口为界，分为东、西两路评剧，东路唱腔朴实、委婉，西路唱腔高亢、豪放，带有乡土味，反映出当地的语言风格，人们都很乐于演唱。豆张庄评戏、王庆坨河北梆子等都是很有影响的民间演出团队。蓟州的皮影戏有很深的历史渊源，其起源于汉代，盛行于元、明、清，属于唐山皮影的分支，剧中人物、道具等均以驴皮雕刻而成，故又被称为驴皮影。蓟州皮影唱腔粗犷豪放，擅长刀马、武术，侧重叙述故事情节，传统剧目有《杨家将》《瓦岗寨》《李逵下山》等。民间花会除祭祀等活动之外，还有各种演艺组织登场献艺，往往会成为民间歌舞的会演活动。

（四）民间体育与游戏

天津乡村的民间游艺竞技项目十分丰富，大众化的运动有放风筝、抖闷葫芦、抖空竹、踢毽、抽陀螺、游泳、溜冰、戏雪、垂钓（鱼、蟹）以及棋牌等，吸引了众多乡民参与进来。还有一些技术类的民间体育活动，如：武清区李瑞东创立了李氏太极拳门派，拳法基于太极拳的搬拦捶、肘底捶、撇身捶、指裆捶等五捶，揉入了太极十三式、八卦掌、形意拳等手法，融多门武术精华，突出健

---

① 政协静海县委员会编著.静海运河文化［M］.天津：百花文艺出版社，2015.

身、形体与防身等功能,特点鲜明,影响广泛,蕴含着深厚的传统文化;静海区大六分村的登杆可称为民间的杂技活动,相传登杆起源于西汉时的"猕猴缘杆",是民间祈雨的一种活动,通过集体性的仪式展演表现了村民应对危机时的团结和诚心,至今大六分村村里还有成熟强大的登杆表演团队。滨海新区历史上有踩高跷捞虾皮的生产方式,这种将踩高跷与渔业劳动结合在一起的方式,充满了滨海一带的地域风情,现已从劳作发展为游戏活动。民间还有一些群体以斗蛐蛐、赛鸽、赛鸟为活动内容,在不涉及赌博的情况下,不失为人们生活中的一种乐趣。

三、天津农村地区的红色文化

红色文化是中国共产党领导人民在革命、建设、改革进程中创造的以中国化的马克思主义为核心的先进文化。[①] 红色文化是以革命遗产、遗迹为载体表现出来的一种文化形态。红色文化经过了近百年的积淀和传承,已经形成了博大精深的文化体系,是推进当今社会实现中国梦、实现中华民族伟大复兴的强大的精神动力。红色旅游是以红色文化为核心开展的一系列学习、参观、游览的主题旅游活动,具有经济性、文化性和政治性,是思想政治教育和旅游实践活动相结合的政治经济文化活动。"红色基因不能变"。红色文化是休闲农业文化的根基,红色旅游是休闲农业的重要组成。

蓟州区这片土地有着厚重的红色文化,是国务院认定的中国革命一类老区县。1927年,蓟县成立中国共产党组织;1930年10月,中国共产党蓟县县委正式成立;1933年,蓟州人民参加了"长城抗战";1938年,蓟州上万人参加了规模浩大的"冀东抗日武装大暴动";1940年,蓟州建立起"盘山抗日根据地";1940年4月,成立名为"蓟县平谷密云联合县"的抗日民主政权。历史为蓟州、为天津留下了许多可歌可泣的革命故事,其中的革命精神成为值得我们传承的红色文化:盘山山势雄伟险峻,自古为兵家必争之地,中国共产党领导人民在此创建了著名的盘山抗日根据地,这是冀东西部抗日游击战争的中心。在中国共产党领导下,蓟州广大乡村也持续展开了持续灵活的游击战,

---

① 刘润为.红色文化与中国梦[C],人民日报,2013-11-14(07).

立下赫赫战功,在我国抗日战争历史上产生了重要的影响。

在抗日战争期间,冀东和蓟州的党政军领导在盘山根据地召开了数十次意义重大的会议。蓟州军民与日军的主要战斗达 150 余次,战争中涌现出包森、李子光、田野、"莲花峰七壮士"等众多的革命英雄,也流传下很多英勇抗战的精彩故事。蓟州人民在中国共产党的领导下,浴血奋战、死而后已,为抗日战争的胜利做出了巨大贡献,也给我们留下了宝贵的红色文化资源:1938年 7 月 14 日,原塔院村长王建国等率领救国会在邦均镇攻克伪警察局,打响地区抗日的第一枪,振奋了冀东西部群众抗日的士气。联合村由盘山地区二十多个居民点合并而成,是天津抗战史上的重要纪念地,也是冀东地区首个抗日基层政权。包森既是包村干部,也是"联合村"村名的命名人。蓟州东部的太平庄村是抗日联军十六总队的大本营,村旁的龙山是重要的抗日基点村。蓟州北部常州村曾被日军定为"无人区",在军民的英勇抵抗下,常州村成为冀东西部抗日斗争的活动中心,"冀东抗日边区食堂"就设在海拔 800 米的半山腰上,"常州"村名则来自八路军抗日电台的呼号。蓟州乡村中留下了丰富的革命故事和革命遗址,如酒作坊改为兵工厂生产手榴弹等红色文化遗迹。

蓟州乡村也开展了丰富的红色宣传活动,听"根据地抗日故事"是地区红色教育的一大亮点,联合村走出了红色旅游助力脱贫的创新发展道路,常州村则开发了"走八路军路""睡八路军铺""唱八路军歌""吃边区食堂饭"等系列红色旅游活动。丰富而有历史内涵的参观体验活动,依托现代的、先进的宣传媒介,营造出很有号召力的社会舆论氛围,让红色旅游成为传承革命传统的有效途径。

抗日战争时期,大港是中共津南县委所在地,是经过艰苦斗争开辟出来的抗日根据地,开展了"双减"反霸、土地改革等革命斗争。[①] 革命遗址主要有潮宗桥、小王庄桥和南抛庄村。潮宗桥曾经是为小站稻引来优质水源的重要标志。1875 年,淮军提督周盛传兴修水利,因马厂减河阻断了交通,便在村头修建了"潮终"木桥,意为潮水到此桥即止住。抗日战争时期,日军在潮宗桥

---

① 魏振华.大港史话[M].天津:天津科学技术出版社,2011:157.

桥头设立据点,修筑炮楼,让这里成为军事要地。1937 年 7 月 30 日,从小站撤退来此的二十九军黄维纲旅与日军激战,双方伤亡惨重,鲜血染红了河水。1944 年 7 月,抗日武装力量重新夺回潮宗桥。解放战争时期,潮宗桥也曾发生多次战斗。1946 年,革命武装力量在潮宗桥伏击了国民党军队。小王庄桥原名渡口桥。抗日战争时期,日本侵略者在桥头修建了炮楼,1944 年 7 月,杨山泰率五名武工队员成功伏击日伪军的汽车,当年 9 月,武工队两次攻打小王庄桥,捣毁了炮楼。解放战争时期,津南支队与国民党军队展开争夺小王庄桥的战斗并最终取得胜利。抗日战争时期,南抛庄村是中共津南县委员会、县抗日民主政府所在地,抗日组织带领全县人民进行了不屈不挠的斗争。在这片土地上,还有钱圈水库、后十里河、刘岗庄桥等革命遗址值得我们瞻仰。

　　来自宁河俵口乡的于方舟是中国共产党天津早期党团组织的重要负责人、中共天津地委第一任书记,曾在七里海迎来了周恩来、邓颖超等革命志士。此外,天津很多农业区县在解放战争时期积极投身革命和生产,为天津的和平解放做出了巨大贡献。

　　天津农村地区是具有深厚红色文化的沃土,乡村红色旅游更是我们开展红色教育、丰富休闲农业文化内涵的重要内容。在农村地区挖掘红色资源、发展红色旅游,不仅是产业发展的需要,更是国家重要的文化教育工程。旅游的互动化活动形式,更有助于爱国主义精神、优良革命传统在人们思想中落地生根,进而提高人民群众的思想政治觉悟,因而具有极其深远的现实意义和历史意义。

第四章　全域旅游视阈下休闲农业文化要素的深度挖掘

第一节　全域旅游发展中休闲农业文化的作用

一、全域旅游的概念解析

全域旅游是基于旅游产业与区域发展的互动性而产生的新概念,是应对我国特定时期的社会经济环境而提出的新理念。国外一些国家虽然没有全域旅游的概念,但是在实践中对旅游产业与区域发展的互动关系进行了相应的制度安排,即旅游产业的经济效益必须要符合社会进步、经济增长和环境保护的总体要求。

全域旅游是指在区域内以旅游产业为区域内的优势产业,通过全社会的共建、共享以及与相关产业的融合交流,对区域内部的经济和社会资源进行系统的安排和全面的优化,实现区域内部社会经济资源的有效整合。社会经济资源包括多方面内容,例如:政策法规、公共服务、生态环境、旅游资源、管理体制、运行机制、关联产业等。作为一种制度安排,实施全域旅游管理的目的在于以旅游业推动当地经济社会的和谐发展,让旅游业成为区域协调运转的动力源。

全域旅游概念的提出是我国旅游产业发展到一定阶段的产物,其能够持续推进旅游市场平衡、充分、可持续发展。① 随着我国工业化快速发展，都市人在紧张的工作之余，对旅游活动的诉求不断提高，其渴望融入大自然，渴望体验丰富厚重的特色文化，在服务周到的度假区享受休闲生活。这种市场需求的增长，刺激了项目供给方的投资和经营热情，我国旅游市场上餐饮、住宿、娱乐等项目迅速扩张，旅游产业产值与短期效益提升很快。但是，这种粗放式的发展也带来了很多问题：行业内恶性竞争、人员过密导致环境污染、景观资源过度开发。从消费者的视角看，其旅游体验往往是碎片化的，得到的精神慰藉远远不够。

为了促进社会经济和旅游产业的发展，2008年，浙江省绍兴市率先提出"全城旅游"的总体规划，开启了我国全域旅游的发展进程。其后，江苏省昆山市提出"全域旅游、全景昆山"的发展定位，四川省大邑县启动了"全域旅游休闲度假"战略，浙江省杭州市把"旅游全域化"战略纳入产业规划，还有浙江桐庐、四川甘孜州、山东蓬莱、湖南资兴等市县也纷纷提出了全域旅游的发展战略。2012年开始，宁夏、浙江、重庆、山东等省市建立了全域化旅游的改革试点。2015年，在多地试点成功的基础上，中华人民共和国文化和旅游部（原国家旅游局）正式下发《关于开展"国家全域旅游示范区"创建工作的通知》，这标志着我国的全域旅游进入示范推广阶段。2016年，262个市县入选首批国家全域旅游示范区。到2019年9月，国家文化和旅游部筛选出其中的71个市县（区）为全域旅游示范区，蓟州区是天津唯一的入选单位。

二、休闲农业与全域旅游的关系

（一）休闲农业是全域旅游的重要组成

全域旅游不是处处建景点，更不是整个区域搞旅游，而是实施区域整体布局，形成全境、全产业链的旅游活动场景，让消费者得到全方位的、有内涵的旅游体验。2015年，学者朱世蓉提出"全域乡村旅游"的新概念，把一定区域的各个旅游景点、各种旅游资源当成一个整体来加以统筹，强调"以乡村环境为依托，使得各行业、各部门、各居民等共同参与到乡村旅游的建设中来，

---

① 王庆生等著.全域旅游研究[M].北京：中国铁道出版社，2018：2.

以此来推动乡村旅游的顺畅发展和农村产业结构的有效整合"。

学界对全域旅游下的乡村旅游比较关注,但是鲜有学者对休闲农业与全域旅游的关系进行研究,这就造成了休闲农业产业与全域旅游之间的联系出现断裂,休闲农业产业失去了重要的发展机遇。笔者认为,我们要厘清休闲农业与乡村旅游的区别与联系:休闲农业是农业产业的链条延展,是农业和旅游业交叉结合而产生的新型农业生产经营形态,以经营者为主体。而乡村旅游则强调空间维度的地域分界,以旅游者为主体,强调旅游活动与乡村人文环境及自然环境之间的关联性。虽然在概念的外延与内涵上有所区别,但是休闲农业与乡村旅游两者之间又是密不可分的——从活动内容和形式来看,休闲农业就是一种乡村旅游活动。在我国乡村振兴的进程中,休闲农业肩负着发展使命,也具有鲜明的个性特点。休闲农业的发展需要对乡村旅游的文化积淀、服务体系等先进理念进行借鉴和吸纳,也必须放到全域旅游的框架下加以审视和判断,查找不足、补齐短板,捕捉新的发展机遇。全域旅游发展体系中,休闲农业被赋予更高的目标和任务,也成为全域旅游整体框架中不可缺少的重要组成部分。

(二)全域旅游给予休闲农业的发展机遇

我国的休闲农业产业起步较晚,其标志为 1988 年在深圳举办的"荔枝节"。1988 年 6 月,深圳以"荔枝采摘"活动吸引广大客商前来体验荔枝"即摘即啖"的民俗,让投资人享受特色农产品的同时,注意力也被吸引到深圳的经济建设中,达到了良好的效果。随后,国内各地的农业观光活动快速发展起来。进入 21 世纪,随着我国经济社会的稳定发展,休闲农业进入健康发展的时期,呈现出多样化、规范化发展的态势,以农家乐、精品民宿、休闲农庄和乡野公园为特色的项目批量涌现,在规模、功能和分布上呈现快速扩展、科学布局的态势。

作为新兴产业,休闲农业快速发展也暴露出很多问题。一是经营思路死板、经营方式简单,同质化现象严重,农家民宿以及旅游村落存在比较严重的批量复制和重复建设问题,项目缺乏个性特点,行业内部恶性竞争严重,很多地区存在"劣币逐良币"的低价经营怪圈,这种恶性竞争导致很多高投入项目无法获得合理的利润回报,使外部投资人向乡村注资的热情受到了很大的打击。二是经营项目的产品构成单一,一般以低端的休闲观光、农家食宿为主要内容,服务类产品的形式比较单调,欠缺对特色地域文化的挖掘和开发,导致项目经营者的利润回报低、持续发展能力较差。三是休闲农业项目经营者的品牌意识比较淡薄,整个产业存在着项目雷同、缺乏个性品牌的现象,缺少既有品位又有创意的休闲农业品牌,现有的项目品牌知名度也很有限,休闲农业项目在消费市场的辐射力较弱,品牌影响一般只局限于较小的本地范围。四是从公共服务的角度看,很多农村地区的交通基础设施、卫生条件不能满足大批量游客的要求,旅游旺季往往出现交通拥堵、公共服务严重不足的情况。

面对这些问题,全域旅游给休闲农业带来了发展的机遇和方向。一方面,全域旅游的发展布局为休闲农业提供了新的发展契机。全域旅游强调区域整体旅游资源的全面布局和科学运营,在全地域范围实现资源的优化配置,必然要加强基础设施建设,提高公共服务水平,这显然是休闲农业发展中难以靠自身力量解决的问题。另一方面,全域旅游目标的提出为当地休闲农业指明了发展的方向,即休闲农业项目是全域旅游的一个重要组成,作为个体的单个项目要在整体的框架下去发展和运行,因此,休闲农业的经营内容和管理手段要符合整个区域的旅游产业定位。

三、全域旅游发展中特色乡土文化的作用

旅游产业是一种经济形态,给项目经营者带来了经济利益。旅游产业的文化不是完全意义上的地域文化,而是文化与旅游活动碰撞交融后的新的产物。从全域旅游的实践可以看到,全域旅游对社会文化具有正向和逆向两种作用方式:正向作用是指优秀的社会文化通过旅游活动得到了弘扬;逆向作用是指过度的商业化行为摒弃了优秀的社会文化,比如旅游中消费者只是沉溺于自身的游乐享受,对自然生态环境造成了危害:过度的踩踏和磨损、超量的废气、大量的旅游垃圾等,这对旅游景区、农村地区造成了难以修复的环境损失。深入考察全域旅游的成功案例可以看到,休闲农业是全域旅游的重要组成,休闲农业文化要素也是全域旅游健康发展的重要抓手,我们要科学分析产业发展中文化建设的规律,建立起地域特色乡土文化的作用机制,发挥

出乡土文化的正向价值,有效规避其逆向影响,在传承优秀文化的基础上进行适度的延伸,让文化成为旅游产业持续发展的提速器。因此,我们把农村地区具有正向作用的文化要素称为特色乡土文化。

全域旅游的发展实践表明,我们需要依靠政府和相关主管部门的规范和引导,建立起强有力的旅游文化建设机制,充分挖掘优秀的地域文化,有效克服简单、重复的旅游业发展瓶颈,让全域旅游既具有经济性,又具有优秀传统文化的内涵与正向功能。

第二节　天津市全域旅游发展中特色乡土文化的价值

一、天津农村地区发展全域旅游的问题与不足

天津市在发展全域旅游方面有着积极的实践探索。在市委、市政府的"顶层设计"和战略部署下,各级政府、部门积极落实推动,天津市全域旅游已经驶入了"快车道"。其中,休闲农业作为乡村全面振兴不可或缺的产业依托,近年来呈现出蓬勃发展的态势,旅游产品不断丰富,相关业态持续创新,与其他产业的融合逐步加强,接待游客数量明显增加,旅游综合收入得到了大幅提升。但是,当前天津的休闲农业仍处于转型升级阶段,还存有一些亟待解决的问题,我们需要进一步深化全域旅游的理论和实践,以更好地发挥它在乡村全面振兴中的"助推器"的作用。

(一)乡村发展全域旅游的基础条件相对薄弱

天津有着广阔的乡村、丰厚的乡村旅游资源和巨大的旅游产业发展潜力,但是天津乡村地区发展全域旅游的基础设施依然薄弱。具体表现为:由于历史遗留问题导致的乡村房屋、土地产权关系相对复杂,项目开发受到掣肘;城市化使乡村青壮年人口流失严重,乡村"空心化""老弱化"严重;由于资金和管理水平的限制,很多休闲农业项目处于粗放的发展阶段,在融资、管理、营销、服务等方面,亟待统筹提升;缺乏长远规划和先进管理的注入,致使

休闲农业的产业链较短,缺乏高附加值的产业环节,现有项目的地域辐射能力有限,表现为整个产业没有明显优势、持续发展能力不足。

(二)休闲农业与全域范围内相关领域的链接存在不畅和梗阻

步入新时代的休闲农业在发展过程中,需要在"全域"理念下实施积极有效的协同。但是实践中,休闲农业在跨部门、跨产业、跨区域的合作方面明显不够充分:一是土地资源、生态环保、文化与旅游、农业管理等部门,在政策制定、法规颁布、资金使用、基础设施建设方面,存在重复、"盲区"或不同步的现象,这种管理体制导致休闲农业项目的经营者出现"短平快""等靠要"等错误做法,或者过度的政策倾斜导致出现了"强者愈强、弱者愈弱"的不平衡现象;二是休闲农业与文化事业、体育事业、医药卫生、工业生产、金融业之间的关联相对较弱,一定程度上制约了休闲农业产业功能的发挥;三是不同区域各自为政,景观区、住宿区、采摘区、商贸区之间关联不强,不能形成科学有效的地域旅游线路,同时在宣传平台共建、旅游资源共享、产业差异化方面,也存在着合作与互补少、同质化恶性竞争过多等不良的市场秩序。

(三)休闲农业项目的文化含量明显不足

乡村文化是天津文化的重要组成部分,是休闲农业、全域旅游健康发展的基础和抓手。但是目前对乡村文化的挖掘和整理不够重视,特色文化资源的开发相对滞后,存在短板和空白。由于各项政策倾斜不足、市场方面的资金注入较少、智库机构投入的关注度较低、参与经营的主体缺乏文化自信等因素,影响了乡村历史文脉的传承和文化建设的有效推进,造成天津乡村文化与旅游产业的割裂。同时,乡村地区发展全域旅游,还面临着传统乡土文化价值认同缺失,乡村文化建设人才队伍"断档",休闲农业项目中文化开发的深度不够、精细化程度不足,作为文化建设主体的村民对家乡文明建设参与度低等问题。

二、天津乡村发展全域旅游的路径

(一)以"全域"理念推进休闲农业的全面提升

全域旅游作为一种新的理念和发展模式,重点在于区域内各种资源的整体优化与融合发展。从天津休闲农业实践来看,发展全域旅游需要在三个层面进行深化:一是各级政府与相关部门明确"全域"观念,以切实的政策措施实现协同与合作,建立起既各司其职、又相互衔接的管理体制和运行机制。二是休闲农业产业自身要具有"全域"观念,将地域特色的山水资源、农业资源、林业资源和文化资源纳入开发体系,树立有特色的品牌观,积极延长产业链条,增加高附加值的产业环节,实施全面深入的开发与建设。三是在尊重乡村传统观念和村民意愿的基础上,以科学的方式引导和促进不同区域、镇域和村域之间的"全域"布局和共同发展。乡村发展全域旅游,需要把更广地域的经济、社会、文化资源进行全方位、系统性的优化提升,要构建一个广阔的平台来凝聚共识、形成合力,从而实现各方面力量的协调与合作。在这个平台上,政府发挥政策法规引导和基础设施建设的作用,龙头企业提供资金支持和现代化管理,村民要积极进行自我提升和基层管理,科研机构和学术团体要发挥"外脑"的服务和参谋功能。

(二)打造绿色生态的休闲农业硬件环境

首先要加强城市与乡村、乡村与乡村之间的道路交通、公共停车驿站、公共医疗卫生等基础设施建设,在用电、用水、医疗服务、饮食卫生特别是垃圾处理等方面提供有力的保障。其次要厘清生态"红线"与"黄线"、农村宅基地、耕地、林地、建筑用地、商业用地等土地资源的范围与归属,明确相关的政策指导、法律规定以及发展规划,支持合法、合规的乡村开发与建设用地需求,坚决杜绝房地产投机行为,打造满足休闲农业集聚性活动的环保型场所和服务设施。最后要大力发展高效、共享的公共文化设施和网络服务平台,建设乡村大舞台、图书馆和展览馆等文化活动场馆,构建起现代科技和公共文化发达的现代乡村环境,使其成为农民与市民共享的乡村文化景观。

(三)构建特色乡土文化的研究与开发机制

应建立起灵活有效的特色乡土文化研究和开发机制,全面梳理天津乡村的特色文化资源,深度挖掘对全域旅游和社会发展有正面推动和提升作用的乡村文化要素,助力全域旅游的发展,从而推动乡村振兴的实现。应通过创办具有国内外影响力的论坛、展会等活动,进一步促进智库与乡村的对接,充分发挥地方民间组织、智库机构等文化团体的调查研究、教书育人、传承文化的职能,进而在乡村历史文化资源挖掘、总结归纳乡村文化建设经验等方面提出有见地、有内涵的方案,促进乡村全域旅游的健康发展和科学布局。

第三节　特色乡土文化助力全域旅游的实现路径

一、弘扬乡村史志文化,助力全域旅游发展

习近平总书记指出:"只有坚持从历史走向未来,从延续民族文化血脉中开拓前进,我们才能做好今天的事业。"《乡村振兴战略规划(2018–2022 年)》提出要"保护利用乡村传统文化""实施乡村经济社会变迁物证征藏工程,鼓励乡村史志修编。"我国农村将继续发生深刻变化,通过以史鉴今、成风化人,实现以文化建设打造乡风文明、以文化繁荣激发农民自信、以文化开发促进传统产业转型升级,加快建设现代化中国,走向乡村全面振兴。

(一)乡村史志文化的时代意义

首先,乡村史志是"四史教育"的极好资源。乡村历史文化是国家文化的基石和重要组成部分。《中共中央关于制定国民经济和社会发展第十四个五年规划和二〇三五年远景目标的建议》提出,要"推动理想信念教育常态化制度化,加强党史、新中国史、改革开放史、社会主义发展史教育"。乡村史志即村史和村志,属于党史、新中国史、改革开放史、社会主义发展史的相关资源,是广大党员群众、特别是农村地区党员群众开展"知史爱党、知史爱国"活动的生动课本和时代讲堂,是培育和践行社会主义核心价值观的重要载体和路径。

其次,乡村史志是乡风建设的有力抓手。乡村史志让优秀的乡土文化受到广泛认同和有效传承,能够快速树立起村民的文化自信心。史志编修的过程,是对村落乡风良俗的溯源与整理,也是对村民实施村情文化普及的过程,是"加强家庭、家教、家风建设"有效手段。在"两个一百年"奋斗目标的历史交汇期,在我国广大农村开展乡村史志文化的挖掘工作,能够助力乡风文明建设。

再次,乡村史志是安放乡愁的现实载体。现代乡村处于"破与立、拆与

建、新与旧"的转换与冲突中，人们浓浓的乡愁和对故土的眷恋之情需要有安放的空间和释放的方式。特别是随着行政区划、聚居情况的改变，许多宝贵的乡村史料可能永久性灭失，已经到了实施"抢救性挖掘"的重要时点。因此应尽快搭建起传承乡村历史文化的史志编修制度平台，建立抚今追昔、寄托情感、教育后人的精神阵地。

最后，乡村史志是发展特色产业的有效路径。"求木之长者，必固其根本；欲流之远者，必浚其泉源。"乡村史志文化是地域农特产品的品牌要素，是乡村旅游的核心内容。特色产品与服务以优秀文化感染消费者、以文明乡风感动消费者、以文化创意打动消费者，文化软实力补齐了生产要素短板，让农业和相关产业得以持续稳定地发展下去。

（二）当前乡村史志文化建设的现状与问题

我国乡村史志编修尚不普遍，也非"常态"。近年来，很多地方自发开展了编修乡村史志这项工程，主要通过以下三种方式：一是由地方志机构实施的规范性活动，成果为"村志"体例。如天津市西青区在2017年开展了"村村建档修志"工程，是我国首个全面建档修志的地市级行政区，目前工程已全部完成。山东省青岛市崂山区、湖北省宜昌市枝江市也开展了"村村修志"活动。2016年启动的"中国名村志文化工程"，已经成功发布三批五十八部"名村志"。二是行政村自筹资金实施的规范性活动，成果为"村志、村史、志略"等体例。《凤凰村志》《义乌雅治街村志》《马甸村史话》《小穿芳峪发展志略》等均为正式出版发行的乡村史志。三是行政村自发组织编修的史志性内部资料。以天津市为例，天穆村、东大站村、西南庄村等很多村庄开展了史志资料整理活动，保存了非正式发行的内部文本。还有很多村庄对自身的历史文化实施了静态展览、媒体宣传、动态展演等探索性开发。

但是，总体看来，目前在乡村史志修编和开发上，还存在一系列问题：

一是没有明确职能管理机构。按照我国目前的行政法规，国家各级地方志机构的法定职责是编纂省、市、县三级志书，村志和乡镇志的编修则没有明确的管理机构。地方政府也没有将这项工作纳入对口职能部门，目前乡村的史志修编处于"空档"状态，总体规划与资金统筹没有制度保障。

二是缺乏专业编修团队和管理人员。我国乡村史志尚未建立规范的编修标准,也无专业培训,村史村志的编修主要依靠民间的文史爱好者,缺少专业化团队,无法满足各村的编修需求。由于涉及的内容相对普通和细碎,高校和科研院所很少关注到乡村基层的这类需求。此外,乡镇和村级管理者对基础性文化工程认知不一,缺乏必要的资金和人员投入。

三是"千志一面"、缺乏创新和标准。现有乡村史志文本相对呆板,村史室、档案室的覆盖率比较低,展陈规模和水平参差不齐、普遍粗放,特别是缺乏互动性强、传播力广的表演、影像等活态表现形式,特色文化在乡风文明建设中发挥的作用还很有限。

四是对乡村史志文化的开发利用不足。文化的传承保护和发掘利用应该融为一体,才能形成文化保护传承的动力,促进现代经济社会的发展。但现有的乡村史志修编还是单一的文化保护,远未与乡村建设、产业发展相关联,特别是与特色乡村旅游开发缺乏有效融合,没能形成文化、产业、生态和乡村社会联动发展的格局。

二、乡村史志文化建设的关键路径

一是积极构建专项规划,完善工作机制。"十四五"期间,应发挥文化经济发达地区在乡村文化建设的先行作用,将乡村史志修编纳入地区文化发展和乡村振兴专项规划中,明确主体责任、开发重点和基本框架,统筹布局这项工作。积极完善乡村史志编修的工作机制,加强领导、推进实施,营造"修志光荣"的社会氛围。激发行政村的积极性,搭建政府扶持、集体支持、乡贤资助、村民奉献的广泛参与的多渠道平台。构建立足乡村文明、吸取科技文明的工作体系,依法修志、规范修志、科学开发,在保护传承的基础上,实现文史资源的创造性转化、创新性发展,为增强农民文化自信、促进产业提档升级培育优质载体。

二是培育专业团队,营造协作网络。乡村史志文化建设不仅是对乡土资料的搜集整理、归档保存,更重要的是全面协同文史、社会、经济等多个学科领域,建立起"为今所用"的研究、开发和利用机制。因此,要积极探索编纂标准和开发路径,拓宽社会各界的参与途径与方式。应引导社会科学研究机构和高等院校积极参与,争取相关产业和社会管理机构协同支持,联系地方史志部门,建立起由史志、文学、文化、经济等不同领域研究人员、民间文化爱好者和文化骨干、乡村文化管理人员等专兼结合的编修团队网络,打造科学、完善的乡村史志工作体系。

三是立足基层需求,调动乡村积极性。乡村的积极性是史志修编的重要决定因素,应紧扣乡村振兴进程中对乡村文化、乡村治理的要求,建立有序的村级物品管理和信息记录体系,开展相邻村际文化的对比与联合,营造"以史为宝"的乡村氛围。乡村史志编修中既要全方位分析,又要突出特色、贴近生活,树立乡风良俗,让农民获得幸福感。应坚持试点先行,在条件成熟的村落首先做起来,设立电子档案系统,建设村史档案场馆,没有达到列入史志的优秀民俗文化,宜编撰为通俗图书或演剧等。通过发挥书籍和文化场馆的社会与经济功能,打造互动型、研学型的地域主题文化场所,使其成为乡音乡味、风情风俗的文化地标。

四是开展研产结合,鼓励深度开发。乡村史志编修重在古为今用,在保护和发掘中唤醒沉睡的历史文化资源,为乡村经济社会发展注入新动能。在整理乡村文化史料的同时,通过声光电、网络等现代技术手段,引入文化创意手段,开展文艺展演、动态展示和"网红"塑造,让史志立起来、乡愁活起来,真正成为慰藉心灵的精神食粮。积极促进乡村史志文化与农村经济的有效结合,添加民间传说、乡间轶事等特色文化元素,打造具有地域特色的美食、技能、景观等文化产品,激发特色乡土文化对经济持续发展的起搏器、加速器效能。

三、临摹农业农村现代化道路,充实全域旅游的时代内涵

(一)由点及面,建设现代化农村建设成就展览

实施乡村振兴战略是关系全面建设社会主义现代化国家的全局性、历史性任务。没有农业农村现代化,就没有整个国家的现代化。中华人民共和国成立后,我国依靠农业农村支持,在"一穷二白"的基础上推进工业化,建立起比较完整的工业体系和国民经济体系。改革开放以来,我们依靠农村劳动力、土地、资金等要素,快速推进工业化、城镇化,城镇面貌发生了翻天覆地的变化。我国广大农民为推进工业化、城镇化做出了巨大贡献。在这个过程

中,农业发展和农村建设也取得了显著成就,为我国改革开放和社会主义现代化建设打下了坚实基础。

改革开放以来,我国的农村面貌焕然一新,农村地区积累下丰富的实践经验。党的十九届五中全会明确提出,要优先发展农业农村,全面推进乡村振兴,加快农业农村现代化。"十四五"时期是农业农村现代化发展的关键时期,天津市农村地区要实现经济效益的全面提升,需要我们对实践认真总结、对未来科学研判,从而形成具有实操性、引领性的发展理念和思路。在决胜全面建成小康社会取得决定性成就,向第二个百年奋斗目标奋进之际,系统总结我市农业农村建设的理念,展示社会主义现代化农业农村建设的伟大成就,既能够增进社会主义的理论自信,也能够丰富社会主义现代化建设的内容。

社会主义现代化农村建设成就展示是具有先进性、必要性、创新性的宣传实践活动。

当前,农业农村现代化建设还在进行中,我国农业农村现代化建设面临的任务还比较繁重。按照"产业兴旺、生态宜居、乡风文明、治理有效、生活富裕"的总要求,建设"农业农村现代化建设成就展示体验中心",也是要在城乡居民的体验中探索更适合天津市农业农村发展的道路,建设更加富有中国特色的社会主义新乡村。当前农村地区对红色文化、优秀传统文化比较重视,宣传与体验的形式相对丰富,但是对社会主义农村建设的集中展示与直观体验还比较欠缺,市民和农民对现代化农村的理解和认知还存在误区和盲区,需要进行直观的体验、客观的总结和有效的推广。

(二)由静到动,以活化体验提升宣传效果

我们应按照"产业兴旺、生态宜居、乡风文明、治理有效、生活富裕"的总要求,通过展览馆、书院、演艺等文化活动,打造社会主义农村建设成就的展览与展示区域;通过农家生活、乡村市集等生活体验活动,营造健康、先进的现代乡土文化氛围,使游客能感受到农村现代化的乐趣与情趣;通过专家学者、管理者与乡村实践者的无缝对接与直接对话,探索社会主义现代化农村的科学发展路径。

目前,尽管很多旅游村在经营中取得了显著成绩,但依然存在规范性差、规模性不足、持续发展能力不够的问题,加之周边新项目、大项目的竞争压力,因此项目经营者要主动革新、错位发展,以高度的政治觉悟和生动的文化旅游活动,走出一条具有国内先进性的发展路径,把区域内的竞争演化为合作与共建,形成区域协调发展的合力。

通过文化展演的形式开展生动宣传与互动体验,让游客在有感染力和说服力的活动中直观感受社会主义现代化农村的发展进程,对今后的发展路径有更深刻的认识,进而树立起强大的信心。通过建立乡村体验中心和研究中心,搭建起理论、实践与政策管理有效对接的科学架构。项目经营者要做好自身资源条件的调查与分析,以村"两委"为核心、以业绩优秀的管理团队为样板,搭建起具有文化内涵的活动区域。同时,应对经营内容和资本结构大胆创新,对传统民宿进行提升改造和营销策划,发挥先进管理团队的引领作用,将经营项目打造为具有时代感的时代形象。

第四节　案例研究:全域旅游视阈下蓟州区特色乡土文化的深度挖掘

为了实现全域旅游的发展目标,必须要整合全域范围的特色乡土文化资源,对休闲农业的文化要素进行全面梳理和深度挖掘。这种文化要素的挖掘活动,能够有效克服当前休闲农业发展中文化建设的短板,即经营个体缺乏对特色文化的有效认知和开发能力明显不足。下面以全域旅游示范区蓟州区为例,对其特色乡土文化进行梳理和深度挖掘,使其能够成为今后全域旅游和休闲农业产业发展的文化抓手。

一、乡贤与民间教育

(一)窦燕山教子的故事与启示

《三字经》是我国民间很有影响的传统启蒙教材。《三字经》中有这样的内容:"窦燕山,有义方。教五子,名俱扬。"这指的是天津蓟州区的窦燕山秉承优良家教,将五个儿子都教育成国家栋梁的故事。

窦燕山本名窦禹均，号燕山，生于唐咸通十三年（872），后周显德元年（954）去世，享年八十二岁。窦燕山是五代时后周渔阳人，生活在蓟州区西龙虎峪镇龙前村一带。从唐末到宋朝，窦家的五代，即窦燕山的祖父、父亲、窦燕山本人和他的儿孙，出过八位进士，曾经在七朝为官，而且是政府高官，这在蓟州的历史上是罕见的。

窦氏一家五代简况：

窦逊（祖父）

窦思恭（父）

兄窦禹锡、窦禹钧（燕山）

窦禹锡有三子：窦逭、窦谒、窦浩

窦燕山有五子：窦仪、窦俨、窦侃、窦偁、窦禧

从窦燕山祖上起，窦家就是当地著名的书香门第。窦燕山祖父窦逊曾担任蓟州玉田县令，康熙二十年（1681）《玉田县志》载，窦逊，唐时玉田县令，"爱养百姓，不啻哺婴"。可见窦燕山祖父在民间的口碑非常好。窦燕山父亲窦思恭任妫州（河北怀来县）统兵司马，窦燕山的父辈家风也很好，深受邻里尊重。

但到了窦燕山这一代家风大变。作为当地名门望族，窦燕山却人刻薄、分毫必争：当穷人向他借粮食时，窦燕山会"小斗借出、大斗偿还"；有人借钱时，他则收取很高的利息。[①] 这种行事风格导致窦燕山在乡邻间口碑很差。传统文化认为没有后代是人生的重大遗憾，年已三十的窦燕山膝下没有子女。无子的事实让窦燕山非常焦虑。传说窦燕山在梦中得到祖上的训诫，警告他家风不正、恶行不断的结果，规劝他要积德行善。这个梦居然戏剧性地改变了窦燕山的人生，此后他把积德行善当成头等大事，树立起窦氏家族的新家风。他的善行得到了回报，其后窦燕山培养出五个出色的儿子。

窦燕山做了很多善事：一是兴办义学，发展教育。窦燕山认识到，要想使穷人彻底改变命运，必须在提高穷人的素质上下功夫。他在家里建了义学，

---

① 任悦，李海燕. 一位"老天津"培养五位"学霸"的传奇[N].每日新报 2015-09-20
(14).

设置了书院,有志于求学的人,不论贫富,都可以来他家读书学习,他的五个儿子也在这群学子之中,后来,这群学子中很多人成为社会的栋梁。二是出巨资帮助穷人。窦燕山先后资助二十七家穷乡亲办丧事,帮助二十八个贫穷家庭嫁女婚配,此外还经常资助乡亲渡过难关。三是对家贼以恩报怨。窦家产业规模很大,下面有很多管理人员负责收租或管理商铺。窦家有仆人偷了钱逃走,却把十二岁的女儿留在窦家,意为卖女偿债。窦燕山认真抚养这个女孩,还给予重金陪嫁。这个做法感动了偷钱的仆人,仆人回来认错,获得了窦燕山的谅解。四是拾重金坐等失主。有一年正月十五,窦燕山到延庆寺游玩,在寺旁拾到一个包裹,里面有巨额金银,窦燕山在原地等候了两天,终于迎来痛哭着找寻财物的失主,窦燕山不仅归还包裹,还帮助他凑足盘缠去救亲人。

关于窦燕山的墓地,民间有多种传说:一说在河南洛阳,二说在河北涿州,三说在北京的良乡、昌平、石景山等地。蓟州人则有证据证明窦燕山墓地在本地,康熙版《蓟州志》中提到:县城东的凤凰山上有窦燕山故居旧址,也就是现在西龙虎峪一带。窦燕山的后人现就居住在龙前村,村里以窦姓人为最多,村头还立有窦燕山的墓碑。

(二)清代蓟州的义学教育

民国版的《蓟州志》中记载了民间乡贤创办的几所义学:"城内旧有义学,后设在文化街财神庙内,西官房2间。在康熙三十九年州牧陈廷栢设立学田1顷零8亩,坐落杨相公等村,每年起租钱85千880文,后不知发于何时迨。同治八年宋公寿彭,牧蓟始于牛市口置房5间,同治十三年彭公爵麟牧蓟,始延师课读,其资捐募或捐廉为之。光绪八年刘公枝彦牧蓟,以牛市口地处喧哗非学子读书之所,乃买书院西蒙姓屋10余间,延品学正者为之师,颜曰养正刘公刻碑记之。并详其经费之数目,清末改为初级小学校。城东则有穿芳峪义学,皆村中明达之士,不籍官力自行设立者也。城南则有龙湾庄兴仁义塾,养正同为官立至雍正二年所建之别山、马伸桥之义学,后具无发无存。"

这里提到的穿芳峪义学,我们将在下文"对穿芳峪李江等贤士的再认识"中详述。

（三）贤士张继贤的教书育人生涯

张继贤，字张杰，号燕翁，汉族，系蓟州区穿芳峪村人，生于 1902 年 6 月 14 日，卒于 1985 年 10 月，享年 84 岁。张继贤 10 岁到 20 岁期间在穿芳峪义塾里读书，他热爱学习，品学兼优，积累了深厚的国学基础。由于家庭经济拮据，1922 年张继贤辍学后开始参加劳动生产。1926 年，25 岁的张继贤被聘到英歌寨学堂任教。

根据张继贤留下的日记和文稿等，我们还原了他教书育人的精彩人生：他积极参加抗日活动，为八路军编写抗日课本、传单、标语、填写出口用的路条，等等。在课堂上，张继贤一般准备两种课本，一是国学课本，一是抗日课本。日伪军来学校搜查时，张继贤就假装带领学生学国学课本；等日伪军走了，张继贤继续读抗日的课本，向学生们灌输抗日救国的思想。有个夜晚，张继贤冒险支走了日伪军，几天后被日伪军毒打逼供，但他宁死不屈，不肯吐露半点信息，保护了八路军的战士们。

张继贤善于书法，学颜习柳，也练其他书法，他认为颜体是基础，柳体是骨架。张继贤写毛笔小楷工整潇洒、清美秀丽，在英歌寨学堂教书时写下了规整灵秀的《莺山日记》。在村里，张继贤很受乡民尊重，庄里的农户看见他都会打招呼，每逢年关节日，许多的农户邀请他到家里做客。不管谁家里娶媳妇，请他主持婚礼，他都愉快地答应，还承担起写喜字、对联和记账等工作。村里买房卖房、典卖土地求写文契以及村官向上级求助申请等，都请张继贤代笔。1962 年，张继贤结束了长达 36 年的教学生涯，回到英歌寨村担任生产队的记工员、库房报关员，他从未记错过账，受到了生产队长和社员的信任。

二、隐逸文化的当代认知与深度挖掘

（一）挖掘隐逸文化的时代价值

隐逸文化是我国古代的一种文化现象，也是我国传统文化的重要组成部分。隐逸者往往有一种逃避社会的心理，这并不值得当代人去效仿，也不是当今社会文化的主流。但是，深入考察蓟州历史上的隐士生活，对于今天的社会来说也有正面的启示：一是隐士选择风景秀丽的世外桃源归隐，这与今天休闲农业山地旅游的目的地一致；二是隐士健康养生的生活模式，也是人们休闲度假的模式;三是隐士们与周边乡民友好相处,通过教育、行医提升了村民的文化素养和生活品质,通过农耕实践帮助村民提升收益和环境保护,这些都是值得我们颂扬的。

（二）蓟州隐逸文化的梳理与考证

蓟州山地属燕山山脉,独特的地理位置和迷人的山水风光,两千多年来吸引了众多文人雅士"流连不返",形成了独特的蓟州隐逸文化。对这一类历史文化的全面梳理和深度挖掘,可以看到其背后丰富的历史底蕴,还能看到文人雅士们对当地文化的促进作用,不仅能够增加全域旅游的文化趣味,还能为当代的休闲活动起到榜样作用。

汉初,蒯通居于小燕山。

有据可查的蓟州"第一"隐士当属西汉名士蒯通。蒯通,原名蒯彻,范阳人,汉惠帝时曾为曹参宾客,聪明敏捷、能言善辩,是汉初时的谋略家与辩士。秦二世元年,蒯通成功游说范阳县令徐公,以"传送檄文平定千里"的策略声名鹊起。汉王四年,楚汉相争的关键时期,韩信灭齐后,被刘邦封为齐王。楚王项羽派盱眙人武涉,鼓动韩信背叛刘邦,韩信不为所动。蒯通也来游说韩信,劝他独立于楚汉之外以成鼎足之势,即"三分之计",韩信亦不从。韩信被吕后谋杀,弥留之际,说出"后悔当初没有听从蒯通的计策"。刘邦愤而缉拿蒯通,欲杀之。蒯通巧言辩护,以"各吠其主"为自己开脱,竟然说服了刘邦,被赦免释放（《史记·淮阴侯列传》）。后蒯通担心情势有变,遂躲到小燕山（现蓟州西龙虎峪镇）隐居起来,终老于此。归隐的蒯通"通论战国时说士权变",著书立说,"号曰《隽永》"（《汉书·蒯伍江息夫传》）。

蒯通死后葬于蓟州柳官庄村东南骆驼脖子山北坡下。坊间有临淄皇城镇、北京八里庄蒯通墓之说,蓟州蒯通墓也有据可查,康熙年间修撰的《遵化州志》和乾隆五十九年修撰的《直隶遵化州志》均有记载。在《遵化州志》第二卷古迹陵墓中有记:"蒯文通墓邑西南六十里燕山北。"《直隶遵化州志》则有更多的记载,第十卷"冢墓"下有记:"蒯彻墓城南柳官庄东南山坡下州牧傅修有蒯文通墓行入艺文。"时任遵化知府的傅修毫不掩饰对蒯通的敬仰之心,洋洋洒洒写下了二百余字的《蒯文通墓行》,诗中云:"少读迁书与班史,即知辩士齐蒯生。竭来墓道扪断碣,想见言论犹纵横。……尔时知信怀忠贞,八十一首号隽永。束缊余智钦公卿,我闻生善安期生。安期上升骑玉鲸,生今荒陇闭秋草。千载长留辩士名,吊古苍茫无限情。"此外,金铉的《过蒯文通墓》中有云:"闻有作垣于公墓者,公梦以责之。舌盛亦有时,宜秦不亦汉。我亦知君才,力能倒治乱。千秋气犹奋,不肯让人畔。"

笔者到柳官庄村走访时了解到,当地人都知道蒯通因劝说韩信谋反的事被刘邦追杀,蒯通装疯逃出来,跑到柳官庄一带,大家认为他是个了不起的人物。蒯通墓现仍存,"占地 5 平方米,为土丘状,高约 1.5 米"(《中国文物地图集天津册》)。20 世纪 60 年代,蒯通墓曾被盗,发现有瓮棺两个。据七十二岁的郭继友老人介绍,蒯通墓一直由村边静音寺的和尚负责添坟。"文化大革命"前,儿时曾在静音寺里出过家的郭仪、于友两位老人清明时必去给蒯通墓添土烧纸,那时蒯通墓还很大、很挺立,只可惜如今香火已断。据说蒯通去世两千多年来,不乏前来上香之人。蒯通墓对面是一条又长又宽的沟,民间传说这里有神仙出没,故称之为"神仙坟沟"。按照当地风俗,这条沟为人们祈福占卜之处。

东汉末年,田畴隐居盘山。

田畴,字子泰,右北平郡无终县(今蓟州)人,东汉末年名士。《三国志》中评价田畴"好读书,善击剑"。初平元年,二十二岁的田畴才华出众,被推举为幽州牧刘虞的"代言人",向大汉皇室表示忠心。考虑到道路艰险、贼寇纵横,田畴决定以个人名义"私行",出边塞,沿着阴山奔赴朔方郡,走小路到了长安,圆满完成了使命。其后,汉献帝刘协下诏,欲拜其为骑都尉,田畴固辞不受。三公府同时征召,田畴亦不就。初平四年,田畴得到返回召唤,急驰而还,而刘虞已为公孙瓒所害。田畴谒祭刘虞墓,陈发章表,后被公孙瓒抓到,却以理服之,被释。田畴回到无终,认为"君仇不报,不可以立于世",遂入现蓟州盘山,亲自下田耕种,奉养父母。后来,很多田畴的部下和友人追随而来,到此定居,几年间落户数十家,大家其乐融融,一起劳动和生活,盘山成为一方乐土。建安十二年,曹操北征乌桓,田畴献计"乘其不备而攻之",自荐为向导,大获全胜,被封侯赐地,田畴亦辞,不愿为官。袁尚被辽东军杀害后,田畴违抗曹操之命前去吊祭,并把他的家属和宗族安置在邺郡。曹操派夏侯惇劝解田畴接受官爵,田畴宁死不从,曹操知其不可屈,拜为议郎。田畴去世后，文帝曹丕赐田畴从孙田续袭爵为关内侯。史料中大多认为田畴不愿为官而去盘山隐居。而民间作家丁连举更赞同《玉田县志》的观点："田畴屡拒曹操，是因为志在存汉。"方孝孺在《田畴赞》中说："为汉大臣，杀操复汉，必不顾身。"清康熙三十年《盘山志》提到，盘山之名取自"田畴盘桓。"田畴和族人"躬耕"和居住的地方位于盘山之阳，即从现在的玉石庄村向东的区域，这里土地平旷，旧有感化寺建于此地。道光十一年的《蓟州志》中记载："感化寺行宫正西一里魏田畴隐处。"在盘山地界的田家峪村，有自称是田畴的后人在这居住，他们以先祖为荣，只可惜鲜有物证。

田畴身为首领，为部下制定了"约束相杀伤、犯盗、诤讼之法，随轻重抵罪，重者至死"，还制定了"婚姻嫁娶"的礼仪规范，通过兴办学校提升教育，盘山这片聚居地乡风朴实纯粹。最负盛名的隐逸者陶渊明对田畴大加赞赏，赋诗云："辞家夙严驾，当往志无终。问君今何行，非商复非戎。闻有田子春，节义为士雄。斯人久已死，乡里习其风。生有高士名，既没传无穷。不学狂驰子，直在百年中。"从陶渊明的诗作推论，田畴建立的社区组织很可能是《桃花源记》描述的原型。

明末清初，李孔昭居于盘山。

李孔昭，字光四，明崇祯十五年进士，世居蓟州，被后人尊称为燕山处士。李孔昭虽然考中进士，但是由于当时形势动荡，他没有赴朝廷就职。清兵攻破蓟州城时，其妻殉难而亡，后李孔昭终身不娶，携母归隐盘山，《蓟州志》记载李孔昭"不干仕进，隐居林泉"，逸居于山林泉水之间。隐居盘山后，李孔昭亲自砍柴割草，采摘果实，生活自给自足。身为人子，李孔昭孝字当先，母病时，刮骨疗之，与朋友相聚时，忽然惦念起母亲，深夜也会疾驰而归。清初，朝廷数次召唤，李孔昭以养母、身体有恙为由推辞。某日，李孔昭路遇请他出山的使者，却乔装掩饰，逃避而去。后来，李孔昭行迹更加隐秘，他有时扮作道士，有时化装成儒生，很少有人能认出来。与他来往密切的，也是同类人士，李孔昭与宝坻的单者昌、崔周田和刘继宁组成了"隐逸小团体"，相互往来频繁，《宝坻县志》《宁河县志》均有较多笔墨记载四人情谊。崔周田由衷钦佩李孔昭，两人徜徉于盘山山野间，盘坐于林间山石上谈笑风生。崔周田延聘李孔昭为儿子的老师，还把自己的女儿许配给李孔昭的儿子。刘继宁盘桓盘山多日，终为三个儿子请到李孔昭为师。授课闲暇时，单、崔、李三人谈古论今，视功名利禄如过眼云烟，甚是洒脱。李孔昭教书育人，颇有成就，被学生谥为"安节先生"。宝坻人王师旦，少年时曾师从李孔昭，"证性理于李光四""特以安节之训为惓惓"。

李孔昭尽管有很多著作，却仅传给后人《秋壑吟》一本书。清道光版《蓟州志》中收录了李孔昭《题壁画梅》等8首诗，民国时期，仇锡廷重修志书时，更把《秋壑吟》录入，还有多篇序、传、怀念诗文。李孔昭在《咏雪》一诗中写道："无功苏草木，有道合时宜。飘然天地间，万物谁能缁。"可见李孔昭以追求高洁为宗旨。李孔昭晚年崇拜陶渊明，"年华今又晚，怀想在陶公"，故自号"潜翁"。

也许是当初乔装功夫了得，今日已难觅李翁旧物，这更让后人好奇，不知他曾在哪里驻足吟诗。我们只能从史书诗文间寻觅大师的风姿。李江曾在诗中这样描述："得先生遗像于其裔孙家，皇冠野服，粹然有道之容。"《蓟州志》也记载："李处士墓在城北三里白马泉庄北。"刘继宁的两个儿子分别撰写了李孔昭的碑志和碑铭，可以看出人们对李孔昭的仰慕与尊重，这些在《蓟州志》中均有收录。

清朝，石宁、李锴居于盘山。

石宁，原名石东村，满族人，指石为姓，入关后隶属内务府，是京剧名旦程砚秋的老祖。石宁家住北京朝阳门外六里屯一带，曾为儿子请了当时处境艰辛的方观承为师，此人后来官至直隶总督。在两个儿子成人后，石宁来到盘山过起了隐逸生活，其极喜作诗，诗作达万首以上，最终却付之一炬。

李锴，字铁君，号眉山，又号廌青山人，辽东铁岭人，汉军正黄旗。李锴是名门之后，被太傅索额图召为女婿。李锴曾在黑河举办屯戍。康熙四十六年，李锴被赐七品顶戴。其后李锴开始了他的隐逸生活。李锴通音律，善书法，潜心研究经史，著书立说，有诗集《盘山诗钞》流行于世。李锴来到盘山，喜欢这里的风土人情，遂在廌峰下买下田地，构建草舍并为其起名廌青、睫巢，与山民一起杂居耕作，仁义名声远扬。李锴居盘山20年不曾出山，直到去世。

三、对穿芳峪李江等贤士的再认识:不是隐居而是乐居

(一)乐居小穿的新生活

清末,李江率多位朋友移居穿芳峪,建起了乡间住所,开展了丰富的环境保护和农耕实践,还为周边乡民提供教育和医疗服务。在自身养生的同时,李江为地域文化建设画下了浓墨重彩的一笔。后人将李江、王晋之和李树屏称为"穿芳三隐"。深入考察几位贤士在穿芳峪的生活轨迹,笔者认为称他们为隐士并不妥——他们并非隐居在此,而是因为身体或经济等原因,在这里养生或谋生,这种乐居生活给这一地域带来了丰富的物质和精神财富。后人为了顺应传统文化对隐士的推崇,把"穿芳三隐"的称号套在了几位贤士的身上。笔者认为,"穿芳三隐"作为外来雅士在乡村乐居,这与当前消费者到乡村中长期休闲旅游有殊途同归的效果,是休闲农业从简单食宿向中长期旅居提升的经验探索。

(二)文人雅士在穿芳峪的乐居生活

穿芳峪三面环山,东有卧牛山,西有穿芳山,北有半壁山。清代时,这里山泉众多,涌流交错。王晋之有诗云:"三面山环绕,东南少开张。入山不见村,惟有树苍苍。山山有流泉,流多源并长。……方之隐者居,兹地费评章,秦时桃花源,晋家辋川庄。"①清末,李江与众知己来此建起园林"集群",大家在这片土地上展开丰富多彩的农家生活。他们在农耕劳动之余,写诗作画,行医办学,为穿芳峪一带的繁荣做出巨大贡献。

李江,字观澜,因居于龙泉园而自称"龙泉山人"。李江祖上是金陵人,后迁至蓟州。李江聪颖,不苟言笑,嗜读书习字,尤其喜读先儒理性之书。李江于咸丰五年中举,同治元年中进士,同治四年中榜眼,官至驾前御史。同治九年,李江因身患重疾,行动说话不便,于是辞官回乡养病。李江没有回到旧宅,而是在穿芳峪龙泉山下置地,修建了很有风情的"龙泉园",还写下了这样的诗句:"一官不肯换龙泉,地秀真疑有凤鸾。十载官场成底事,算来极乐是

---

①　罗海燕,苑雅文.小穿芳峪艺文汇编·二编[M].天津:天津社会科学院出版社,2017:98.

归田。"龙泉园依山傍水、水清林茂,院中有屋舍十余间,"龙泉精舍"是李江众位文人朋友研讨会谈的地方,"梨云馆"是给外地来访的朋友休息过夜的地方。[①] 李江留下了《龙泉园集》十二卷,把人生的思想抱负、生活感知写入诗词文字中。

王晋之,字竹舫,蓟州人,是李江的同窗兼好友。王晋之好读书,善交友,咸丰五年中举人。因教书所得不能供养家人,王晋之于同治十年迁居穿芳峪,种树开田、躬亲劳作。王晋之通医术,平时靠行医卖药维持生计,闲时画些梅兰竹菊,他的作品在当地很有名气,常有人携银来求。王晋之曾因缺少画作题材而发愁,李江看到穿芳峪一带山地的石头造型很丰富,便建议王晋之以此入画。后来,王晋之的大量石头画作集为一册《穿芳峪石谱》。王晋之于同治十年建立"问青园",学习种植农作物,既可获得收益又可学习技术,后来依托懂医优势还发展了草药种植。李江认为居穿芳峪有"三乐"——山水、朋友和文字之乐。而王晋之很恰当地增加了第"四乐",即家庭之乐,问青园中的主建筑也命名为"四乐斋"。王晋之写下了《问青园集》,现留存于世的有十三卷。

李树屏,字小山,号梦园,又别号铁籁,穿芳峪本地人,李江的学生。李树屏买下发生变故的庙沟武场,整修为自己的住宅"八家村馆",意为李江等八位文友聚集之所。光绪八年,李树屏到北京万青藜家坐馆教书,时值清朝国势衰危,李树屏生发出忧国忧民的感情,赋诗云:"见贼攫去如探囊,大嚼贼骨充糇粮,渴饮贼血俨酒浆。"光绪二十四年,为讥讽"中东和议",53 岁的李树屏装扮成洋人照了一张相,名为《非上人鬼混图》,从此蓄起了大胡子,晚号李髯。李树屏生平著述颇丰,曾为李江、王晋之整理遗稿,整理出版《龙泉师友遗稿合编》(有 1894 年、1918 年两版)、《里党艺文存略》(四编,1942 年出版),其专著有《梦园杂著》《梦园辛未日记》《梦园散集》《尺牍题跋》《铁籁词》《八家村馆文草》等一百八十余种。

还有另外四位文人雅士在这里建设了园林,确有乐居之实,他们是:万青藜建了响泉园、崇绮建了问缘草堂、赵连增与邓亭雨建了习静园。李江亦曾

---

① 苑雅文.蓟州隐逸文化探源[N].天津日报,2017-2-27(10).

率文友共八人,模仿古人的井田制,将响泉园东南下坎的九亩农田划分为九份,四周每人一份,中间一块辟院结庐,名为"井田庐"。李江曾赋诗云:"井田小小具规模,风景何曾与古殊。从此龙泉诸学侣,都称三代上农夫。"可惜此举仅持续了六年。笔者在村里见到了1902年众人在响泉园的合影照片,可以看到葱郁有致的园中景色、气度不凡的乡村雅士。

（三）乐居贤士对当地乡村的影响与贡献

乐居在穿芳峪园林的文人雅士以自己的方式表达着对大好河山的热爱、对民族命运的关注、对百姓大众的关心。几位雅士在穿芳峪办"义塾",他们注资之外还亲自任课传教,使穿芳峪一带的很多孩子有机会念书,受到了很好的教育。笔者曾在穿芳峪村里见到了半截残碑,上面刻着《穿芳义塾碑记》的碑文。穿芳峪村有位文化造诣很深的郑中和老先生,幼时在穿芳义塾读书启蒙,家中保存着光绪十四年李树屏亲笔书写的习字课本"说文建首音释",供孩子们学习使用,教书育人的师者风范可见一斑。郑中和老先生表达了当年有机会读书的感激之情。当时的穿芳峪村有两家专馆,即王家和尹家的私塾,除本家族和较富裕人家的孩子有机会读书,穷苦家庭的孩子是不可能读书的,只能当个不识字的"睁眼瞎",面朝黄土背朝天地过一辈子。李江等贤士来到穿芳峪生活后,看到人们知识贫乏、语言粗俗,经过呈请州衙与村政,磋商承办义学的事情。他们把原福缘庵改建为义塾学堂,位置在穿芳峪村槐抱柏的古树旁边,占地二亩八分,同治九年（1870年）秋正式开学授课。

《龙泉园集》中收录了穿芳义塾碑文,从中可知乡贤义务承办教育的出发点和抱负:

同治九年秋,余辟园穿芳峪龙泉之上,其地泉甘土肥,宅幽势阻,窈深缭曲,殆如古所谓盘谷者。因读书其中,得与村中父老时相过从,见其习俗勤俭,风尚近古,而其子弟亦皆醇厚朴茂。易以施教,顾皆贫不能读。即或数家酿金延师,力少不继,事或以废。则又叹其僻处山谷,即欲建学敷教,亦无以为之倡也。既而,村人尹君克衡语余曰:"余村田最狭,寺最多,计诸寺所占田,殆三顷有奇,往往寺富则败其戒,贫又仰食于一村,是皆于村不利。今余与村人谋,凡余村二氏之徒,去者勿复,绝者勿续。其所遗田以十亩,畀村中鳏寡孤独,居寺内奉香火。余则分而为二,以其一归于社。凡村中公费皆取给焉。以其一于村中湧泉庵立义塾,延师训子弟。"父老皆以为便,欣然为之,而不余戻也。既又念义塾费不足,则又与庠生王公毓华、李生树屏、高君文卿等,悉籍村中徭役之费为言之于前知州事宋侯彭寿,且以风晓郡中吏役之职其事者,悉以蠲之于学。义塾之费,遂以渐裕,而村中徭役,自是亦无其扰。寻礼部尚书万公青藜与前知州事蔡侯寿臻、知三河县事查侯光泰,皆义其举,各助以资,而吏部侍郎崇公绮更为擘窠榜于其学。于是,穿芳义塾遂极一时之盛。尹君又语余曰:"兹学之成,公与有力,今将磐石刻文以志其事,愿公记之,俾来者有所考也。"余惟古之教者,家有塾,党有庠,非若今之合数村而始一见也。其师以德不以位,非若今之必列膠庠厕科目者,而始为师也。其教则本之孝弟忠信,而归之实践,非若今之专攻记诵辞章也。是以其时教化修明德业成就,非后代所能及。自世变俗衰,学校政废,父兄不知所以为教,子弟不知所以为学,人才不出,有心者深为慨焉。今穿芳峪义塾之设,或亦讲求养正之功,屏弃俗学之陋,轻浮文而重实行,庶几不失先王立教之遗意歟!而尹君与其乡人,乃能斥异端崇儒术,不使其徒相继蔓衍于吾乡,而村中子弟,亦因之有所成就,诚能易无益为有益者。昌黎所谓庐其居。朱子所谓尽逐其人夺其所据,而悉归之学。何其能取儒先之论,而真有以见之行事也。吾知穿芳一峪,山水清奇,钟毓特盛,奋兴鼓舞,必有人才出于其间。岂惟余与尹君之所深望,抑诸公雅意培植之,必有其效者也。中宪大夫四品兵部候补主事郡人李江撰。滦榆教谕觉罗官学教习议叙知县里人王晋之书。同治九年十二月二十日。①

四、蓟州民间的庙会风俗

由于地理和历史归属等诸多原因,蓟州文化表现为边塞文化和京都文化

---

① 苑雅文,罗海燕.小穿芳峪艺文汇编·初编[M].天津:天津社会科学院出版社,2017:156.

的结合体,在内涵上与天津的平原文化差别较大;蓟州是山文化,俱坚实伟岸之美;天津平原地区则是海文化或水文化,其特点是广阔无边、柔韧随和。有差别才更有美感,这种文化差异吸引着都市游客来这里体验、消费,人们把蓟州比作天津的后花园,其实这也是文化差异的体现。梳理蓟州庙会风俗的意义在于,蓟州庙会是旧时民众生活的重要娱乐和购物渠道,也是当前全域旅游架构中的重要内容,庙会已经成为地域文化、乡土文化重要的展示平台,也是激发游客到乡村开展深度体验活动的有效途径。

蓟州的庙会虽然不属于节庆的范围,但庙会与节庆如同孪生兄弟:庙会有时间性,也有避邪的寓意,这与节庆活动是一致的;庙会活动源自宗教内容,但随着时间推移和社会发展,原有的祭祀内涵逐渐淡化,娱乐性和商业性越来越强,庙会逐渐成为中国市集的一种重要形式[①]。从正月初八到五月十三,蓟州全区规模庙会有 25 个,遍及各个乡村。各个庙会的时间和内容不尽相同,上半年比较频繁,一般辐射周边区域,具有鲜明的地域性和农时性。

正月:独乐寺庙会(原为三月,现为正月初一到初六)

香火庙会(正月初八)

火神庙会(正月二十八)

二月:英歌寨菩萨庙会(二月十九)

岐山庙会(二月十九)

三月:黄崖关庙会(三月初三)

龙山庙会(三月十七)

环秀寺庙会(三月二十六)

嶽庙会(天齐庙会,三月二十八)

四月:娘娘庙会(下仓四月初一)

五名山庙会(四月十五)

崔府君庙会(四月十八)

峰山庙会(四月二十三)

药王庙会(四月二十八)

---

①　丁连举编著.蓟县民俗录[M]天津:天津人民出版社,2016:112-119.

五月：八蜡庙会（五月初五）

　　　关帝庙会（五月十三）

六月：火神爷庙会（六月二十三）

十月：盘山万松寺香火会（十月初十）

第五章 天津休闲农业的品牌文化建设

2017年10月,党的十九大召开,首次提出我国要实施"乡村振兴战略",这是今后全面解决"三农"问题、激活农村发展动力的行动纲领。十九大报告指出,要"促进农村一二三产业融合发展,支持和鼓励农民就业创业,拓宽增收渠道"。可见,发展休闲农业是第一产业提档升级、农民收入增加的重要路径,是今后农业发展的重要方向。

近年来,天津市休闲农业稳步发展,综合收入每年增幅超过20%。到2018年,全市休闲农业与乡村旅游综合收入突破70亿元,直接从业人员6.9万人,带动农民就业人数达到30万人,全年接待游客数量达到1900万人次。2018年底,全市拥有全国休闲农业与乡村旅游示范区4个、中国美丽休闲乡村15个、中国美丽田园4处、全国休闲农业与乡村旅游示范点20个,西井峪村被评为中国历史文化名村,崔庄古冬枣园被评为中国重要农业文化遗产。同时建成市级休闲农业示范园区22个、示范村(点)243个、示范经营户3000户,休闲农业对加快全市农业转型升级、提高农业经济效益起到了促进作用。

但是,我们必须看到的是,天津休闲农业发展中还存在很多问题:大项目经济效益不佳、低端民宿占主导地位、项目成长性和持续性较差,等等。为了找到依托文化提升天津休闲农业的有效路径,在搭建休闲农业品牌文化理论框架的基础上,笔者基于对特色文化要素的挖掘,对天津地域休闲农业的品牌文化进行了有针对性的探索与总结。

第一节 品牌文化的理论研究

一、品牌学的理论框架

(一)品牌的发展脉络与内涵

在人类社会早期是没有品牌的,品牌是商品经济社会的阶段性标志。我国最早的品牌现象出现在商周时期。到春秋战国时期,活跃的商业活动从传统农业中分离出来,招牌、幌子等品牌要素成为商业经营的重要内容,其代表着品牌建设由口头传播提升到文字表达,实现了品牌历史的第一次飞跃。唐朝时期,我国商业贸易非常发达,市集交易活跃,各类经营店铺林立,产销购活动旺盛。这个时期出现了明确的品牌经营行为,即商户在经营场所设置了具有自身个性特点的招牌,以幌子、幡旗、灯笼等形式展示给消费者,传递出品牌信号,比如餐馆门口悬挂的灯笼数量代表了等级和规模,招牌上的文字则呈现商号名称和经营性质等内容。伴随造纸术和印刷术的发展,宋朝时的宣传品牌变得图文并茂,自有品牌受到商家推崇,体现出品牌引导消费的广告传播作用。清朝光绪年间,我国的品牌管理进入规范化发展阶段,1904年,清政府实施了《商标注册试办章程》,这是我国首个品牌方面的管理法规。鸦片战争时期,外国侵略者入侵中国,我国近代工业在艰难的环境中挣扎发展,民族品牌成为有觉悟的中国人舍身护卫的民族财富。抗日战争时期,爱国的中国人秉持"国货光荣"的消费理念,国货品牌具有了鲜明的政治性。伴随近代工业的发展,规范化的品牌管理逐渐成为我国企业经营的重要内容。

中华人民共和国成立以后,计划经济时期实行统销统购,商品的自由交易很少,作为商品标志的品牌失去了存在的意义。1979年,我国开始实施经济体制改革,市场经济条件下,商品自由交易重回历史舞台,这标志着我国现代品牌竞争时代的到来。社会经济发展到今天,市场交易非常活跃,市场竞争环境更加激烈,消费者的观念也在不断变化,这使得经营者更加重视信誉、名望等无形资产,企业营销手段不断改进和提升,开始对自身的品牌资产实施系统严格的品牌管理。市场经济体系下,品牌不仅仅是一个产品的特殊标记,其本身就是一个产品、一种服务,或者说一个企业、组织的标志。品牌具有一种系统而深刻的含义,向消费者传递出生产经营主体的生产服务水平和市场声誉,成为企业或组织在市场竞争中制胜的法宝。

理论研究与社会实践对品牌的内涵进行了多角度的总结,有符号说、情感说、资源说、深浅层关系说、深浅层媒介说以及品牌生态说等分类,如有的理论认为品牌就是一个特殊符号,或代表了消费者的情感,或侧重于品牌的资产属性,或建立起产品与消费者的联系,或作为特殊的交流手段以及具有生态功能的协同系统等。这些不同角度的描述也是对品牌内涵认知的不断发展和深化:从品牌发展的历史进程看,早期的品牌主要是商品的符号标志;在商品经济活跃的时期,品牌被赋予了更丰富的内涵,成为向消费者传递产品、服务、个性等产品信息的特殊标志;在现代的市场经济竞争中,品牌更是成为经营者的宝贵资产,向消费者传递了产品的品质与服务等信息,并且把良好的市场口碑适度延伸到其他商品上,让品牌发挥出无形资产创造效益的效果。我们认为,品牌的内涵是以特色标志为载体的符号体系,是持有人的无形资产,为持有人和消费者之间搭建起一种稳定的契约关系,在持续的交易活动中,与利益相关者组成了协调运转的生态系统。

(二)品牌的功能

品牌首先是一种标记,一般是以商标等品牌形象的符号来展示,具有专属性和唯一性。品牌还是一个丰富的信息体系,涵盖了产品的直观形象以及质量、服务、声誉等引申的信息,能够给所有人带来持续的资产收益。围绕品牌的各个要素构成了一个互相制衡的生态系统,包括品牌持有人、品牌产品、供应商、消费者、同类产品生产者、宣传媒体、相关政府管理部门、社会媒介等。

品牌的功能包括两个方面:一是持有人拥有的经济实力。市场消费者的忠诚要依靠产品和服务的体验来支撑,经营者需要持续投入资金和积累资本。二是消费者在实践中积累下的特殊财富。消费者通过亲身体验或传播渠道对品牌产生了信任,这降低了消费者开发市场的搜寻成本和购买失误,作为消费档次的名牌等标志能够让消费者产生满足感和获得感。

(三)品牌的价值

在当下发达的市场经济条件下,人们对品牌的无形资产属性已经广为认同。作为一种资产,品牌有了身价,即品牌的市场价值。对品牌价值的判断,首先来自消费者的认识,即品牌所代表的产品品质和服务优势等信息能让消费者满意。其次来自持有人或交易媒介的计量,现代市场环境下经常发生的品牌买卖活动,一些知名品牌交易时往往会得到高出实有成本的价格,即资产溢价的品牌价值。品牌价值是附着于特色的产品或服务上面的,而不是以实物形态来表现的。一般品牌价值采用计量模型进行估测,在发展进程中还会有波动性变化。值得关注的是,在持续的市场运营活动中,品牌价值可以通过宣传、营销等市场开发手段实现提升和增值,因此持有人要把握好各种市场机遇,做好品牌的推广和维护,不断扩大品牌的知名度和忠诚度。

品牌价值包括三个要素:一是品牌认知,即消费者识别某品牌形象的能力,也就是在消费者的观念中建立有直观感受的品牌形象。这一环节包括品牌形象的塑造、品牌知名度提升两部分内容,也就是说,消费者的品牌认知来自产品实体的消费体验,而品牌知名度则是消费者选择产品的有效推动力。二是品牌联想,即消费者记忆中与品牌关联的多种信息或事物。例如提到小站,人们会联想到优质的水稻和大沽炮台等。通过相关信息的联系和推断,消费者对品牌关联的事物产生信任。三是品牌忠诚,当消费者对某个品牌产生了消费偏好和忠诚心理,这一品牌就赢得了稳定的市场销售。

(四)品牌管理的方式:实施品牌战略

品牌战略是经营者较长时期的发展规划,是开发市场的一种经营策略,其包括三个方面内容:一是品牌定位,即在立体的市场维度上确定品牌产品的位置,深入分析自身的条件和特点,到消费者和竞争者中去确定自身的位置,从而找到产品的市场开发方向;二是关系组合,把持有人所具有的产品进行组合,可以一个品牌配多个产品,也可以多个品牌联合成一个体系。经营中既有品牌联合带来的效应提升,也有个别产品失败时对其余品牌产生辐射风险,因此要科学搭建品牌组合体系;三是品牌运营,即通过活动设计、关系营销等技术手段,对品牌实施系统、科学的管理和经营,把品牌管理作为经营体系的核心,生产管理、服务体系以及科研活动都是以品牌管理为核心展开的。

品牌战略是经营者提出的具有全局性的核心纲领,但品牌又是依托于产品本身存在的,本质上品牌是具体的、可操作的内容。品牌战略管理主要包括以下几个环节:一是进行品牌诊断,即用科学的方法和技术对经营者的内外部环境进行考证和分析,查找问题和劣势,寻找机遇和优势,进行客观冷静的全面分析。二是品牌经营过程,包括品牌导入、品牌维护和品牌扩张三个方面。品牌导入一般包括确定品牌定位、塑造品牌形象,经营者要依据产品的特点和自身的资源条件,确定合理的市场构成和开发模式,运用有效的标识设计、媒体传播塑造出有市场反响的品牌形象,品牌维护是经济实体进行经营管理的重要内容,要通过产品外观的维护、产品质量的保持等工作维护品牌的内在品质,要搞好持续宣传和市场风险防范,如打击假冒伪劣等不法行为。品牌扩张则是经营者扩大发展的重要方式,经营者可以将知名品牌引申到新的产品上,或者是把产品销售的目标市场扩大到更大的范围。

二、品牌文化学的理论框架

(一)品牌文化的内涵

文化是人类在改造自然过程中产生的物质文明和精神文明,折射出人类文明的进化过程。广义来看,文化包括物质文化、精神文化和制度文化三种形式,通过道德、信仰、风俗、艺术等多种形式表现出来。品牌自身是经济现象也是文化现象,反映了消费者的物质取向和文化诉求,而品牌文化则是经营者在生产经营过程中与内外环境互动交流积累下来的文化特质,包括个性形象、文化传承、情感认知等内容。从整个社会的品牌传播过程看,品牌文化衍生出的文化观念、文化习惯等对人类社会的文明和风气产生了深刻的影响。品牌与文化是物质与精神的紧密结合,一方面,文化是品牌的内在精髓,品牌定位必然要遵循社会推崇的优秀文化理念;另一方面,品牌是文化的重要载体和表现方式,向外部展示了经营主体的文化形象。依托深厚文化底蕴建立起来的品牌,能让消费者在物质体验的同时,感受到精神上的慰藉,消费者对品牌产生认知和忠诚度,再通过口碑宣传或深度推广,把品牌信息传递给周边的人群。

（二）品牌文化的特点

一是个性化的表现。作为商品标志的品牌，显然是一种个性资产。品牌竞争本身强调的就是提供差别于竞争对手的个性产品与服务，以此赢得消费者的青睐。二是主观与客观的互动交流。品牌文化离不开人的主观意识，首先由经营者制造出来文化概念，然后通过生产经营和产品消费等系列活动将其传播出去。但是品牌文化不能凭空捏造，要依托产品或服务的内在品质或文化渊源来设计，还要符合社会文化的大环境。三是时代性。品牌文化是内植于社会环境中的，品牌的内涵与定位会随着人类的进步和社会的发展而发生变化，要符合市场消费的理念追求，比如农业社会中追求产品的品质与服务，现代社会中的农业品牌关注健康养生的文化内涵。四是相对稳定性。一个品牌是持有人的个性化标志，品牌形象和内在的文化品质一经形成，在一定时期内要具有稳定性，要让外部消费者产生信任，让内部人员忠诚于这个精神内涵，这是让品牌产生一种扩大经济效益的作用。

（三）品牌文化的作用机理与机制

一是美化品牌形象。品牌在宣传过程中必然要植入一些精神内涵，比如小站稻的概念里就有品质优秀、绿色生态的信号，能够让消费者对这个品牌产生良好的印象，这就是品牌文化的巨大作用。现代社会的产品竞争环境日益激烈，特别是农产品的隐性特点非常显著，其很多内在的优良品质很难被消费者一眼识别，而个性品牌则能够拉近消费者与产品的距离，因此品牌蕴含的文化能够成为吸引消费者的第一个亮眼信号。二是识别个性产品。品牌的文化内涵使产品和服务具有更丰富的识别效果，产品的本质和经营者的追求也附着于品牌之上，通过品牌和产品的形象设计将文化理念展示给消费者，从视觉感官上给人一种震撼力和感召力。三是优化经营主体的资源配置。以品牌为核心的全面管理，强调内部组织进行科学布局、精细化管理，把产品和服务的生产经营活动打造为一个链条、一个系统，而不是各自为政的管理秩序。品牌文化就成为链接设计、生产、销售、售后等环节的精神核心，也成为系列产品集约化发展的精神支撑。

品牌文化发挥作用的有效机制是实施规划管理。规划的制定有一套科学完善的方法体系，品牌文化规划主要包括这样一些步骤：一是要深入分析产品或服务所处的社会环境和行业特点,比如奢侈品强调材质、做工和身份的象征,而农产品则以大众的健康和生态为文化基点;二是客观评判自身的组织体系和管理模式,对于松散管理的组织体系来说,统一的文化植入难度更大;三是挖掘优秀的特色文化,依托经营者所在地或产品的特殊来源挖掘特色文化,把产品和服务追求的先进理念注入品牌形象中,特别是优秀的民族文化和地域文化对休闲旅游活动有着很好的市场号召力;四是做出系统的规划方案,包括品牌精神文化的规划和品牌行为文化的规划;五是建立规划执行和考核的组织和制度体系,特别是要建立危机管理机制,防范质量突发事件对品牌社会形象的冲击,充分发挥品牌文化规划的作用。

第二节　休闲农业品牌文化的理论框架

随着休闲农业的快速发展,休闲农业的相关理论研究引起了学者们的关注,并取得了初步成果,对休闲农业品牌研究积累了很多成熟的实践经验。

一、休闲农业品牌的概念解析

(一)休闲农业品牌主体的多样性

休闲农业的品牌化开发能够促进第一、第三产业融合的新型产业的发展,如康养、旅居等农业与休闲旅游融合而成的新型业态的出现,起到了生态保护、农业生产与乡村休闲的综合效应,全面提升了农业产业的经济回报率。从我国休闲农业的运行轨迹看,很多地方还处于粗放式发展阶段,产业内很多经营主体缺乏品牌意识,与先进行业的品牌管理相比有较大的差距,这阻碍了休闲农业向精深和规模化发展。深入剖析休闲农业成功项目的运营可以看到,品牌构建是实现差异化发展、赢得消费者关注的有效手段,能够降低项目投资人的经营风险,通过长期积淀,获得有价值的品牌类无形资产。由于管理部门和项目经营者对休闲农业品牌欠缺足够的重视,在品牌内涵的建设和品牌市场的维护上还没有形成规范的管理体系,这都导致很多地方的休闲农业产业停留在低水平、低效益的发展阶段。

休闲农业是农业与旅游服务业交叉融合而形成的新型产业,两个行业领域的资源基础和经营特点共同决定了休闲农业品牌是一个特殊的概念体系。在品牌的共性特点之外,休闲农业品牌与成熟的工业品牌有明显的差别:一是休闲农业产业内的地域品牌数量和影响力非常重要,如政府部门主导的赏花、收获、庙会等节庆活动成为地域内相关经营者的共同品牌,一些地理标志的产品和特色文化成为经营者吸引消费者的共有资产;二是休闲农业的经营者中,企业化经营的综合性项目以外,在农家食宿等领域,个体经营户占比较大,即在企业品牌之外还有大量非企业、小规模的经营户品牌;三是存在大量汇集小规模经营户的村级集体品牌和由龙头组织链接的多种经营实体组成的集体品牌。

(二)休闲农业品牌的内涵分析

多种形式的品牌主体决定了休闲农业品牌概念的层次性,从持有人的角度看,休闲农业品牌包含两个层面:一是休闲农业的集约化品牌,包括地域品牌和集体品牌;二是休闲农业的个体化品牌,包括企业品牌、个体经营户品牌。[①]

休闲农业的集约化品牌与个体化品牌相互融合、相互促进、相互影响,共同构成休闲农业品牌的一体化体系:第一,二者都是品牌标识,都具有品牌的特性和作用,具有基本一致的管理目标——即通过提升休闲农业的服务供给,满足消费者的显性需求与隐性需求,提高经营主体的经济收入和地方农业产值,提升休闲农业的产业竞争力。第二,二者相互依存、相互促进。休闲农业个体品牌的建立以休闲农业产品和服务品牌为依托,休闲农业集体品牌是建立在集团内休闲农业特色产品和服务企业聚集效应和产业优势上的,个体品牌是集体品牌构建的基石,集体品牌又对个体品牌具有辐射的作用。当前,集体品牌为了维护自身的品牌价值实现地域或集团整体的健康持续发展,还担负着引导和规范集团内部经营个体经营行为的责任和功能。

---

① 方世敏等.休闲农业品牌化发展初探[J].北京第二外国语学院学报,2007,(1):72-76,41.

二、休闲农业品牌文化的概念解析

(一)休闲农业品牌文化的三个类型

休闲农业是对农业生产、农家生活等乡村资源的休闲功能进行了深度挖掘和高效利用,满足都市游客休闲度假、健康养生、文化探访等多种消费需求的新型产业。休闲农业的品牌文化是指在发展休闲农业的过程中,对休闲农业项目和产品赋予品牌深刻而丰富的文化内涵,建立支持休闲农业发展的品牌定位,充分运用各种品牌营销方式加强品牌文化的传播,使消费者对休闲农业的品牌文化形成高度认同,形成强烈的品牌忠诚度。

基于休闲农业品牌的层次化分类,休闲农业品牌文化包括三个类型:其一,在区域层面体现为休闲农业的区域品牌文化,它是指在一定地域范围内因休闲农业的发展而形成的集体品牌,具有显著的外部性和公共产品特征。对整个区域内的休闲农业企业而言,区域品牌能够为整个区域内的经营者所共有,具有降低生产成本、提高产品价值的辐射效果,进而提高区域内相关产业的竞争力。其二,从个体层面看,休闲农业的品牌文化具体表现为休闲农业企业或个体项目的品牌文化,其定位在于打造知名休闲农业产品或服务的特色品牌,实现企业差异化和特色化发展,使企业在激烈的市场竞争力中占据优势,形成企业核心竞争力。其三,旅游村和项目联合体等集体品牌是介于区域品牌和个体品牌之间的一个管理体系,是联合体共同具有的文化特质,具有范围内的共有性和范围外的排他性。

(二)休闲农业品牌文化的特征

第一,地域根植性。由于休闲农业的发展对自然资源、区位条件及历史文化底蕴等资源条件具有较强的依赖性,因此,休闲农业品牌文化的挖掘与培育均具有一定的地域特征。就区域公共品牌文化而言,区域内的特色农产品的生产具有产地属性,区域人文历史、地理资源、经济发展基础与政策等因素,均会导致不同地域的休闲农业的品牌文化具有异质性,当然,这也为休闲农业品牌文化的特色化、差异化定位奠定了基础。[1]

---

[1] 胡正明,蒋婷.区域品牌的本质属性探析[J].农村经济,2010(05):89-92.

第二，准公共产品属性。在本地区范围内，休闲农业地域品牌具有非排他性、非竞争性和品牌共享特征，区域范围内分散经营的农户和休闲农业企业可以依托区域品牌获取增值效益。在本地区范围之外，休闲农业地域品牌则具有竞争性、排他性，无权共享休闲农业区域品牌，这是典型的准公共产品特征。休闲农业品牌文化的这种公共性和共享性所受到的地域限制，有助于强化地域内休闲农业的比较优势，其本质是通过品牌壁垒提升区域内休闲农业的品牌竞争力。

第三，品牌文化效应。在具有人文历史背景和文化内涵基础上建立起来的休闲农业区域品牌，是地缘文化相近所形成的品牌联合。[①] 纳入了社会文化资源的地域品牌文化依托于特定的习俗、价值观等，呈现出独特的文化特色和人文精神，能够产生品牌文化的溢出效应，更容易赢得消费者的认同感，进而提升顾客的忠诚度。同时，休闲农业的品牌文化效应通过品牌外部的"声誉效应"使得区域内的经营者获得良好形象，为其撑起区域"品牌伞"，带动区域项目品牌和产品品牌的发展，有利于区域品牌关联方形成合作竞争与互动的协同效应，提高品牌影响力。

第四，以政府干预为特征的多元主体。休闲农业品牌文化的运营主体呈现多元化特点，运营主体包括政府、行业协会、品牌企业等，受政府干预程度高。[②] 由于我国的休闲农业起步晚、发展较快，品牌文化建设总体水平不高，中介组织的作用发挥较弱，因此政府对于休闲农业品牌文化建设的推进作用居于主导地位。休闲农业企业受到自身经营规模与实力的限制，以及品牌意识和品牌理念束缚，总体上对品牌化经营与发展的主动性和能动性不强。[③] 休闲农业品牌建设主体多元分散的特点导致品牌维护的难度较大，不同经营主体的行为对地域品牌产生正、负两种影响，提升或降低地域休闲农业品牌

---

① 孙凤芝等.基于系统视角的区域品牌传播模式探究[J].山东大学学报(哲学社会科学版),2013(05):125-131.

② 黄蕾.区域产业集群品牌:我国农产品品牌建设的新视角[J].江西社会科学,2009(09):105-109.

③ 俞燕.新疆特色农产品区域品牌:形成机理、效应及提升对策研究[D].华中农业大学,2015:18.

的市场价值。

三、休闲农业品牌文化的作用机理

（一）休闲农业发展中品牌文化的作用路径

品牌文化有助于打造休闲农业项目的个性特点，促进休闲农业业态升级，提升休闲农业项目的市场影响力和竞争力，进而实现区域经济的高质量发展。

休闲农业品牌文化，尤其是集约品牌的美誉度和品牌声望对持有人的品牌竞争力的影响和作用路径主要有两种：其一，直接路径。在地域"品牌伞"的保护效应下，区域内或集团内的所有休闲农业经营业户均可以享受到地域品牌的整体效益，每个经营户能够获得更多资源支持、共享销售渠道，不断拓展相关产品或服务的市场声誉，大力宣传地域的特色产品与服务，提升市场占有率、品牌吸引力，进而促进中小型休闲农业经营主体品牌竞争力的提升。其二，间接路径。利用休闲农业地域品牌美誉度的扩散形成品牌的辐射效应，进而为集团内经营主体的品牌形象提供便利。个体经营主体通过不断提升自身品牌资产，加强个性品牌文化的深度挖掘，提升个体品牌的竞争力，成为集团内的龙头企业或骨干项目。在此基础上，以龙头企业或骨干项目为核心促进区域内不同企业之间的交流与合作，降低交易成本，形成地域品牌的协作效应，强化以品牌建设为主线的核心能力及应对外部环境变化的能力，提升项目品牌自我发展和价值创新能力。

对于休闲农业经营项目而言，其依托于区域品牌形象，能够使消费者对经营者产生信任，降低消费者的搜寻成本，培育消费者的品牌忠诚度，有效排斥来自区域外的竞争对手，也就是说，经营者把休闲农业地域品牌的美誉度引申为自身的品牌文化，把消费者对地域品牌的忠诚转化为对个体经营项目的信任，让经营者在很小的市场开发代价下获得了稳定的消费者群体。

（二）休闲农业品牌文化效应的实现手段

休闲农业品牌文化与休闲农业自身的发展存在一种相互依存、相互促进的关系。休闲农业品牌文化的形成来源于休闲农业项目的发展实践，在经济运行中，优秀的品牌文化又会对休闲农业项目的持续和扩大具有显著的推动作用。大量的成功案例表明,品牌文化能够提升休闲农业项目整体形象的市场影响力,从而得到持续的品牌效应,即经营项目具有稳定的消费者群体。

第一,产品和服务创新。休闲农业品牌文化的培育、形成与效应发挥需要一定的时间周期,同时,需要政府、行业协会与企业等多方主体共同参与,按照品牌化发展目标对休闲农业进行总体规划。这一过程,与休闲农业自身发展的生命周期密切相关。一般而言,在休闲农业发展的初期阶段,随着休闲农业企业自组织发展、低水平建设、休闲农业产品和服务同质化,导致休闲农业总体处于低端发展状态。推动休闲农业品牌化发展,是在激烈的市场竞争下,为了更好地满足消费者多样化、个性化消费,实现休闲农业差异化发展、实现业态升级的重要途径。休闲农业品牌文化的树立能够推动休闲农业企业由传统营销转向品牌营销进而提升企业价值,同时促进休闲农业产品和服务不断创新以获取竞争优势,促进休闲农业产业本身不断进化和升级。

第二,地域根植性的强化。休闲农业具有特定的地域根植性,对区域社会历史、文化观念、产业基础和关系网络等具有显著的路径依赖。由于休闲农业品牌文化的准公共产品特性,使得外部区域难以获取品牌优势,这本身对休闲农业在本地的发展起到了很好的品牌保护作用。区域内的休闲农业企业如果想要获取品牌优势,就必须依托该区域开发休闲农业产品和服务,与区域品牌形成良性互动、互相促进和增强的关系。从这个作用过程看,品牌文化强化了休闲农业的地域根植性。

第三,休闲农业的产业竞争力的增强。休闲农业产业竞争力的形成是指休闲农业产业在与其他产业竞争过程中,能够更好地满足消费者需求、不断开发目标客户群进而获取更大的盈利能力和市场占有率。休闲农业品牌文化的形成和效应发挥,能够有效集聚和吸纳生产要素,不断提升休闲农业产业的影响力,品牌声誉能够吸引新的消费群体和生产者加入,不断壮大产业规模和实力,提升资源整合能力,形成资源整合网络。休闲农业品牌文化的持续发力需要有高质量的产品和服务作为支撑,同时,应不断挖掘品牌文化的核心内涵、树立品牌形象,使消费者形成持续性购买行为,提高品牌忠诚度,以此,休闲农业品牌价值不断提升的同时其产业竞争力也得以提升。

(三)休闲农业品牌文化建设对地域经济的促进作用

第一,品牌扩散和辐射效应。休闲农业是一个新兴产业,积淀下来的优秀品牌文化有助于扩大所在地的知名度,提高本地域的外部影响。集体化的品牌形象比单个项目品牌的影响力更强大,持续性也更长久,其对整个区域的市场形象、产业形象和消费者对产品认知均能产生较大影响。消费者和公众对某一休闲农业区域品牌的认同和由此产生的品牌忠诚度会推及到整个地域和相关产业,有助于品牌形成良好的形象和口碑,良好的形象和口碑又会进一步强化品牌文化的影响力,使其取得社会范围乃至更广泛区域市场的信任和好感。这对有效向外界传达区域优势资源、优势产业和区域文化具有重要作用,为扩大相关品牌产品和服务的销售具有强大的推动作用。①

第二,资源集聚效应。休闲农业品牌文化形成之后,促进特色资源和经营要素的集聚,能够极大地促进休闲农业和相关产业的经济效益的提升。特别是随着区域品牌文化的传播和扩散,品牌要素集聚体现为明显的资源优势、成本优势、市场优势、管理优势和效益优势,产生了显著的品牌示范效应,使这一地域具有优于其他地区的吸引力,能够吸引更多的投资项目、经营人才、配套服务、媒体宣传等资源落户在这里,从而形成经营和服务体系更为健全的全域旅游服务体系。

第三,经济增长的乘数效应。品牌文化的扩散过程实现了农村地区专业化服务市场的发展和提升,形成了效率更高的产业集群化发展体系,对于农村地区的管理提升和现代经济体系具有引领和复制效果,能够带来区域经济倍增效应。② 伴随着相关产业资源要素的地域性集聚,休闲农业产业的发展壮大还会带来相关产业的发展,也会对特色农产品的加工和销售等产业产生辐射作用,促进整个区域经济体系的立体布局和全面发展。

休闲农业品牌文化作用机理模型见图5-1。

①　孙丽辉等.区域品牌形成中的簇群效应:以温州为例的研究[J].经济管理,2010,32(12):96-103.

②　吴传清等.区域产业集群品牌的权属和效应探讨[J].学习与实践,2008,(05):23-28.

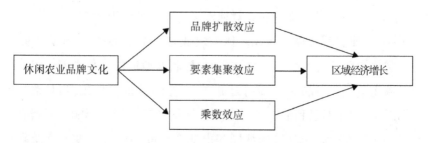

图 5-1 休闲农业品牌文化对区域经济的作用机理模型

第三节 品牌文化视角下天津休闲农业的发展路径

一、乡村振兴总体布局下的休闲农业品牌文化定位

（一）天津休闲农业的问题与外部先进经验的启示

天津休闲农业形成环城、滨海、远郊和山区四大空间板块,细分成农家生活、农业生产、农村生态和功能拓展四种主导型经营模式,从整体上看,基本实现以资源禀赋为依托设计旅游活动,旅游村内松散与集聚管理并存,集聚模式发展较快,经营模式快速升级,文化传承、生态体验、高端民宿等成为亮点。但是,当前全市休闲农业的业态、规模和特色还处于亟待提升的状态,存在的突出问题:一是特色文化含量低,缺乏有效的提升手段。项目的同质化现象比较严重,低端项目占主导,缺少富含特色文化和个性特点的休闲项目,更缺少立足国内市场的领先品牌。二是乡村休闲依托的基础和配套设施有待完善和加强。乡村位于城市周边,道路、交通、卫生等公共服务的欠缺制约着产业的规模化发展。三是经营水平参差不齐,缺乏创新举措,经济效益较差。当前,休闲农业项目大多以被动经营为主,加之以农民为主的从业队伍,在服务水平、管理手段和资本筹集等方面存在差距,整体产业的盈利水平和发展后劲不足。

休闲农业产业中,国内先进地区和优秀项目积累了丰富的管理经验,这是天津休闲农业发展应该借鉴的宝贵资源:一是品牌培育力度强,涌现出一批产业强、环境优、发展后劲足的先进典型城市,如四川成都、陕西西安、浙江杭州等;二是提升产业融合度,文化、养生、农产品深加工等新理念、新技术与休闲农业深度融合,产业链条延伸,新产业、新业态不断壮大,增强了休闲农业的盈利能力和持续发展能力;三是行业标准和管理规范不断健全和完善,盘活闲置土地、农宅等资源,建立人才培养和储备机制,产业发展进入融合发展的新阶段;四是以农事节庆为核心的主题活动日益丰富,营销推广手段不断推陈出新,配套服务日臻完善,有效提高了休闲农业的社会影响力和对相关产业的带动力。

与袁家村、莫干山及北京等国内休闲农业先进典型城市相比较,天津休闲农业的整体水平和品牌影响力都显不足,应在以下部分加以改进:一是应注重特色乡村文化的培养和塑造,提升内在管理品质;二是应注重与周边村落形成有序竞合关系,共同繁荣;三是应创新投融资模式,发挥外部规模化资本和专业化管理的作用,通过多种渠道提高执业者的素养;四是应提升配套设施和基础服务,确保公共交通便捷通达;五是应拓展产品延伸的市场深度和广度,确保盈利点稳定而丰富。

(二)以文化促休闲农业发展,为乡村振兴提速

把发展休闲农业作为全市乡村振兴的重要抓手,对实现都市型农业的供给侧结构性改革,加速实现农业和农村现代化,具有重要意义:一是以发展休闲农业为契机,推动全市农村土地制度创新。2015年9月,农业部发布《关于积极开发农业多种功能,大力促进休闲农业发展的通知》,鼓励用闲置宅基地和四荒地发展休闲农业。休闲农业享受的土地政策,是产业发展的机遇。休闲农业在土地管理上的实践,更是突破农村土地资源的瓶颈制约、推动农村土地制度创新的重要途径。应抓住农村宅基地改革机遇,积极盘活闲置农宅,使闲置土地发挥作用,提升农村土地的经济价值。二是以发展休闲农业为突破口,推动农村产业兴旺。坚持资源导向,走特色化经营、差异化发展的道路,不断提升产业的市场影响力。将"互联网+"等新技术融入项目开发中,大力推进PPP(Public-Private-Partnership)等开发模式,切实提升产业实力和利润回报。通过产业发展,带动乡镇集体经济实力的提升和农民收入的提

高。三是以发展休闲农业为载体,推动农村文化自信的形成和乡土文化的繁荣。乡土文化是中华民族文化之源,是消费者认同的特色资源,更是农村企业获得市场竞争优势的法宝。[①] 要通过特色文化与休闲农业的融合,增强农民与城市游客的文化体验,树立起高度的文化自信,以文化软实力补齐要素短板,以文明的乡风为游客和村民带来享受。依托文化创意提升休闲产品的附加价值和回报率,培育具有经营者个性特点的品牌竞争优势。四是以现代产业组织体系建设为契机,推动乡村基层社会治理变革。积极推动现代管理模式的搭建和完善,构建起农民、合作社、个体经营者和龙头企业的利益链接机制,实现规范化经营、规模化发展。在现代产业组织的建设进程中,让村民以正确有效的方式参与到家乡的治理中,与相关利益主体共同建立起乡村治理体系。五是以休闲产业规划为依托,完善村镇发展规划。把休闲产业规划与村镇住宅、环境发展等衔接起来,做好顶层设计。重视区域之间的整体协作,充分调动各方参与投资和开发的积极性,实现经济效益、生态效益与社会效益协调统一。六是以休闲农业产业项目为牵引,强化智力支撑的共建共享。应以产业发展为牵引,积极吸收外部人才的进入,解决乡村发展人才匮乏、专业素质低、服务能力差的问题。现阶段,除加强从业人员的指导和培训外,还应积极吸引优秀人才返乡任职或创业,特别是吸引有经营管理经验的人员进入"三农"发展领域,推动休闲农业管理的全面提升。

二、休闲农业地域品牌文化的开发路径

(一)加强政策扶持力度,大力发挥政府激励与引导作用

政府作为地域休闲农业品牌培育的引导者和产业政策制定者,在休闲农业品牌文化的建设中处于举足轻重的核心地位。在地域品牌文化的挖掘和培育进程中,地方政府和相关管理部门应积极开展经营性品牌文化的培育和运营工作,建立起对地域内相关产业具有辐射效应的共有品牌资产,规范和引导整个区域休闲农业和相关产业的共同发展。

---

① 苑雅文,时会芳.实施乡村振兴战略拓展天津休闲农业发展新空间[J].天津经济,2018,(03):19-23.

第一，做好顶层设计，为休闲农业品牌培育提供指导。在休闲农业发展政策的制定中应明确品牌化发展道路，树立品牌发展理念，为休闲农业品牌文化找准定位，注重突出区域特色、挖掘历史文化资源和提供优势产品和服务。要对地域优秀文化进行系统梳理，组织相关专家和学者挖掘和整理文字资料，组织文化活动的专业人士和爱好者进行民间文化访谈，持续有序地做好文化资料的搜集和整理工作，并且制定出产业化开发和公益性宣传的整体方案，使优秀的地域文化走出书库，为产业发展和乡风文明添加生动新鲜的元素。发挥产业政策的引导作用，加大对休闲农业品牌培育资金的支持力度，给予资金扶持、土地使用、税收优惠、人员培训等政策支持。

第二，深入挖掘地区优秀文化，做好产业开发和社会公益的发展分类，为休闲农业的品牌建设奠定坚实的知识基础。建立地域非物质文化遗产、地理标志产品、活态博物馆等文化资源名册，积极引进形式多样的产业化和政策性的开发投资，使地域品牌文化成为"有米之炊"。非物质文化遗产是涉农区域比较全面、分类清晰的文化资源，包含民间文学、传统音乐、传统舞蹈、传统戏剧、曲艺、传统体育游艺与杂技、传统美术、传统技艺、传统医药和民俗等十个类别，基本形成了成熟的文化名录。如天津市各涉农区域有九个项目被选入国家级非物质文化遗产：宁河的民间文学"杨七郎墓的传说"，传统音乐有滨海新区的"汉沽飞镲"、北辰的"刘园祥音法鼓"和西青的"香塔音乐法鼓"，宝坻区、汉沽区、宁河传统戏剧类的"评剧"，宝坻的曲艺"京东大鼓"、武清的传统体育"李式太极拳"、西青的传统美术"杨柳青木版年画"、津南的民俗"葛沽宝辇会"，还有一百余项的市级非物质文化遗产项目名录，这些是已经得到公众认可的优秀地方文化，是休闲农业地域品牌文化的重要依托。休闲农业的发展中，政府和相关管理部门要做好这类文化资源的研究与开发，走出经济效益和社会文明共同繁荣的振兴之路。

第三，实施休闲农业品牌文化建设工程。大力开展有文化内涵的地域节庆集会活动，对特色的地域文化进行系统化的开发，结合当前的时代特征开展集聚性的文化活动。如葛沽地域的皇会是汇聚了丰富民俗文化的会演活动，蓟州的独乐寺庙会是区域内很有文化内涵的购物和游艺活动，丰收节则是按照农耕特点设立的活动。这些节庆活动有效激活了传统的民俗文化，给当地居民和外来游客提供直观生动的接触和体验,调动了各个群体参与活动的热情,是各地域休闲农业产业链条中的核心结点。对于集体化的品牌单位,应加大对龙头企业或村集体的品牌管理培育力度,鼓励区域内村集体、龙头企业和优势企业创名牌企业和名牌产品,建立起规划管理的集团化组织,培育一批有影响力的品牌产品,营造良好的品牌文化建设氛围,打造具有竞争优势的特色品牌,全面提升休闲农业的整体水平。

第四,对培育休闲农业地域品牌给予政策支持和管理。制定出持续系统的加强休闲农业品牌体系、标准体系和质量体系建设,通过严格的管理给予规范和指导,打造经营者重视品牌、重视文化的良好风气。对品牌标识的使用加以监督,鼓励特色品牌文化的建设,杜绝简单模仿的恶性竞争行为,有效提升经营主体的品牌文化营销力。健全市场监督机制和保护体系,打击假冒伪劣商品的生产和销售,营造健康良好的外部竞争环境。

第五,加强对地域休闲农业品牌的宣传力度。通过加强区域性专业市场建设、组织休闲农业企业参加国内外大型相关展销会、博览会等活动,增加相关活动的民俗活动容量,提高民俗活动的影响力,带动旅游产品和特色农产品的销售,扩大区域产品和服务的知名度和影响力,提升区域品牌在市场上的美誉度。

(二)发挥智库机构的服务和引导功能

习近平总书记高度重视中国特色新型智库的建设,提出"服务人民、问题导向、专业视角、创新引领、影响至上"的基本理念。习近平总书记多次精辟的论述启示我们,新时代中国智库应该分解为三个层次:首先是一种研究咨询机构,第二是国家治理体系的一个组成部分,第三是一种有生命力的文化现象。这三个层次的内容相互关联、交叉作用,形成一个立体的、有活力的智库体系,这是一个内外部资源有机结合、互相促进的立体网络化系统。

2015年1月,中共中央办公厅、国务院办公厅发布了《关于加强中国特色新型智库建设的意见》,提出社科院是智库的重要类别之一,要"深化科研体制改革,调整优化学科布局,加强资源统筹整合",实现创新式发展。在国家智库体系的整体布局中,地方智库机构应发挥自身优势,围绕地域经济社会发展中的重大现实问题,开展省情(市情)的调研和决策咨询研究,从而为地方党委、政府乃至中央部委决策提供思想动力和智力支持。地方社科院是地方软实力的重要组成和思想宝库,是具有地域特色的智库品牌,在区域合作、地域文化、地方社会治理等领域具有深厚的知识储备和研究能力。地方社科院具有以下功能:一是咨政建言。围绕地方党委、政府决策急需解决的重大课题,开展有针对性、前瞻性、储备性的政策研究,提出具有专业化、建设性的政策建议。二是理论创新。挖掘本土的丰厚历史资源、文化资源和思想资源,支持和引导区域经济与社会的发展与提高。三是舆论引导。地方社科院在"阐释党的理论、解读公共政策、研判社会舆情、引导社会热点、疏导公众情绪"等方面能够发挥积极作用,形成公正和积极向上的社会舆论导向。四是社会服务。地方社科院能够为党委政府的重大决策等开展可行性论证,实施社会稳定、环境、经济等方面的风险评估。五是对外交往。开展合作项目研究与对外交流活动。

乡村振兴进程中,地方社科院和地方高等院校等科研智库肩负着重要责任。关注"三农"、研究"三农"、策论"三农",是哲学社会科学工作者的历史使命,是智库科研人员的责任与担当。天津农村人口占据了总人口一半的规模,乡村振兴是关系到全市生态环境、人民生活的重大工程。

乡村振兴是具有中国特色的新领域,也是社会科学研究理论与实践交融的新领域。在实践中可以看到,乡村振兴进程中存在着政策落地的"最后一公里"和农民迈向兴旺的"最初一公里"的双向难题,即农村基层对政策理解不深刻、执行不到位,乡村基层管理者和农民对自身需求认知模糊、缺乏思考。比如各管理部门对自身的特色文化缺乏专业的挖掘和整理能力,也缺乏对内外部市场的科学研判,经常把握不准地域品牌的文化内涵和定位,这时就需要专业的社会科学研究人员帮助他们提炼和总结地方文化的精髓,并植入到产业发展的整体布局中,形成有广泛影响力和辐射力的品牌文化。科研人员应走出书斋做学问,在工作中要"撸起袖子加油干""挽起裤腿下田间",积极深入基层一线调查研究,帮助基层单位发现和解决问题,成为乡村产业发展和乡村治理的重要谋士和评委。地方社科院等智库机构承担着"顶天"和"立地"的服务职能:"顶天"指为地方党委政府提供决策服务,"立地"指为基层经济发展建言献策。智库实践基地的设立正是为了夯实"立地"的根基,成为理论与实践密切联系的综合平台及沟通的桥梁,促进科研人员挖掘基层素材、发现理论创新灵感,再让源于实践的创新成果服务于决策层和基层。

（三）发挥行业协会的组织和管理效力

行业协会在沟通企业与政府及社会各界方面具有重要的桥梁和纽带作用,在休闲农业品牌文化建设中承担着重要的角色。根据国家战略总体部署,结合天津"三农"现实与未来面临的环境条件,我们应深化对天津乡村振兴基础性、前瞻性以及难点、重点问题的调查研究。休闲农业的发展要立足天津"三农"的历史、现实,立足于天津农业农村与城市整体发展、京津冀乃至环渤海的区域发展,以天津为对象、样本、案例进行研究,探索出适合天津现代都市农业发展的行业管理模式。天津市具有较大影响力的行业协会有天津市休闲农业协会、市区级民宿协会等组织,这些组织协会的评价功能对于提升休闲农业品牌文化影响力具有重要意义。

首先,发挥桥梁纽带作用,促进休闲农业经营个体聚集、形成合力。加强与基层政府、村级组织、新型主体等交流合作,做好对天津"三农"工作的调查研究,问计于基层,基层干部、群众才是乡村振兴真正的实施主体,最了解实际,最有发言权。在具体的实践中,他们积累了很多宝贵的经验,是"三农"问题研究者的实践导师,行业协会必须采取多种形式与他们进行经常性的交流合作,深入基层一线,拓展合作,求真务实,做实做好调查研究和社会服务工作。通过建立研究基地、实践基地,聘请基层干部、创新创业者、新型经营主体负责人谈体会做交流等,吸收他们成为行业协会会员等。行业协会应在这些方面搭好平台,发挥更大的作用。依托行业协会的沟通功能,使得区域内休闲农业企业形成有机整体,有利于推动区域公共品牌建设和发展、发挥区域品牌整体效应,为休闲农业企业品牌文化培育、发展提供智力支持,定期为企业间协作举办交流会,强化合作机制。

其次,促进休闲农业经营者对外交流,提升区域品牌文化影响力。行业协会要积极搭建交流的平台,引进外部先进的管理经验,及时总结本市的经营技巧,结合休闲农业发展的实际情况,明确行业内的先进标杆和品牌化发展目标和发展道路,挖掘和开发休闲农业品牌的文化内涵,形成品牌化发展的整体战略格局。全面深化改革、不断创新是新时代"三农"发展的主线,也是提高区域竞争优势的必然选择,先进地区持续不断的创新是我们借鉴学习的宝贵经验。只有深入当地考察学习,有切身体会才能有深刻认识,要发挥产业协会对外交流的作用与功能,组织休闲农业企业通过主办展会或者参加各类展会,加强地区内外的交流,实现区域休闲农业品牌形象的对外展示,提升整体影响力。

三、经营实体的品牌文化开发路径

(一)激活经营实体品牌文化建设上的主动性和积极性

品牌文化的培育主体和直接受益者都是休闲农业经营者自身,在品牌文化形成过程中,经营主体应加强自身产品和服务品牌的培育,不断提升企业核心竞争力,紧跟消费者需求变化,提炼产品和服务的核心价值,为休闲农业品牌经营和发展提供支撑。

第一,加强经营项目品牌与产品品牌培育。休闲农业是一个新兴产业,特别是从农民转型的经营者在内部管理特别是品牌管理上都是新手,要在过程中不断地学习和提高。在休闲农业区域品牌文化的培育和形成过程中,经营者得到了区域品牌带来的公共利益,同时要开展项目间的交流互动和内部竞争,不断提升项目自身的品牌内涵,打造知名产品和特色化服务,在市场上获得稳定的消费群体,形成自身品牌辐射范围和竞争优势,进而为地域品牌的持续发展和扩张提供有力支持。

第二,树立品牌发展理念,以文化提升产品的社会地位,以品质赢得消费者口碑和忠诚度。休闲农业个性品牌的形成离不开消费者的良好口碑,而这与休闲农业的产品和服务的质量密切相关。经营者应高度重视产品和服务质量管理,加强休闲农业产品标准化建设,依托协会的评价功能,积极主动引领或者参与行业内产品质量标准体系建设,形成业内认同、质量过硬的品牌口碑。在经营过程中,要注重文化的挖掘与提升,比如民宿经营者可以挖掘地方优秀的餐饮文化,向消费者展示既有深度又有个性的服务和产品,从而走出低价粗放的农家乐发展怪圈。

第三,树立竞争与合作理念,形成联合体,共赢发展。天津的休闲农业经营项目大都是采取集聚发展的形式,在休闲农业品牌文化的建设中,特别是对处在发展初期的中小微项目而言,其要在个体之间形成竞争与合作的发展理念,形成差异化、特色化经营的发展格局,同时又要搞好项目之间的合作关系,搭建起科学的产业链条,提升休闲农业经营主体间协作的效率,共同为推动休闲农业区域品牌形成做出贡献,促进产业链上的各类经营主体通过分工协作获得合作的利益。

(二)打造休闲农业产品的异质性,丰富休闲农业品牌文化的内容

大力开发集休闲观光、体验参与于一体的具有文化内涵的休闲农业产品。当前,我国休闲农业在发展中由于产品和服务的同质化、低端化问题仍广泛存在,难以满足消费者日益增长对休闲农业产品和服务的多样化、异质性的需求,这成为制约休闲农业发展的主要问题。应开发集游闲观光、体验参与于一体的休闲农业产品,不断增强休闲农业产品和服务的异质性,不断推出多功能、多层次的休闲农业产品进而不断丰富休闲农业品牌的内涵,积极延伸休闲农业产业的链条,把休闲旅游活动搭建为农产品和加工产品的销售平台。应在挖掘项目文化内涵的基础上,打造出集观光、养生、科教、购物于一体的特色休闲项目,更好地满足消费者对产品异质性的需求。

经营者要深度挖掘特色文化内涵,增加休闲产品的文化属性。休闲农业是依托于特定的地域开展的,每个农业地区都具有自身独有的生产活动和民俗文化,对于城市居民而言,这些历史文化、风俗习惯是一种全新的体验。经营者要走出提供简单食宿服务的小圈子,要依托地域文化开发活动,找到经营个体的特色文化,构建出具有市场号召力的品牌文化形象。

(三)加强品牌文化宣传推广,扩展品牌文化的经济效应

第一,加强营销推广力度,经营者应塑造经营主体的特色品牌文化。经营者应塑造具有地域特色和个体风格的休闲农业品牌文化,并加大推广力度,提升休闲农业品牌的长期影响力和良好声誉。经营者要重视培养自身在经营服务等方面的文化内涵,通过有效的品牌宣传推广途径,如采用电视、广播、网络、报刊等进行全方位、立体化宣传,树立休闲农业鲜明的品牌形象,吸引消费者关注。当前,电视、网络等媒体非常关注乡村振兴的实践活动,为项目经营者提供了多种渠道的宣传机会,比如对节庆活动的报道、经营项目的采访以及相关人员的访谈等,对于品牌宣传有着很有效的扩散效应。项目经

营者在日常管理中要注重主题设计和策划,突出网络传播的重要性,扩大消费者对休闲农业产品和服务的传播与认知,培育消费者的忠诚度。

第二,实施品牌延伸策略,强化休闲农业品牌文化的关联性。品牌延伸效应能够将单一品牌产品辐射到其他相关领域,使消费者对品牌从认知到接受进而发展到信任,进而成为品牌系列产品的忠实客户群。经营者应以现代管理手段对品牌文化进行策略性延伸,使得区域内不同产品和服务能够彼此共享品牌效应,将已有的品牌文化延伸到其他相关产品和服务上。应强化休闲农业地域品牌项目品牌之间的联系,发挥品牌文化自增强效应。

第三,突出品牌经营与文化塑造,形成休闲农业的名牌效应。经营者要树立创立名牌的经营目标,重视对优秀地域文化产品的开发,积极发展特色农耕文化和民俗文化的体验活动,塑造具有高水平服务理念的经营环境,打造出多业态、多功能的品牌化经营体系,提高整体效益。

第四节　案例研究:西小站村品牌文化的挖掘与开发

一、西小站的历史发展脉络

(一)西小站地区的行政隶属关系

历史上,西小站属于屯田之地,兼有稻田和水运之利。据现存文献记载,"西小站"一名最早始于清同治十三年(1874)。李鸿章《奏择地接开南运减河疏》曾载,周盛传在津南屯田之初,沿途设驿站,大站四个,小站十一个。西小站即是其中一个。周氏二兄弟驻扎在西小站区域,开挖马场减河引入黄河水,开垦耕地种植水稻,"小站稻"因此得名。李鸿章历数盛军的开河事迹,多次提及西小站:"三年(1877)夏,开新城东南减河四十里,溯流而上,至西小站。其秋又自新城小西河上游附减河南堤外开支河,达西小站,亦四十卫。"

清代,西小站属天津府天津县。

1928年,西小站属直隶省天津县,1930年改属天津市,1944年先属中共静大县。1945 年属中共津南县,同年 10 月属津沽县。1946 年又属山东渤海区。1949 年属河北省天津县。1950 年天津县所辖 10 个区合并为 7 个区,西小站属第六区。1956 年建西小站乡,辖 10 个大队、92 个生产队、27 个自然村。1958 年公社化后属小站公社。1959 年划归河西区,设西小站管理区。1961 年建立河西区西小站公社。1962 年划归南郊区。"文革"期间曾改名立新公社。1968 年后又恢复为西小站公社。1983 年改为西小站乡。1984 年更名双闸乡,乡政府迁址双闸,西小站村属双闸乡,1996 年撤乡建镇为双闸镇。

2001 年,双闸镇并入八里台镇。至今,西小站属津南区八里台镇管辖。

(二)西小站村的基本情况

西小站村位于八里台镇东南端,东临津港公路,南靠滨海新区中塘镇,距离天津市区有半个多小时的车程,距离天津东站大约一小时车程,交通十分便利。

截至 2020 年底,全村总户数 439 户,常住人口 1549 人,村域面积 2000 亩,其中耕地 990 亩。西小站村主打产业为特色水稻种植,村里有 480 亩稻田,高端小站稻年产量 25 万公斤。村集体收入主要来源于土地租赁以及耕地承包费。

西小站村树木葱郁,土质肥沃,文艺气息浓厚,是城市近郊的原始村落,即未整合村。清光绪四年(1878)开挖的四丈河,在西小站村口与马厂减河连通。境内的水稻土属北方水稻土亚类,水稻土区的耕作制度一般是一年一季稻或稻麦接种,季节性淹水。

(三)西小站村实施文化振兴战略

西小站村自 2019 年开始实施人居环境整治,连通给水、排水管网,道路硬化,燃气入户,拆除违建,"厕所革命",户厕推广,垃圾分类,在净化环境的基础上,西小站村规划出桃花巷、海棠林、荷花池、状元湖等一系列景点,在村主干路两侧墙体上绘制农民画,打造美丽的乡村居住环境。

整治过程中,村里特别注重特色文化的挖掘与注入,把生活与文化融合在一起,在打造生态乐居新农村的过程中,塑造出具有个性魅力的"西小站"品牌形象,以特色文化建设提升乡村生活的现代化水平,将西小站深厚的文化底蕴彰显出来,让村民树立起文化自信,把西小站村打造为"小站稻作文化"的典型代表村。

文化振兴战略的实施离不开各级领导的决策、村民的支持和专业人士的扶持,村里采取了分层分类的工作思路:一是凝聚各方力量,优化社会治理"供给侧"。向宣传系统寻思想、向文明单位找资源,向社会团体谋平台、向新闻媒介求声势。二是深入基层、认真研究,精准对接群众诉求。坚持走好"群众路线",问大众需求,讲百姓故事,弘扬乡风良俗。三是承上启下,打通政策落地的最后一公里、农民进步的最初一公里,形成基层党组织与农民的"同心圆",构建起从中央到基层的乡村振兴畅通的"大循环"。

二、西小站品牌文化的亮点梳理

"西小站"属于地域品牌范畴。从西小站地名的由来看,这里曾经是清朝驻军的交通驿站,也曾经是西小站公社(乡)等的核心地。因此,我们认为,西小站的品牌内涵不仅指现行的村域范围,还囊括了历史上称作"西小站"的地域性特色文化,这就使得西小站村的品牌文化更为丰富和丰满。经过深入的调查考证,我们梳理出以下四个品牌文化亮点:

一是种稻,西小站因水稻而扬名。

西小站的水稻种植历史悠久、知名度高,在中国农业史与屯垦史上具有典型性。清同治十二年(1873年),周盛传主持修建塘沽新城及大沽炮台。为便于调动军队、传递军情,周盛传率部在这片沼泽地上修筑青县马场至塘沽新城大道,"高出草地数尺",并在沿途设置驿站,十里一小站,四十里一大站,共置"大站四和小站十一,以利往来"。这些驿站后来逐渐演变成村落,如西小站、东大站等地。

清同治十三年(1874)春季,周盛传奉李鸿章命修筑新城的同时,督率将士开展军垦,办起了海上营田,由杨惠庄绕南而东,疏通葛沽下引河20里,开挖马厂减河,引南运河水,置起两座水闸,引来甜水,换掉了咸水,试垦水稻,秋天有了收获。清光绪元年(1875),周盛传率部新建、移驻新农镇,即今天的小站镇,再次屯垦种稻万余亩,收成颇丰,小站稻从此名扬天下。

西小站是小站稻产区,坊间称这里是小站稻的源头。经过调查考证,我们看到这样一段记载:清光绪十五年(1889),82户农民承租璩大地主四千余亩土地,在现在的西小站一带,经过数十年辛劳,辟荒成熟,由斥卤不毛转换成膏腴之地。也就是说,西小站是小站稻开展民垦的起始点。由于马厂减河连通南运河与海河,而南运河水夹带着漳河从黄土高原卷来的泥沙和氮、磷、钾等有机肥料注入稻田,化碱成腴,构成了独特的优质稻生长条件,造就了小站稻"白里透青,油光发亮、粘香适口,回味甘醇"的特有风味。水源含淤泥与腐殖质颇多,因三河水流在西小站境内合围,沃土从而也淤积下来,因此培育出的水稻品质尤其丰润鲜美,西小站被称为"小站稻源头"是有道理的。20世纪60年代中期,天津市农作物研究所曾在西小站试种水直播麦茬稻,当年单产达到600多斤。后所产稻米经周恩来总理推荐,展销国外。

西小站因水而显露生机。史料记载,清光绪四年(1878)夏,盛军开挖咸水沽减河至西小站减河,修建了四丈河南闸。1963年8月,西小站公社接受大港打苇分洪任务,连夜组织1600人,奋战3天,完成4000亩打苇任务。

二是戏曲文艺,西小站群众文艺表演光耀四方。

西光剧团是非常活跃的民间演出团队,中华人民共和国成立后,西光剧团曾经排练展演了《翻天覆地的人》《刘巧儿》等多部剧。西光剧团改编提升了当地的"挠秧号子",将之前的悲苦基调转为昂扬和欢快,作为天津地方音乐的代表曾轰动全国,并被树为典型加以推广。据新华社1956年2月12日报道《天津市发掘出许多蕴藏在民间的歌舞艺术》,全国各地、各民族,以其独特的民间歌唱和民间器乐演奏,荟萃首都一展风采。当时天津市选出四种民间音乐赴京参演,西光剧团所改编的挠秧号子是重要的参演内容。

三是革命战事,西小站红色文化深厚。

1944年8月,津南支队手枪队突袭西小站伪警备队。1944年12月,冀中九分区武工队击溃西小站"勤农队"之战。1945年8月,日本投降。1945年11月,津南支队攻打西小站李景文部。1948年11月,西小站成立支前委员会。西小站是解放天津时的援军典范,获得表彰。

四是众多机构所在地,西小站交通便利、商业兴盛。

西小站在清代曾属于盛军屯田点、富民闸所在地。抗日战争期间,西小站为二十九军黄维刚旅驻扎地。天津沦陷后,为日本稻田公司所在地、勤农队据点等。中华人民共和国成立后,西小站又是粮油管理站、煤场、公社、学校、医院等所在地。历史上，四丈河沿岸，有摆渡、油行、粮店、布店、铁匠铺、木匠铺、酒店、旅店、药铺、饭店、当铺、干鲜货店等，是繁华的商业地区。

三、辉煌的西小站"挠秧号子"

(一)天津水稻种植中的劳动号子

水稻中耕除草被称为"挠秧"，劳作中，农民的即兴演唱演化为我国劳动号子的一种重要形式。水稻返青后，为除去杂草和混杂的稻株，稻农"面朝黄土，背朝天"，在秧垄之间向前弯腰拱行，手、脚并用除草、松土，起到了提高地温、松软土壤的作用，使土壤与肥料充分融合，提高土壤肥力，使稻株早生快发，为丰产打基础。挠秧是 20 世纪 60 年代前小站稻栽培的一项重要田间作业。

"劳动号子"是一种产生并用于劳动的民间歌曲。在集体性体力劳动中，人们为了统一行动、协调步调、激励情绪，原始的呼号逐渐演变为歌曲，这就是劳动号子。劳动号子多种多样，如拉船号子、搬运号子、打夯号子等，一般以集体发力的劳动为依托，形成一个整齐、统一的爆发力，劳动号子此起彼伏、高亢、激越，展现出热烈、奔放的劳动场面。而挠秧是一种个人的劳动，没有整体的节奏感，挠秧号子也不同于统一行动的劳动号子，不追求统一的节奏和步调，但是弯腰挠秧非常辛苦，人们容易产生疲劳和偷懒的现象，因此需要领头人控制步伐、激发情绪，还要有人"断后"，进行最后的检查质量。挠秧队列中一领一踩，起到了防止慌乱疏漏、保证挠秧质量的作用。

小站地区的挠秧号子属于北方民间音乐，稻农在稻田挠秧时，如雁般一字排开，大家情不自禁地引吭高歌，一人领唱，众人相合，一边劳动，一边歌唱，鼓舞了劳动的情绪。广袤的田间大地上，多支队伍的挠秧号子比着唱，歌声此起彼伏，随风飘荡，情景十分动人。

(二)西小站品牌的挠秧号子

西小站的挠秧号子具有重要的品牌价值：一是经过音乐专业学习的村民范云对传统曲调、歌词进行了创新，改变了挠秧号子之前的悲苦基调，将其转为昂扬和欢快的曲调，展现出新时代农民的积极形象。《天津民歌》等刊物上载有多首根据西小站挠秧号子整理的曲谱和歌词。二是西光剧团演出队作为天津地方音乐的代表赴京演出,轰动全国,挠秧号子被树为典型加以推广。1956 年 3 月 13 日的《天津日报》以"农民的艺术花朵:记天津市首届农民业余艺术会演优秀节目演出会"为题进行了报道,其中特别提道:"晚上第二场演出的节目,民间特色更为突出。南郊区西小站乡农业社的 34 个青年社员演唱的民歌《挠秧号子》和《麻雀打食》,都很好听。这是在小站一带流行了几十年的农民自己创作的歌曲。"

附:

农民的艺术花朵
记天津市首届农民业余艺术会演优秀节目演出会

3 月 11 日的下午和晚上,在天津群众艺术馆筹备处的礼堂里,来自四个郊区的农民作了两场表演,一共演出了 16 个节目。这些节目是在各郊区业余艺术会演中被评选出来的优秀节目的一部分,充满着浓厚的生活气息。这些节目的演出,使人不能不为郊区农村中正要盛开的艺术花朵而振奋和喜悦。

在当天下午第一场的演出中,北郊区安光乡满园春农业社的民间乐队,用笙、笛和云锣等八种乐器演奏了民间乐曲《斗鹌鹑》和《翠太平》,那奔放、欢腾的乐声,激动了观众的情绪。当他们演奏结束的时候,观众们热烈要求"再来一个",于是他们又演奏了一支乐曲。这支乐队早在清同治年间就成立了,当时名叫"进善音乐会",可是由于会员生活贫困,一直没有什么生气,在国民党反动统治时期被迫散伙。中华人民共和国成立以后,乐队才又恢复起来,改名叫"人民娱乐会"。安光乡成立了农业社以后,这个娱乐会随着会员加入了农业社,改成了满园春农业社的民间乐队。这样一来,这个古老的民间音乐组织才有了新的生命活力,他们不但把原有的民间乐曲练习得很纯熟,而且还学会了一些新的乐曲,他们常常给社员们演奏《东方红》和《歌唱二郎山》等乐曲,鼓舞了社员们的劳动热情。因为这支乐队演奏得很出色,在北郊区农民业余艺术会演中获得了"优秀奖"。西郊区程村乡建华农业社的俱乐部是最近才成立的,可是俱乐部的业余艺术活动已经相当活跃了,仅基本演员就有一百四十多人。在前天的第一场演出中,这个俱乐部的女演员们演唱了描写少女思念爱人的民歌《瞧情郎》,受到了观众的欢迎。在热烈的掌声中,她们又演唱了一次。

晚上第二场演出的节目,民间特色更为突出。南郊区西小站乡农业社的34个青年社员演唱的民歌《挠秧号子》和《麻雀打食》,都很好听。这是在小站一带流行了几十年的农民自己创作的歌曲。《挠秧号子》是当地农民在田里除草的时候唱的一种民歌,由一个人领唱,其他人呼应。这次演出的《挠秧号子》,是农民们近来改编的。歌曲的前一部分用低沉的声调唱出了农民在旧社会里生活的愁苦心情:

　　天上有云,月不明;
　　地上有山,路不平;
　　河里有鱼,水不清;
　　旧社会的穷人,辈辈穷;
　　受苦一年,腰折断;
　　插秧的人儿,吃不上白米饭!

第二部分的曲调就转向高亢和欢乐了,曲词也不同了:

　　千年的冰河开了冻!
　　嗨,来了毛泽东!
　　受苦的穷人爬出了苦海坑。
　　……………

他们的演唱博得了观众的热烈掌声。

南郊区王家场乡联盟农业社的二十多个社员表演的民间歌舞《风秧歌》,形式很新奇,场面也热闹,他们刚一出现,就把观众的情绪调动起来了。表演的时候,锣鼓响得特别欢,演员们穿着古代服装、化装成古代的壮士和妇女的模样,围成一个大圆圈,边舞边唱,有的手里打竹板,有的手里有霸王鞭,中间还插入翻跟斗等武功表演,显示了另一种民间歌舞的特色。东郊区大毕庄四联农业社女社员刘士兰独唱《刘志丹颂》，是一个艺术技巧比较高的节目。在观众的热烈要求下，她又唱了一支人民喜爱的歌曲《草原上升起了不落的太阳》。西郊区大卞庄农民王金宝和左维华演唱的评戏《光荣服兵役》，是描写农村的一对青年夫妇经过互相逗趣，最后妻子送丈夫去报名服兵役的故事。王金宝演丈夫，左维华演妻子，他们二人用相当自然的演技，刻画了农村中有着高度政治觉悟的青年夫妇的形象。

在会演中，天津人民艺术剧院歌舞团和纺织工会、金贸工会、和平区工会也演出了一些节目，供农民弟兄们观摩。农民弟兄们看完了歌舞团和工人们的演出，热烈称赞，表示要更好地学习，把农民的业余艺术活动更好地开展起来，并且逐步地加以提高。

图5-2　原载于1956年3月13日《天津日报》第二版的报道（作者丛林）

四、西小站品牌文化的开发思路

西小站村"两委"在市、区、镇各级领导的支持帮助下，积极探索适合本村的乡村振兴之路，以"村庄"为框架，用"人居环境"增添底色，注入"文化"的灵魂,将休闲农业与农业生产有机结合,逐步走出一条乡村文化振兴的道路。

(一)吸引村民积极参与,创建现代文明村庄

一是创新推出"积分制"。西小站村"两委"立足自身,借鉴其他地区、行业的先进经验,创新性出台"行为银行"积分制度,鼓励村民做好事、做善事,以"积分"的形式鼓励村民传播正能量来赚取积分,吸引了众多志愿者加入新时代文明实践站,带动乡风文明不断提升。新型冠状病毒疫情防控期间,西小站村村民团结一心,捐献物资,贡献力量,在卡口值守,无私奉献,涌现了"童心助疫情""军嫂上前线""上阵父子兵""防疫夫妻档""老兵上战场"等一系列感人事迹,志愿者团队人数达百余人,以百余人为点辐射全村,文明乡风在村庄内推行开来。

二是全民参与,共建和睦家园。2020年新型冠状病毒疫情防控期间,西小站村创新建立起党群联系微信群,以志愿者为主导,控制并引导村内舆论风向积极健康发展。村民们在微信群内开展了"居家环境大变身""全民居家运动居家健身""居家娱乐文艺表演""手工制作精品展示"等活动,同时宣传村内好人好事,倡导文明乡风。村民的积极性被调动起来了,大家在微信群内自发开展了蒸面食比赛、唱歌比赛、猜谜语等一系列活动,这让党群紧紧联系在一起,让居家期间的生活变得更有生机。

三是村民为家园建设献计出力。随着乡风文明的提升,村民打造美丽家乡的意愿愈发强烈,纷纷为乡村振兴献计出力。老、中、青三代人多次座谈,深挖西小站村优秀传统,推出"我为革命送军粮"的红色文化活动。青年人则利用现代新媒体推动产业兴旺,组建了小站稻新媒体销售团队,让村里流传130多年、具有深厚历史底蕴的"小站稻"销售一空。巧手村妇们也积极行动,制作精致手工面食,用自家磨的面粉蒸熟的"刺猬"活灵活现,"麦垛"敦实厚重,展现了当代农家的美好生活。

(二)弘扬农耕文化,树立品牌标杆

西小站村根据自身特色制定出明确的发展路径,通过"绿色筑梦""文化立村""产业联动"三部曲,实施组合拳,推动实现乡村振兴的"产业兴旺、生态宜居、乡风文明、治理有效、生活富裕"二十字总目标。在乡村振兴整体布局的大环境下,西小站村利用村里的空置民房、厂房打造特色民宿、文化产业

园,打造集高标准品牌农业示范、乡土文化体验、田园特色乡居为一体的第一、第二、第三产业融合发展,塑造天津全景式村域旅游目的地和乡愁乡情体验地。

一是绿色筑梦,田园生活。

绿色生态永续发展,这是时代发展的必然。西小站村积极响应我国乡村绿色高质量发展的总体要求,将整个村庄作为一个公园来打造,依托"田—村—路"三重空间抓手,打造多层次旅游产品,发展美丽经济农田的精耕细作,乡村林荫,庭院鸟语花香,营造富有诗情画意的"桃花巷、海棠林、樱花路、荷花塘、稻花香"等乡间景观,并以大美绿色为基底。同时,西小站村进一步完善乡村环境,使百姓、游客、旅居村民能够享受绿色生动的"西小站"式田园生活。

二是农民演艺,情感交融。

中华人民共和国成立初期,西小站村民组建了"西光剧团"。据老者回忆,剧团表演的话剧《翻天覆地的人》曾经在各地演出,异常火爆。当年西小站村农民剧团的壮举,培养了一代又一代村民的爱国情怀。为庆祝中华人民共和国成立70周年,西光剧团志愿者排练了这部历史名剧的著名选段,并于2019年10月进行了为期5天的展演,获得各界一致好评。

农村题材的舞台剧不仅是为了充实丰富广大农民群体的文化生活、精神生活,而且还为在城市里打拼的人们提供了释放思乡之情的机会。同时,也为世代生活在城市里的人们展现了别样的世界——农村的生活。舞台剧一定要为广大的农民观众服务,理解他们的想法,了解他们的疾苦,创造出本色的、乡土气息浓厚的新农民形象,这是这部农村题材的舞台剧制作的关键。我们在剧中看到的农民不再是"面朝黄土、背朝天"的形象,他们拥有更加多元的形态——他们是乡村中的致富带头者,是乡村习俗的守护人,是优秀传统文化的传播者。因此,西小站村决定恢复西光剧团,依据西小站村发展历史对《翻天覆地的人》原剧本进行改编再创作,反映了在中国共产党的领导下,农民翻身解放、改革开放、建设社会主义新农村、建设美丽新农村的历史进程。

三是文化立村,提升品牌内涵。

　　文化是乡村永续发展的基因,能够赋予乡村强大的生命力和凝聚力,通过物质文化、精神文化、制度文化、行为文化体系建设,实现邻里守望、诚信重礼、勤俭节约的文明乡村。西小站村有着独特的历史文化资源,其中的水稻文化,历史悠久、知名度高。挠秧号子是民间音乐的典型,曾经轰动全国。红色文化则体现在自抗日战争到解放战争,西小站村出现了众多英雄。当代文化体现在中华人民共和国成立后,西小站村中出现的种稻能手、改革开放的致富能手、现在的能人治村,等等。

　　文化立村,就是以西小站特色文化为抓手,依托三产融合的经济基础,搞好特色景观建设和文化活动,打造有感染力的品牌形象。我们应结合西小站村产业发展的总体布局,重塑乡村文化景观,建设村史风物馆、西光剧场、新时代文明实践站、主题民宿等,开展农事节庆活动,打造西小站文化打卡地与文旅研学基地。

第六章　文化生态视角下天津旅游村镇的发展研究

第一节　文化生态的理论框架

一、文化生态的内涵解析

文化生态的概念起源于欧美国家。1377 年,伊本·赫勒敦在其著作《历史绪论》中关注人类的文化与周围环境的关系,并首次提出"文化生态"的概念。其后,从概念到学科体系的建立经历了漫长的发展过程。1920 年,美国人类学家博厄斯与克罗伯运用"环境可能论"的相关理论,探究了北美土著民族印第安人的文化与环境之间的联系,认为自然环境只是提供了可供选择的机会,决定因素在于历史文化和特定习俗等。1955 年,美国学者斯图尔特诠释了文化与环境的关系,系统论证了文化对于人类社会组织的作用、类型与意义,认为特殊类型的生态决定了文化的特征,主张用文化生态学作为解释工具,研究具有地域特色的不同文化模式,《文化变迁的理论》一书的出版标志着"文化生态学"理论学科的诞生。①

---

① 王祎.文化生态变迁:一种跨文化传播理论建构的框架[J].传媒观察,2018,(6):64-71.

我国学者从1990年开始关注这一研究领域,并跨越人类学、文化学和社会学等多个学科,对其进行了深入的理论研究与实践探索,涵盖学理分析、对象探寻以及对现实问题定向研究等方面。关于文化生态的研究,尽管尚未形成成熟的、权威的学科体系,但是学者们的观点趋于统一,主要有两种思路:一是把文化类比为生态体系的研究,也就是把文化视为生态系统,研究文化与社会以及自然环境的关系;二是以文化变迁为背景的生态学研究,即把文化置于生态系统之中,重点研究文化演变与生态系统的关系。文化生态近几年被采用得比较广泛,一方面是由于社会文化系统的严重失衡,另一方面是文化自觉达到了一个新的高度。为了更好地为社会实践需求支着儿,我国学者在探讨文化生态系统外部环境复合性的同时,更加关注文化系统的生态特性,也就是把上述两个视角归总在一起来进行考察。方李莉对"文化生态"这样界定:"除了有斯图尔特的'生态决定文化'这一层面的含义外,另一层含义则是以一种类似自然生态的概念把人类文化的各个部分看成一个相互作用的整体,这种互相作用的方式使得人类的文化历久不衰,导向平衡。"①

笔者认为,文化生态是一定的客观环境条件下文化系统的生存状态,涵盖两个层面的内容,一是文化系统内部各要素之间的相互关系以及不同的文化系统之间的关系,二是文化与其所处环境之间的生态制衡关系。从这个角度看,文化是一个有活力的生命体,是与自然环境和社会环境交互作用形成的有机体。文化生态强调文化外在表现和依存状态,表现为文化与环境、不同文化以及文化各要素之间的相互影响、相互制约的关系,进而形成一个立体的、交互联系的文化生态系统。

学术界对文化生态的研究主要包括:调查文化生态的发展过程与现实状态,总结经验、教训和文化生态的发展规律,探寻破解难题的方法和路径,预期新的发展趋势等。概括来讲,文化生态学的研究包含生态的文化性和文化的生态性两个方面:一是文化发展视角下的生态学研究,二是把文化类比为生态系统的专门研究。乡村文化生态的影响因素有两个,一是自然地理环

---

① 方李莉.文化生态失衡问题的提出[J].北京大学学报(哲学社会科学版),2001(3):105-113.

境,二是社会生产方式。一般来说,社会生产方式简单落后的农村地区对自然环境的依赖程度更强。正是从生态系统的运行规律上,我们探索文化生态平衡发展的意义与模式,从而实现休闲农业特别是旅游特色村、文化小城镇的可持续发展。

二、文化生态系统的结构与平衡

学术界对文化有多种分类方法:一是将其分为物质文化与精神文化,二是将其分为物质文化、精神文化和制度文化,三是将其分为物质、制度、风俗习惯和思想,等等。文化的内容和要素是广泛的,文化是社会的发展和进步的至关重要的软实力。在人类发展的历史长河中,只有传统文化与现代文化、文化与环境达到合理配置时,文化生态系统才能够实现平衡状态。

文化生态系统包括以下几个层面:一是对文化产生影响的环境因素,包括自然环境和社会环境,社会环境可以再分解为科学技术、社会组织、经济体系和精神观念;二是文化生态系统内的文化主体,包括文化观念等产物的生产者、消费者和中间配给者等;三是文化系统内的运行体系,各个子系统和各个环节之间的物质流、能量流和信息流有交叉、循环和协调的运营路径,具有互相制衡、自我调节的平衡机制;四是文化生态系统是一个运动、发展的系统,具有一定的运行规律,这也是我们要探寻的健康的经济社会发展轨道。由此可以看出,文化生态具有结构整体性和功能整合性的特点,涉及经济、社会、历史以及人的所有方面,这就要求我们要把文化作为一个系统来研究和解读,从而对社会发展中的文化生态失衡现象进行准确的研判,加强文化创新和文化整合,使先进文化促进社会经济的健康发展。

从社会经济的发展进程可以看到,文化生态是社会经济发展的精神保障,运行有序的文化系统为人们提供了正确的价值观,是经济发展、社会稳定离不开的精神动力。文化生态系统的功能有三个方面:一是反映社会文明、进步程度的表现功能;二是对社会制度、国民素质、民族传统的评价和表现;三是对整个社会文化生态状态、价值取向的考察和评判。

文化生态系统的作用和影响过程就是实现系统平衡的运行机制:文化的个体要素要适应外部环境的制约,进而又会促进环境的发展与提升;外部环境是动态变化的,外部条件变化时,内部的个体文化要素必然要发生变革,否则就会被淘汰或制约环境的发展。文化生态系统平衡,讲究的是结构合理、层次清晰、活动有序,我们要深入了解各种文化的根基与特质、历史经验和他人经验,不断拓展文化研究与应用的新途径,推动经济与社会持续化发展。多年来,学者们积极探究,从文化生态学的视角找寻农业发展的突破路径,特别是对民族地区的文化开发、旅游村镇的文化开发、乡村旅游商品化对农村持续发展的副作用等进行了深入的研究。

三、文化权利与文化生态系统的制衡

文化权利是人权的一项基本内容,在《世界人权宣言》《公民权利和政治权利国际公约》等国际公约中都有体现,即"人人"有权参加社会的文化生活和享受艺术、分享科学进步及其产生的福利,其创作的任何科学、文学或艺术作品所产生的精神和物质利益都享有受保护的权利。"人人"的概念具有个体和集体两个分类,这也体现出文化是个体和群体共同拥有的精神财富。

文化权利包括以下几种:第一,文化标志权。文化所在地的个体和集体具有署名权或财产权。第二,文化财产权。依据有关规定确立的文化所有权人享有获得文化收益的权利。第三,文化管理权。政府和特定管理机构基于公共管理权而实施的文化管理行为。第四,文化参与权。文化所在地的个体和集体都有参与保护、传承和管理的权利,同时参与过程也是对发展权的延展与运用。

文化生态系统内,文化主体享有文化权利,各种主体之间又存在一种相互影响、相互制衡的关系,这也就意味着各个主体在享有文化权利的同时,也要按照整体的利益遵守相关的规矩,即履行系统内的责任与义务。主体相互制衡、客体科学运行,由此形成了生态系统的动态平衡。对于广大农村地区来说,经济发展是当前最紧要的任务。但是有些经济增长的方式又是对文化生态的侵蚀和危害,造成了暂时性的文化生态系统的失衡:比如森林的砍伐、绿地的破坏、传统村落的废弃,等等,掠夺性开发给人们带来了短时的经济效应和持续发展的巨大断裂地带。因此,农村地区的发展必须在传统与现代、经济与环境之间找到一种平衡,各文化主体要正确地行使自身的文化权利,

更要发挥自身的责任与担当,即在文化生态平衡下进行经济建设和社会发展。

第二节 旅游特色村镇文化生态研究的意义

一、天津旅游特色村镇的运行情况

(一)旅游特色村的界定

在我国休闲农业的发展进程中,以旅游产业为主导并且形成集聚发展态势的行政村不断涌现,并且成为休闲农业的组织形式之一。这些行政村依托自身有特色的旅游资源,采取集约化的组织和管理,开发出丰富、系统的旅游活动,具备了一定规模的集中接待能力,逐渐发展为旅游业态中的一个重要群体——"旅游特色村"。国内著名的旅游特色村有陕西的袁家村、安徽的宏村、浙江的龙井村、黑龙江的北极村、云南的哈尼村、北京的爨底下村。天津则有西井峪村、郭家沟村、小穿芳峪村、常州村、毛家峪村、小辛码头村、第六埠村,等等。

旅游特色村的概念是这样界定的:旅游特色村是依托独特的资源开展旅游活动,实施集团的组织和管理,拥有特色鲜明的旅游产品,旅游收入占有重要比重的行政村落。也就是说,通过发展旅游产业,使得村内的人力、财力、物力资源得到合理利用,实现村庄内部系统的协调高效发展。对旅游特色村的认定,国内各地采取了不同的方式,执行的标准也略有区别,如河南、山东、重庆等省市制定了专门的旅游特色村发展计划和系统的评定体系。天津则把休闲农业示范村和点归为一个大类,由休闲农业协会组织认证和评价工作。

实践证明,旅游特色村一方面提供了特色旅游服务,满足了市场消费群体的需求;另一方面让农民得到了经济收入,延伸了农产品的销售路径,拓宽了农民的收入来源和形式,是构成乡村振兴整体战略的重要节点。旅游特色村的建设还折射出村级行政主体所采取的产业发展模式与运营效果,很多旅游村成立了集体经济组织,将村民的分散资源整合在一起,对经营个体实行标准化的管理,这也赢得了市场的美誉和产业的长足发展,旅游村在全市休闲农业的整体发展中占有重要的地位,应该给予关注并且开展深入的研究。

(二)天津旅游特色村的建设

根据天津休闲农业的基础条件和发展方向,天津市农业农村委员会提出到 2020 年培育 300 个休闲农业示范村(点)的目标。截至 2018 年底,全市拥有国家级称号的旅游村(点)有:4 个全国休闲农业与乡村旅游示范区、15 个中国美丽休闲乡村、4 处中国美丽田园、20 个全国休闲农业与乡村旅游示范点,西井峪村入选中国历史文化名村,崔庄古冬枣园入选中国重要农业文化遗产。2019 年底,常州村、郭家沟村、小穿芳峪村、东水厂村、西井峪村、徐堡村、赵圈村、郝堡村等 8 个村庄被国家林业和草原局评定为国家森林乡村。

2014 年,天津市农委发布了《关于开展天津市休闲农业示范园区、示范村(点)认定工作的通知》,其后由天津市休闲农业协会组织专家、学者开展了连续的评选认定工作。截至 2018 年底,已经进行了 5 届评选认定活动,评定出市级休闲农业示范园区 22 个、市级休闲农业示范村(点)243 个,其中项目主体为村级组织的有 90 个,见表 6-1。这 90 个行政村是本书对旅游特色村的考察范围。

表 6-1　天津旅游特色村一览表

	数量	旅游村名单
蓟州区	51	下营镇:常州村、郭家沟村、寺沟村、大平安村、船舱峪、东山村、黄崖关村、青山岭村、前甘涧村、小平安村、团山子村、道古峪村、石头营村、车道峪村、赤霞峪村、张家峪村、西大峪村、桑树庵村、石佛村、石炮沟村、小港村、苦梨峪村、段庄村、太平沟村、下营村 穿芳峪镇:毛家峪村、小穿芳峪村、东水厂村、坝尺峪村、英歌寨村、大巨各庄村、坝尺峪村、东水厂村 官庄镇:砖瓦窑村、联合村、莲花岭村、营房村、玉石庄村 渔阳镇:西井峪村、桃花寺村、东果园村、白庄子村 马伸桥镇:大郭村、西葛岑村 罗庄子镇:杨家峪村、青山村、赵家峪村 孙各庄满族乡:丈烟台村、隆福寺村 西龙虎峪镇:鲁家峪村 上仓镇:程家庄村

续表

	数量	旅游村名单
宝坻区	16	八门城镇:东走线窝村、双庄村、杨岗庄村、欢喜庄村、前辛庄村 周良街:樊庄子村、田邢庄村 林亭口镇:小靳庄村、东凤窝村 黄庄镇:小辛码头村、李宦庄村 口东街道:八台港村、鲁文庄村 林亭口镇:白毛村 大口屯镇:西刘举人庄村 新开口镇:江石窝村
武清区	9	大黄堡镇:后蒲棒村、东汪庄村 大良镇:蒙辛庄村、田水铺村 大孟庄镇:蒙村店村、后幼庄村 梅厂镇:灰锅口村 大碱厂镇:南辛庄村 下伍旗镇:西王庄村
静海区	7	陈官屯镇:胡辛庄村、西钓台村、吕官屯村 静海镇:范庄子村、小高庄村 双塘镇:西双塘村 大邱庄镇:岳家庄村
滨海新区	3	汉沽街:小马杓沽村 茶淀街:宝田村 古林街:海通湖渔村
宁河区	2	岳龙镇:小闫村 七里海镇:北移民村
津南区	1	北闸口镇:前进村
西青区	1	辛口镇:第六埠村
合计	90	——

※资料来源:根据天津市休闲农业协会发布名单(2014—2018)整理。

二、天津旅游特色镇的建设情况

文化小城镇包括行政区划的小城镇和被认定的特色小镇两种形态。实践表明,特色小镇和行政区划小城镇建设互为支撑,是推进供给侧结构性改革的重要平台,有利于发挥城镇化对城乡发展的辐射带动作用①。2016 年我国开始评定特色小镇,两批次共评定 403 个小镇为特色小镇。为纠正概念混淆、房地产化等错误苗头,2018 年国家发改委发布了《关于规范推进特色小镇和特色小城镇建设的若干意见》,要求秉承遵循规律、产业立镇、规范发展、典型引路、优化服务的基本原则,促进城乡融合发展,扩大经济发展新空间,实现小城镇的高质量发展。

　　天津特色小镇建设在有序进行中。从 2016 年至今,已经评定出四批 32 个市级特色小镇,其中实力小镇 7 个,特色小镇 25 个。在规划建设中,天津特色小镇坚持传承优秀传统文化,保持建设的适宜尺度,进行了有益的探索,杨柳青镇的发展模式被评为国家级的先进典型。为推动优秀传统文化的创造性转化和创新性发展,2017 年 2 月,天津市文化广播影视局发布了特色文化产业示范乡镇(街区)建设名单,涵盖文化旅游、传统工艺、特色节庆业态的精武镇、葛沽镇、穿芳峪镇、黄庄镇等十个乡镇(街道)是天津文化小城镇建设的重要阵地。

　　文化是特色小镇建设的核心要素,涉农文化更是处于文化要素的主流地位。天津特色小镇的产业文化定位见表 6-2。在全部 32 个特色小镇中,以农耕和乡村文化为核心的有茶淀葡香小镇、齐心亲子蘑法小镇、小站稻耕文化特色小镇、八门城镇生态农业特色小镇、廉庄稻香文化小镇、白涧农业科创小镇、官庄伊甸园旅游小镇、板桥甄乡特色小镇、新城镇 9 个项目;包含文化体验的项目有 21 个,其中农耕文化、生态文化体验项目 19 个。由此可以看出,特色小镇中文化体验项目占比达到了 2/3,涵盖农耕文化、生态文化和乡村民俗文化的项目占到了 59.4%。需要说明的是,西小站村属八里台镇,是小站稻的历史产区,还有挠秧号子、话剧演艺等乡村文化传统,具有很好的农耕文化和民俗文化基础,应该成为小站稻作文化和八里台智慧小镇的重要内容分和补充;中塘汽车橡塑小镇内也有丰富的农耕文化和农牧文化传统,可以借力工业产业的经济实力,发展农业生产和文化体验活动。

①　苑雅文.乡村旅游须与文化小城镇契合发展[J].中国国情国力,2017,(7):34-36.

表6-2 天津市特色小镇产业文化定位比较表

批次	特色小镇	区位	产业定位	文化元素
第一批（14个）	华明智能制造小镇	东丽区	智能制造	
	八里台智慧实力小镇	津南区	电子信息	西小站村农耕文化与民俗文化
	中北运河商务小镇	西青区	机械制造、商贸旅游	商贸文化
	崔黄口电商小镇	武清区	电子商务、互联网科技	
	中塘汽车橡塑小镇	滨海新区	汽车橡塑	农牧文化
	茶淀葡香小镇	滨海新区	葡萄种植与深加工	农耕文化
	葛沽民俗文化小镇	津南区	文化产业	民俗文化
	杨柳青文化旅游小镇	西青区	民俗、民间艺术、旅游	民俗文化
	长荣印特智汇小镇	北辰区	新型印刷装备研发制造	
	东浦洼欧式风情小镇	武清区	商贸旅游、商务会展	商贸文化
	团泊休闲特色小镇	静海区	观光旅游、健康养老	生态文化
	齐心亲子蘑法小镇	宁河区	休闲农业、蘑菇产业	农耕与民俗文化
	京津新城温泉小镇	宝坻区	温泉疗养、旅游度假	生态文化
	下营山野运动休闲旅游小镇	蓟州区	休闲农业与乡村旅游	生态与民俗文化

续表

批次	特色小镇	区位	产业定位	文化元素
第二批（11个）	双街实力小镇	北辰区	新材料、智能制造	
	大王古庄京滨智能装备小镇	武清区	智能装备制造、新能源新材料、电子商务	
	大邱庄实力小镇	静海区	高端金属材料、新型复合材料	
	新城镇农科创艺小镇	滨海新区	都市型农业	农耕文化
	生态城亿利生态小镇	滨海新区	生态科技、资源再生	
	小站稻耕文化特色小镇	津南区	小站稻作文化旅游	农耕和民俗文化
	东丽湖科创金融小镇	东丽区	股权基金金融科技	
	小淀颐养健康特色小镇	北辰区	葡萄酒和大健康产业	生态文化
	廉庄稻香文化小镇	宁河区	智慧农业、农业文创产业	农耕文化
	白涧农业科创小镇	蓟州区	农业科创旅游、健康农业	农耕和生态文化
	官庄伊甸园旅游小镇	蓟州区	休闲旅游	生态文化
第三批（4个）	东丽湖盈康小镇	东丽区	健康养生	生态文化
	大北涧沽特色小镇	宁河区	采暖散热器	
	林亭口绿色建筑特色小镇	宝坻区	绿色建筑	
	八门城镇生态农业特色小镇	宝坻区	现代农业	农耕和民俗文化
第四批（3个）	宜兴埠普育科创小镇	北辰区	人才教育培育产业	
	板桥甑乡特色小镇	宁河区	文化休闲旅游度假产业	生态文化
	白涧蓟州世界自然乡村度假小镇	蓟州区	旅游休闲产业	生态文化

※资料来源:根据天津市特色小镇有关资料和实地调研资料整理

特色小镇与行政区划中的乡镇概念有所区别,特色小镇是一个产业化的综合发展区域。经过多年的探索和实践,在相关部门的规划、政策和资金的全方位支持下,天津的特色小镇做出了一定的特色,通过对优秀地域文化的挖掘与活化,小镇的文化内核更加生动、完善,成为产业、文化和旅游体验的综合社区平台,具备了"一镇一韵""一镇一品"和"一镇一特色"的特色标准,在相关产业的集聚区功能之外,还成为城乡游客共同的文化体验地,游客在假日或节庆活动时来到这里进行体验,不仅能抒发对绿色生态环境的情感,还能够把优质农产品带回到都市生活中继续享用,把乡村的特色文化产品一并收藏,让特色小镇在文化建设上发挥出集聚和发散的功能。

三、天津旅游特色村镇的建设情况分析

(一)天津旅游特色村镇的特点

经过多年的建设与实践,天津休闲农业的整体布局中,旅游特色村成为一个主打模式,特色小镇成为休闲农业的重要组成,并且建立起以旅游特色村镇为主体的地域品牌管理体系和运营模式。

一是搞好相关项目的顶层设计,建立有执行力的核心管理层。旅游特色村起步阶段一般采取自发、分散的经营模式,在政府相关部门的规范和引导下,很多村级组织建立起集体所有的经济组织,开展了文化复原、文化延伸和节庆活动等全方位的旅游活动,在乡村食宿的服务项目基础上,开发出乡野公园、文化展示、体育健身、养生养老等产业链的延伸项目,以西井峪、郭家沟、常州、小穿芳峪等为代表的集约管理的知名旅游村已经成为具有引领休闲农业发展的典型功能。特色小镇以核心管理层的建立为起点,自身具有高效的管理体制。

二是形成旅游特色村镇的利益相关者共同治理、共享利益的布局。作为一种集体品牌,旅游村镇的名称就是地域内利益相关者的共有财产,因此,这个品牌的声誉需要众多经营者和乡民共同维护,而品牌的辐射效应也给地域内的经营者带来了共享收益。经过多年的实践探索与碰撞,很多旅游特色村镇能够集体开发项目和活动,科学布局域内特色旅游资源,及时调整违背持续发展目标的短期开发行为,成为一个管理有序的经济实体。

三是搞好文化建设,促进文化与产业的融合与发展。乡村文化建设不仅具有提升经济效益的作用,更是培育文明乡风、实现乡村振兴的不可或缺的重要环节。深入考察便可发现,乡风文明与休闲农业的经济效益呈现正相关的关系。比如,多数农家乐的经营只是简单模仿、粗犷服务,或者是只为眼前经济效益进行表面化的文化展示,不可能赢得消费者的认可。作为产业形态和消费形态的休闲农业,中华民族文化之源的乡土文化是消费者认同的特色资源,更是旅游特色村获得市场竞争优势的法宝。但是由于农村地区经济实力不足,一些村级组织的认知能力和执行能力较弱,需要智库机构等社会服务的帮助和支持。实践中,西井峪村走出了文化与产业拓展型融合的路径,小穿芳峪村则在传统文化的复原与延伸上进行了全方位的开发,杨柳青、葛沽则选择了乡村民俗文化产业化发展的综合模式。

(二)天津旅游特色村镇存在的主要问题

一是经营内容上存在着文化内涵的同质化。天津的旅游特色村大多以中低档的农家乐为主要经营项目,经营内容上缺乏细致深入的挖掘与开发,在活动设计上经营者往往是互相抄袭,彼此提供的服务内容一致或相近。比如,蓟州山区的农家院往往以"炒咯吱"、水库鱼等相同菜品为招牌菜,对于真正有地方特色的小吃或原生态食品缺乏挖掘与保护,比如"四碟四碗"宴席、雷蘑、柿子醋等特色食品反而被经营者忽略。

二是对地域周边的大型旅游项目的依赖性强,旅游特色村镇内缺乏有特色、有活力的文化活动。天津大多数旅游特色村依托于周边的大项目,如盘山、梨木台附近的旅游特色村一般以满足登山游客的食宿需求为主,经营活动的形式单一、利润水平低,从而导致了旅游特色村的项目竞争能力弱、成长性较差;三是地域特色文化挖掘与保护机制欠缺,村民缺乏文化保护意识。旅游特色村是可以说是市场经济中的乡村产业变革的先行者,但是现阶段他们往往更关注短期的经济利益,对自身特色文化的保护还没有形成正确的认知,更缺乏文化挖掘的专业技术与资源条件,需要政府部门、智囊机构的引导与帮助。比如,一些经营者为了扩大接待能力,纷纷盖起了楼房,完全失去了原有的乡村味道。

三是对民间优秀传统文化的认知和挖掘不够。天津乡村地区还有很多深层次的优秀传统文化资源被忽略，没有得到深入的挖掘和开发。笔者对蓟州区各朝代的隐士进行了深入考证，希望将其引申为现代人来此休闲养生的有力依据。由于理论界对田畴、鲖通、李孔昭及穿芳乡贤等历史典故缺乏挖掘和考证，这些珍贵历史文化被埋葬，缺乏关注。通过调研，笔者收获了大量宝贵的一手材料，穿芳峪一带的乐居文化成为地域旅游文化的重要依托，对市场的影响力很大，成为提升地域内经营项目文化内涵的有效动力。蓟州民间颇有影响的还有"窦燕山教子"等历史篇章，现实中也没有被开发。

四是乡土文化体验的形式过于呆板，市场认知度低。特色小镇的生产项目占比较大，对地域乡土文化的挖掘和开发都缺乏重视。在很多旅游区域建设了文化展馆，但是由于其重于说教，基于乡村文化的活态展示和动态活动很少，这些展馆往往成为旅游者极少逗留的冷清区域。在各旅游村镇的活动体系中，活动的文化创意含量还很低，具有活力的文化旅游活动比较缺乏，这也导致休闲农业的产业链条很短，缺乏高利润回报的项目类型。

四、天津旅游特色村镇文化生态研究的意义

（一）旅游特色村镇的文化生态系统属性

旅游特色村镇是一个文化生态系统，系统内部各经营主体、各管理机构、农民个体与周边的自然环境和社会环境是相互连接又互相制衡的统一体，具有文化生态系统的活态运行的特征。在这个系统的运行中，表现出文化与生产、文化与生活、文化与环境、文化与旅游等多方面的交流与碰撞，从而形成一个平衡或失衡的文化生态系统。

（二）对"文化生态失衡"现象的剖析

旅游特色村镇内部存在着"文化生态失衡"的现象：

首先是文化开发方面存在短板。一方面，在产业发展的目标下，旅游特色村镇在自身文化的挖掘与保护上缺乏动力，更缺乏能力。大部分旅游特色村粗浅地抄袭或复制他人的产品，村级主体缺乏文化开发的专业能力，村民对于耗费时间、人力、财力、物力去挖掘和培育自身特色文化很难接受；另一方面，相关管理部门和科研人员的研究主要停留在书斋，研究手段和研究成果难以与农村基层实际直接挂上钩。以古籍文献来说，往往是从资料室拿出

来、耗时整理后又被送到更多的图书室束之高阁,距离农村基层的需求还有一段"真空"地段,科研成果没有真正地服务乡村发展。这两个原因,造成了旅游特色村缺乏特色文化的研究和开发,经营的项目档次低、成长性差,甚至破坏了乡村的自然生态环境,无法实现旅游特色村健康、可持续的发展。

其次是乡村文化被同化。在当下旅游村镇的建设中,地域优秀的传统文化往往被忽略,过度追求城市化和现代化,失去了特有的乡村文化内涵和氛围。按照文化生态学的研究视角,旅游特色村镇的文化应符合生态系统的结构均衡的要求。城市消费者到旅游特色村希望体验有特色的乡村生活,并且在大自然的绿色环境中到休闲和康养。但是,深入考察旅游特色村镇的服务内容可知,消费者体验到的是缺乏特色或被曲解的乡村生活,深入接触大自然也被简单地搞成吃一餐农家饭、采摘一些应季水果。这种现象是文化生态失衡的表现。

再次,过度的商业活动减弱了淳朴乡风的传承和发展,对经济利益的追求导致地域乡民更为功利,失去了原有的乡村淳朴风尚,导致传统文化失真。休闲农业是一种产业,经营者是以追求经济利益为主要目的,经营过程中会产生对普通生活的干扰、同业者之间的恶性竞争,这必然对乡村自然环境和乡风文明带来不利的影响。休闲农业的产业活动导致地域内资源分配、乡民互相竞争等社会问题,从而失去了以往的友好互助的文明乡风。

最后,在地农民的生活环境被破坏。过度的旅游开发或游客超量活动,造成了乡村生态环境的损伤,带来环境污染物的堆积和自然环境的破坏。大量的旅游活动也打乱了本地乡民的生活秩序,使其只能被动接受这种干扰。

(三)旅游特色村镇文化生态平衡的意义

特色旅游村镇的文化生态失衡可以称之为"文化短板",必然造成旅游特色村镇的产业发展缺乏后劲,难以形成强大的市场影响力和号召力。调研中发现,一些村级组织特别是经济落后的乡村对开发特色文化是没有能力的,难以形成文化开发的主动性和积极性。而一些特色村镇的经营主体更重视经济效益,对所在地乡村文化缺乏开发的动力,导致忽视特色文化,盲目跟从或仿效的情况,从而导致旅游特色村镇在各种旅游主体的竞争中被边缘化乃至被淘汰出局。

第三节　文化生态视角下的旅游特色村镇 发展路径

一、加强顶层设计,树立文化生态建设的整体观

一是强化政府部门的顶层设计,引导村镇主体搞好文化生态。乡村文化的建设不仅是为了经济效益的提升,更是培育文明乡风、实现乡村振兴的不可或缺的重要环节。乡风文明与休闲农业的经济效益呈正相关的关系。要重视乡村文化生态的系统建设,让各项政策和活动能真正地落地,发挥对实践发展的引导和助推作用。政府相关部门要搞好顶层设计,在政策和资金上给予倾斜,切实激发村级主体在文化建设上的动力,积极开展文化景观的建设和氛围营造,有效建立起农民对自身文化的自信,打造出高标准的乡村人居环境,为消费者提供有吸引力的活动空间,同时通过旅游活动把正能量的文化传播到全社会。

二是发挥智库机构的科研智慧,建立起科学的文化开发体系。多年的调研表明,深层次的地域文化建设需要专业科研人员的参与和支持。在各级政府和经营实体多年的努力下,文化已经成为各类旅游项目中不可或缺的要素,当然还存在实践效果、建设水平参差不齐的问题。文化开发的实践是一项跨专业跨学科的系统工程,需要科研人员从基础的资料访查和整理开始。但是研究人员与基层人员之间的沟通还存在着一些问题,农民、村级领导无法清晰地表达出自己需要什么样的科研支持,而科研人员的很多研究成果找不到转化实践的有效渠道。因此,要建立起科研机构与农村基层的有效对接机制,发挥科研活动的生产效率,拿出针对性强、符合实际需求的方案与建议。通过"外脑"与村镇级组织的通力合作,把优秀的地域文化挖掘出来,再探索出激活与转化的有效途径。

三是深度挖掘乡村传统文化,开展科学系统的开发工作。天津乡村地区的起源早于城市地区,乡村的文化资源非常丰富,在国内知名的小城镇有:蓟

州渔阳古镇、西青杨柳青古镇、津南葛沽古镇及静海陈官屯镇等。拥有山地风光的渔阳古镇旅游资源极为丰富,拥有独乐古寺、渔阳古城等历史文化风景;杨柳青古镇则有近千年的历史积淀,杨柳青木版年画享誉海内外,使杨柳青古镇被誉为中国四大名镇、中国魅力名镇、中国历史文化名镇等;葛沽古镇历史悠久、产业兴旺,自古以来生产活动丰富,有盐业制造、码头渔业、特色农耕等实业,海运、漕运给葛沽带来了繁荣的商贸交流,也促进了地方餐饮、民俗文化的发展,深厚的妈祖文化使葛沽具有鲜明的文化独特性;静海陈官屯则是运河漕运文化的特色区域,全镇 26 个自然村中有 25 个位于运河两岸,整体民风淳朴,很有历史韵味。天津乡村的民间工艺品也很丰富,如杨柳青木版年画、蓟州皮影雕刻、静海的王氏笛子等名声响亮,各地区还有大量剪纸、彩灯、石雕、树雕、刻字等各类绝活,这些民间艺术很受游客青睐和推崇。天津乡村的民俗文化活动形式很多,有葛沽宝辇花会、蓟州独乐寺庙会、咸水沽海下文武高跷、八里台民间吹奏乐、北仓随驾狮子会、宝坻京东大鼓,等等。我们应把天津乡村的特色文化进行深度挖掘和系统规划,保护好相关的文物和访谈资料,建立起数字化的文化保护体系。针对不同的文化资源特点,应科学规划展示及旅游活动,积极将其延伸到现代产业开发中。如小站稻作文化和军旅文化、葛沽的民俗文化、杨柳青的民间艺术等都是旅游活动的设计核心素材,应做出立体化的开发体系。

四是打破行政区划的阻隔,建立立体的文化旅游活动体系。旅游特色村镇都是一种行政区划,但是很多有特色的文化遗存是跨越了这一界限的。比如小穿芳峪的文化遗存是其地域休闲农业发展的重要资源:这一带三面环山,曾经山泉众多,涌流交错,景色绝佳,几位雅士建设的园林分布于两个自然村,龙泉园、问青园、龙泉寺以及义塾旧址位于穿芳峪村,状元崇绮题写"唐槐"碑的古槐树如今依然茂盛,吸引了很多人在此结绳许愿;小穿芳峪区域内可见响泉园、习静园、井田庐、八家村馆等遗迹,坝尺峪等附近村庄也有雅士们的墨迹与足迹。文献资料中所展示的故事,地域范围更是从村到县乃至北京、朝鲜和蒙古等地。文化资源的开发要跨过村界,以镇域合作开发更为有效。

二、实施生产文化保护,激活乡土文化产业

休闲农业是经济活动,要在文化生态系统平衡的大格局下开展经营活动,也就是要在生产经营过程中,将优秀的乡村文化转化为生产力或特色产品,在产生经济效益的同时,让这些优秀的文化得到积极的保护和传承。

一是建立科学的投融资体制,切实提高经营项目所蕴含的文化品质。农业和农村地区产业发展上存在起点低、基础弱的先天不足,这导致休闲农业的产业经营中普遍缺乏文化内涵,项目之间的低水平重复、简单模仿比较普遍,项目的成长性和发展前景都比较差,制约着其今后的提升和扩展。在旅游特色村镇的建设中,一些有实力的农民转型成为项目经营者,赚到第一桶金后,部分经营者进行了盲目扩张,农家院变成了小洋楼,小山村变成了小集市,失去了乡村的韵味。在旅游特色村镇发展中首先要建立起有效的投融资体制,在搞好内外资配比和融合的大格局下,积极引入外部资本和管理经验,让外部资本得到合理的利润回报,同时带动本地农民的创业和持续经营。发展中要合理布局不同投资来源的项目类别,错位发展、有序竞争,发挥规模化投资、专业化管理对本地农民的引领和提升作用,有效提高全行业执业者的经营水平和服务素养。同时,要积极引入先进管理人员和管理思想,切实提升本地经营者的经营水平,吸引乡贤回乡管理、农民工返乡创业,鼓励农民转型创业,而不是止步于转岗成为打工者。要创造更多的机遇提高本地资本的竞争能力,在休闲农业的整体链条上给农民释放更多、更高的利润回报。

二是依托现代科技手段,实现优秀传统文化的创造性转化。文化是形成旅游体验和感受的核心,是旅游特色村镇持续发展的资源宝库。但是怎样挖掘、怎样开发,需要一定的技术和技巧。当前旅游特色村镇同质化现象比较严重,深度体验的吸引力不足,根源在于农民的认知能力不足、科技开发手段欠缺,需要政府、科研人员和村级管理者、投资人多方面的共同努力和扶持。要"挖掘和保护乡土文化资源,建设新乡贤文化,培育和扶持乡村文化骨干,提升乡土文化内涵,形成良性乡村文化生态",让乡愁文化成为农家后代、都市游人难以忘怀、牢记心里的宝藏。我们可以依靠现代的科学和技术,激活沉睡在图书馆、博物馆中的文化资源,有选择性地实现文化资源创造性的活

化和转化,赋予历史文化资源时代内涵,让休闲农业文化的经济价值和社会价值彰显光大。

三是以先进管理手段提升乡村文化活动的市场活力。当前休闲农业的项目管理中,存在着本地农民经营管理水平低、外部投资管理成本高等问题,这就导致出现了劣币驱逐良币的恶性竞争现象,一些规范管理的文化项目往往是投资大、价格高,但"叫好不叫座",这打击了外部资本的投资热情。要加强恶性竞争的制约机制,对卫生管理不合格的项目进行严格清理,对有文化内涵的项目给予支持和鼓励。优秀传统文化来自民间,有着旺盛的生命力。在活动设计中,要避免单纯的说教面孔,采用更加活泼的互动体验模式,这既可增加活动内容和时间,也有利于提升乡村旅游的品质。应鼓励文化创意等现代经营手段,结合地域传统文化的特色,开发独特的文化创意产品,引发消费者的兴趣,提升乡村旅游内在品质。应积极开展乡村文化产业的建设工程,倡导有地方特色的手工艺制作、健康养生、文艺展演等文化活动,在提升休闲农业文化内涵的同时,让这些文化要素得到更有效、更持久的传承。如西井峪村是天津唯一入选的"中国历史文化名村"的村落,小山村里保留着原始风貌的石头房屋和石路,对现代社会来说,其具有重要的历史和文化价值。西井峪村在旅游产业的发展中,引入外部的规划设计和文化开发智囊团做顾问和先导,通过深入挖掘特色文化、规范村内形象设计、建立示范经营项目等措施和手段,搭建起具有村域特色的"文明乡风交流平台"。通过培养历史文化名村村民的文化自信,激发起村民对保护自身乡土文化的主动性,从而实现了以文化软实力补齐发展要素短板的目的[①]。在村庄的规划设计中,村级组织在专业设计管理团队的支持下,并不拘泥于传统的乡村生活场景,把现代社会的健身、读书、养生等生活理念作为核心,提供高水平的专业化休闲服务,这种先进的经营理念赢得了都市游客的认同。

三、重视生活文化保护,营造共建与共享的生态乡村

生活文化保护就是要把文化重新植入到人们的生活中,让优秀的传统文

① 苑雅文.乡村旅游须与文化小城镇契合发展[J].中国国情国力,2017,(7):34-36.

化成为现代人生活的重要组成。要关注文化生态系统中利益相关者的共同利益,特别是落实农民的责任与权利,打造出共同建设和效益共享的美丽乡村。这种生活性保护与生产性保护并不是冲突和对立的,反而是相互促进、相互融合的。民俗是历史文化基因在现实生活中的重要遗存,通过特定的活动项目,特别是传统节庆和现代会展等集聚活动,把隐藏在民间的文化宝藏释放出来,能够提升特色村镇的休闲产业影响力。这些活动一般都由政府或社会力量来主导,村镇级组织是重要的承办单位。这些活动既能满足人民文化生活需要,又是促进乡村产业发展的重要手段。按照农村生产生活的规律,根据节气和植物生长规律,天津在农村地区开展了赏花、种植、收获等各种旅游庆典活动。经历了几个月的冬季休眠期,花开时节是新的旅游年的开端。每年应季时节,安坪村会凭借桃园资源举办"桃花节"、团山子村凭借万株梨树举办"梨花节"、小辛码头村则在插秧和收获时节搞水稻种植的体验活动。每年的9月,天津的"农民丰收节"活动采取节庆会展的活动模式,同时以地方文艺演出、农民才艺展示、特色农产品展卖等将节庆会展的氛围推到最高潮,把农民的生产生活与社会庆典、市民休闲巧妙地、全面地交织在一起,获得了农民尽兴、市民高兴的效果。

第四节　案例研究:津南区葛沽镇文化生态体系的分析与开发

　　葛沽镇坐落于天津市津南区东部,东与滨海新区新城镇接壤,西与双桥河镇毗邻,南与小站镇毗邻,北靠海河,与东丽区隔河相望,镇域总面积44.1平方千米,是"华北八大古镇"之一,与天津古城区、蓟州古城、杨柳青古镇并称为天津四大历史街区,2018年入选中华人民共和国住房和城乡建设部"全国特色小镇"名录。

一、葛沽镇的历史沿革

　　葛沽镇域最早出现聚居村庄是西汉后期的岭子西村,距离渤海湾生态遗迹邓岑子贝壳堤(古海岸线)仅四华里,是天津退海后最早出现的村落。随着海岸线东移,退海成陆,逐渐向东发展形成了村落集聚:鲛脐港铺、盐村、张家甸、南灶等。这一带地处渤海湾、海河尾,湖、港、坑、塘遍布,人们大多从事渔业和盐业。

北宋时,宋辽、宋金以海河为界各守疆土,宋军在这里屯兵驻防,建设了转运军用物资粮料的东源码头。这一时期,众村落融和发展为一个镇,称"蛤沽"。后因海河北移,蛤沽向北迁至现在的地域,与这里原驻的葛村合并,称为"葛沽"。

元朝开通海运,建设盐场,葛沽成为海运、漕运的中转码头,连接运河、海河、渤海的水上交通。明朝时,海河漕运异常繁荣,南粮北调,北盐南运,加之驻军屯田种稻,葛沽镇成为商贸发达、人员集聚的富庶之地。清朝,康熙、乾隆等多位皇帝巡检大沽海口时亲临葛沽,海河南岸至今保留着皇帝的行宫遗址。清末鸦片战争时期,葛沽是国人抵抗外族侵略的重要前沿,现在葛沽域内的河湾淤泥处,还能搜寻到八国联军舰艇的残骸。辛亥革命后,葛沽隶属河北省天津县管辖。

1948年底,葛沽解放,为天津县下辖葛沽市,1949年改葛沽镇。1953年天津县划入天津,葛沽镇为南郊区所辖。1962年改为葛沽公社,1983年为葛沽乡。1985年改为葛沽镇,下辖泰东、兴中、群裕、东官房、曾庄、北园、新房、盘沽、十间房、高庄一、高庄二、大滩、小高庄、邓岑子、辛庄子、殷庄、刘庄、东埝、杨惠庄、西关、南辛房、三合、石闸、九道沟、杨岑子25个行政村。

二、葛沽镇的特色文化体系

葛沽自古为兵营,又是渔业、盐业、农业特别是漕运的繁荣之地,成为军民混居的移民之镇,地域文化更是异常丰富,可以说是海纳百川、兼收并蓄,传承着威武忠勇军人作风,也深深刻印着漕运码头文化的色彩。

(一)发达经济体系下的生产文化

葛沽的经济始于渔业和盐业,因漕运而兴盛,因农业而稳定,依赖着渔业、盐业、漕运和农业这四大经济体系,葛沽经济繁荣,商贸活动活跃。

1. 渔业文化

早期集聚在这里的沙湾村、蛤沽等原始村落,主要以渔业为主。渔民早出晚归,驾着渔船在海上捕捞作业,收益还算可以。元朝初期,从南方来的移民迁到蛤沽,买船购网,这里的渔业呈现出规模发展的态势。到元朝中期,蛤沽的渔业繁荣带来了活跃的商贸交易,渔市大街上店铺林立,交易市场上摊棚并列,货商竞争选购。

2. 盐业文化

唐代以前葛沽一带就有煎盐的产业,煎盐人家称为灶户,煎盐人称为灶丁,煎盐是其谋生的主要手段之一。元朝至元二年(1265),朝廷在葛沽境内建立了丰财盐场,这是天津一带建立最早、持续时间最长的一个盐场;至元七年(1270)在葛沽又建立了厚财盐场,清代时厚财盐场并入了兴国盐场。道光十一年(1831),朝廷实施减灶并场,兴国盐场并入丰财盐场。1949年以后,丰财盐场随区划变更而消失。

葛沽是北方大规模制盐的地区。海水制盐的工艺有两种:一是将海水放到锅里,用柴草加热、蒸发水分浓缩出盐。这种工艺比较费时耗柴,产量有限。二是采用淋卤工艺,有刮滩土淋卤和晒灰淋卤两种。以刮滩土淋卤为例,人们以犁或锨翻起盐土积堆,掘坑,盐土放坑底席上,以海水浇盐土,然后锅内放一些淋卤煎盐,烧干水分,结盐出锅。明代丰财盐场煎盐时有这样的场面:一灶配十个灶丁,五尺平底浅锅,将原始材料放到锅里用火煎烧,随干随添,至锅满,三天可产盐十斗。清代时制盐工艺有所改进,改为晒盐(即滩晒),即直接引海水制卤晒盐,春天是晒盐的最佳时节。

3. 漕运文化

葛沽连接着海河水域、渤海海域、运河水域的交通,葛沽于元代开发海路漕运,明清两代漕运兴盛,成为南北货物的集散地。明朝官府设漕运盐运治所,葛沽是重要的转运码头,通过漕运和海运实现北盐南输、南粮北调的货物交流。当时鲛脐港和老河口排列着十多个码头和船坞,四方商贾交易频繁、络绎不绝,南北船艘来往密切、川流不息,"一湾集千艘,灯火照渔舟",葛沽的漕运带动地域商业高速发展。

4.稻作文化

明朝万历年,天津海防巡抚汪应蛟带领驻军在葛沽一带开垦荒地 5000 亩,其中种植水稻 2000 亩,开启了北方水稻种植的先河。礼部尚书、东阁大学士徐光启在葛沽置地试验,实施"围田"种稻,总结出改造盐碱地、发展水稻种植的宝贵经验,留下《粪雍规则》《北耕录》等专业著作。崇祯十二年(1639),天津巡抚李继贞在葛沽大规模屯田农耕,葛沽水稻产量与品质俱佳,与南方优良品种"白玉堂"齐名,成为知名品牌。葛沽所产稻米,也成为小站稻的母种,葛沽从"咸盐斥卤不可耕"的荒滩转变为富庶的北方"小江南"。

(二)特色景观文化

葛沽有着迷人的自然景观和丰富的人文景观,凭借北国江南的独特景色,在明末清初已成为人们郊游的风景胜地。

葛沽的景观可以概括为:"水流三带珠连七,桥飞九虹庙十八。"葛沽古时制盐业发达,为了运盐,开掘了三条河沟,即东沟、中沟、西沟,这三条河沟成为葛沽风景的核心要素。三条河沟边形成了三条主街道,其上架起了九座木石结构的拱桥,这就是"水流三带"。那时,葛沽的美景可以这样描述:亭台楼榭掩映,小桥流水人家,沟渠交织、水光潋滟之间,梁桥旗帜帆船跳跃舞动。

葛沽漕运发达,妈祖文化在这里广为传播。镇内修建庙宇众多,有慈云阁、老爷庙、马神庙、药王庙、三官庙、长寿寺、文昌庙、地藏庙、娘娘庙、太虚宫、海神庙、火神庙、财神庙、玉皇庙、东白衣庙、西白衣庙、东土地庙、西土地庙,还有三奶奶庙、神农堂、鱼骨庙,等等。[①] 海河边的慈云阁最为知名,阁内供奉如来佛祖和观音菩萨像。慈云阁因建筑位置较高,是葛沽制高点,登高可览田野风光、沽水流霞,故为所有名胜之首,是人们重阳节登高的好地点。建于明代万历年间的天后娘娘宫,庄严雄伟、规模宏大,几百年来香火旺盛。每年正月十六迎接天后娘娘回宫,是葛沽宝辇会的核心内容。

清同治十二年(1874),李鸿章批准在葛沽建设津东书院。津东书院是天津八大书院之一,现葛沽第一小学便位于津东书院的旧址。葛沽域内还有以郑家大院、赵家胡同、张家瓦房为代表的民间古建筑,从中可以看到葛沽昔日

---

① 李治邦.用神话浸泡过的葛沽古镇[C].中国文化报,2017-02-21,(3).

的富庶和繁华。

葛沽经济发达,文化氛围浓郁。文人将景观总结为"前八景"和"后八景",以"八景"为题的诗画作品在民间广为流传。当前整理归纳的葛沽八景为:人烟圣界、水流三带、灯街火会、古阁遗韵、渔盐旧迹、柳影九桥、慈阁昭晖和海艘帆蓬。

(三)特色民俗文化

1. 葛沽宝辇会

依托于强大的经济基础和活跃的商贸活动,葛沽镇人丁兴旺,人们安居乐业。在漫长的历史进程中,葛沽大地积淀下深厚的文化底蕴,最为重要的是依托于妈祖文化的葛沽宝辇会,又被称为天津皇会。

葛沽宝辇会,始源于明永乐初期,至今已经有六百年的历史。葛沽宝辇会以原生态的形式被保存下来,成为国内独有的妈祖文化活动。不同于其他地区庙会发展为市集的趋势,葛沽宝辇会仍然坚持进行仪式活动,没有商贸交易。葛沽宝辇会原为正月十八举办,现多为正月十六举行,主要有"座乐会"和"耍乐会"两个部分。葛沽宝辇会一般从农历正月初二"耍乐会"开始"踩街",正月十六"接驾"则是活动的高潮,表演队伍达数千人,观众更是数以万计,广场街道上锣鼓喧天、器乐齐鸣,跑辇、踩高跷等表演更是一种绝活,从表演者卓越的表演技能上可以看到这一地区深厚的文化传承。在热烈的庆祝活动中,民众焚香祷告,祈盼得到妈祖保佑。

2. 特色饮食

"借钱吃海货,不算不会过"这一天津民谚的起源地就是葛沽。在独特的河海资源的滋润下,水鲜海味是葛沽美食的核心食材。

葛沽最有名的美食是涮海锅,其也被称大海锅:灶上的大铁锅中沸水翻滚,以大料、桂皮、海米、干鱼、葱、姜、蒜等为底料,对虾、梭子蟹、大海螺、琵琶虾、鲜蛏、蛤蜊、扇贝等新鲜海货摆放在锅边,食客手握深笊篱,自选食材、自行煮涮,品种和火候都可以自己选择把握。

葛沽四周环水,水产品丰富,吃法更为丰富:炸泥鳅、炸铁雀儿、蹦蹦虾都是民间美食。在葛沽,几乎所有蔬菜都可以和海产品搭配在一起煎炒烹炸,比如鲶鱼熬旱萝卜、大虾炒土豆、琵琶虾熬菠菜、杂鱼熬蒜苔、鳎目鱼炖疙瘩头以及西红柿琵琶虾拌面,等等。数百年来,频繁的商贸活动打造出很多品牌餐饮:如于家肉脯的酱肉、徐聋子的包子、赵大肚子的毒药烧卖、李大来的糖堆儿、赵记的切糕、张家的素面、田大傻子的糖炒栗子、涌同兴的烧酒,等等。

三、葛沽文化生态系统平衡的实现路径

一是加强顶层设计,处理好保护与发展的关系。

葛沽是历史名镇,但是也面临着文化生态失衡的局面:多年来,经济的快速发展对生态环境和文化传统进行了一定的破坏和损害,古镇内历史文化遗存不断减少或损坏,旧时的桥梁、古宅所剩不多,而且损坏严重,难寻旧时的动人美景。因此,政府等相关部门要加强管控,做好顶层设计,把文化资源的保护放在首位,真正做到"能保则保、应保尽保"的保护工作。在文化保护实施过程中,要建立起完善的管理体系,改变资源分类多、管理分散等不利局面,让责任落实到位,对生态、文化等濒危保护内容进行积极的抢救和修复,积极修复古街、古建筑,恢复历史街巷、历史水系,维护好自然生态环境,打造出有生机的活态博物小镇。

二是科学定位,建设宜业宜居宜游的特色小镇。

应充分挖掘自身的文化特色资源,构建起基础设施完善、生态资源丰富、功能配套齐全、文化内涵深远的适宜人们长短期休闲养生的特色小镇。结合葛沽的历史遗存,建议打造煎卤制盐、漕运场景、稻田农耕三大主题活动,让当代人体验我国优秀的生产文化:可在旧时盐场开展传统晒盐技艺的展示和体验,打造海水制盐的专业课程;复原漕运生产场景,开展撑杆、划桨、摇橹、鼓帆、收帆、拉纤等活动,打造旅游体验和团建等活动;与小站稻的推广相结合,开辟葛沽稻的农田耕作体验,把葛沽稻打造为小站稻的高端品牌形象。

三是规范运营机制,实施利益相关者共同治理。

葛沽宝辇会是国家优秀的民间文化,这一地区的人们有着很深的文化情怀,我们可以制定出规范的运营机制,充分发挥各个利益群体的积极性和责任心,激活优秀民间文化,把葛沽宝辇会打造为多层次的文化活动。

传统节日是对民族文化的综合展现,是民族精神的载体,凝聚着中华文明的历史文化精华。葛沽宝辇会是天津文化的重要体现,是中华民族璀璨的

文化瑰宝,也是珍贵的历史文化遗产。要依据民俗为本、时尚为用的原则,将现代科学技术融入历史文化的保护中,把数字化手段汇聚到文化活动中,开发出适应假日和日常的多层次旅游活动,打造葛沽小镇特色的民俗活动。发挥葛沽民间文化骨干的积极作用,把这一地域的花会、踩高跷等表演活动打造为独具特色的文化活动,成为吸引各地游客的有内涵的文化品牌。

四是搞好景观建设,拓展历史景观的文化内涵。

深入挖掘优秀地域文化,把教育、饮食、康养等诉求科学地植入文化景观中,如在传统院落、古街中可以开展文化创意活动,开发会展、实景演出等文化项目。在做好整体规划的大框架下,积极延伸产业链条,打造出立体的生产体系和服务体系,构建功能齐全的旅游小镇。

第七章　实现休闲农业文化价值的
深度实践与路径解析

第一节　源　　起

基于多年的专业研究积累,2015 年起,笔者对天津休闲农业的文化要素开始进行系统的调查与研究,希望找到天津休闲农业产业提升的抓手与路径。2016 年元旦,课题组走访蓟州区小穿芳峪村,发现小穿芳峪村有着令人震撼的优秀历史文化遗存:村里古槐树边立着"唐槐"字样的石碑、路旁地上埋着半块"穿芳义塾"字碑,村民手中还有前辈留下的古籍、课本、文房四宝、匾额、画板等文物以及丰富生动的故事。经过深入的调查和挖掘资料,课题组找到了他们留下的百万字的古籍资料,文字记载和口耳相传的信息让我们还原了这样一幅美丽的历史画面:清末时李江、王晋之等多位文人雅士在这里定居生活,建起了龙泉园、问青园等八座园林,过上了植树、农耕、读书的耕读生活,留下了很多有价值的生产实践经验和生活情趣记录。这些有爱心的文人雅士还为乡民义务提供了文化教育和医疗救济等公共服务,至今可以看到穿芳峪一带乡间有着良好的文化风尚和生活雅趣。

遗憾的是,一直以来,这些珍贵的文化遗存除了数次浅尝辄止的调查始终被埋没着,特别是在这一带发展休闲农业等文化产业的进程中,当地政府和乡民都忽视了自身具有的历史资本,仅提供没有个性特点的山村环境和农家生活的体验性服务。这一典型的案例也说明,很多来源于农村基层的文化挖掘工作,不仅需要专业知识,还需要社会工作的经验,更需要对"三农"的热爱与贴合。笔者和古典文学专业的罗海燕博士责无旁贷地投入紧张的资料整理与开发研究中。经过深入的调查和研究,在多位文史和产业专家的指点下,在与村级管理者的交流碰撞下,几年来,我们对穿芳峪文化资源进行了深入细致的整理和分析,也进行了立体的全方位的开发实践和探索。

经过多年的踏实努力,我们为小穿芳峪村打造了"小穿芳峪文库"这一品牌形象,出版了《小穿芳峪艺文汇编》等四册点校古籍、《小穿芳峪发展志略》著作和《龙泉师友遗稿合编》影印古籍。天津社会科学院在小穿芳峪村建立了智库实践基地,打造了以乡村振兴为主题的社科研究平台"小穿论坛",迄今为止已经成功举办了三届。"小穿论坛"对我国当代乡村发展的实践进行了全方位、多角度的研讨与总结,提出了很多有见地的理论分析和有效果的实践方案。

多年来,笔者与各学科专家学者,对小穿芳峪的文化建设、产业提升、乡村治理等综合性发展问题进行了全面的研究与合作,在给小穿芳峪村贡献智慧的同时,也得到了很多回馈和启发。与村级主体管理者的曲折交流过程让我们认识到,农村的发展还有很多瓶颈,需要我们用耐心、恒心和技巧去破解。如资料搜集和书稿写作过程中,发现历史档案资料匮乏,让村民认识到回忆、整理资料的意义是一个并不容易的交流碰撞和提升的过程。一直记得这样的一天傍晚:笔者在村间民居路上失落地散步,打算天亮就离开,放弃给村里写书的计划,没想到与村民意外的攀谈聊天,打开了这位普通乡民尘封的记忆,给了笔者很多可以写入书中的文化线索,也重新点燃了笔者心中希望的火花。笔者一鼓作气,完成了剩下的工作。

当村民把带着历史痕迹的珍贵照片、家中的古旧物品交给我们的时候,我们感到了收获的快乐,不仅是因为村民对我们工作的理解和配合,也是因为他们认知水平的提高——文化的注入对于他们的产业经营和生活品质都有着重要的提升作用,能够为他们的未来打开更大、通向更广阔的世界的一扇门。这正是我们社会科学研究人员期盼的结果。

下图为村民家中收藏的木刻版拓画《龙泉园图》,是当年来小穿芳峪村居住、办学的文人王晋之的作品,这幅图成为"小穿芳峪文库"的标志性封面。

图 7-1 《龙泉园图(木刻版拓画)》

第二节 小穿芳峪村休闲农业的文化要素

一、生态文化

小穿芳峪村位于天津市蓟州区的东北部,北纬 40°10′、东经 117°54′,距蓟州城区 12.8 千米,村南连接邦喜公路、村西连接津围北二线,再连接津围路和津蓟高速公路通往天津与承德,连接京平高速通往北京。小穿芳峪村坐落于山脉与平原的过渡地带,村周围有卧牛山、官帽山、龙泉山等群山环绕,呈北高南低、逐渐下降的坡形地势,是典型的半山区。这里的气候特点是四季分明、季风显著,雨热同期、旱涝相连,历史上雹灾多发。

明朝初年,穿芳峪村依卧牛山、傍州河水而建,小穿芳峪村隶属其中。1958 年,小穿芳峪村从穿芳峪村独立出来,成为行政村。小穿芳峪村西连穿芳峪村、北接英歌寨村、东临李各庄,与南山村、毛家峪村隔公路相望。小穿芳峪村东西呈长条形,东西 1033 米、南北 808 米,总占地 40.12 公顷,地块比较完整。村民居住比较集中,以穿芳老街为中心略呈阶梯状集聚分布。老街区域南北 400 米、东西 200 米,面积达 8 万平方米。村内有乡村公路与邦喜公路和津围北二线相通,交通便利。卧牛山是村域内的山地资源,主峰海拔 119 米,长、宽 500 米,由砾质石灰岩构成,因状如卧牛而得名。卧龙山风景优美、植被茂密,是人们观星赏景的便利平台。

村域土地主要是呈色黑黄的优质土壤,间有砾石型的薄层土壤。位于响泉园一带,有 30 亩俗称"上水石"的岩层,岩石质地松软、布有缝隙和孔洞,成为能如海绵般吸水、涵养植物的特别岩石,是天津地域内的独特资源。

值得一提的是,以前村域内水系发达,州河在村边流过,村南则有龙泉、响泉、小理海泉、妙沟泉等十多道泉水,一派"山山有流泉、流多源并长"的美景,特别是龙泉、响泉泉水清澈甘甜,远近闻名。龙泉位于穿芳峪村龙泉山下,流过龙泉园汇入州河,旧时水势很盛、水量充足,近年来地下水位下降,龙泉水流量极少。响泉位于卧牛山后响泉园内,有一石坎,泉水园从西北角的石缝中涌出,落地声音清脆悦耳,响泉由此得名。遗憾的是,现在响泉已干涸。

这么美好的自然生态环境,让清末来此定居的王晋之写下了有感染力的经典诗句:

家山吟[①]

王晋之

余家徙居穿芳峪,八年所矣。友人李观澜亦尽室移此,一时稔其胜者,又竟谋修筑园亭堂宇,相对望焉。纪纶阁广文艳羡,究诘用效香山诗体,觏缕述之,并呈观澜,命之曰《家山吟》。

---

① 罗海燕,苑雅文.小穿芳峪艺文汇编·二编[M].天津:天津社会科学院出版社,2017:98.

蓟州古渔阳,素号山水乡。

东北三十里,有峪曰穿芳。

三面山环绕,东南少开张。

入山不见村,惟有树苍苍。

山山有流泉,流多源并长。

夏秋水暴涨,南溪更汪洋。

窃渠灌蔬圃,曲折随圆方。

虽居乱山中,田畴莫不良。

一村无别业,不读便耕桑。

有学申孝弟,有仓备凶荒。

薄收即乐岁,况乃足稻粱。

花时开满山,万树成一香。

秋来果实熟,禾稼复丰穰。

方之隐者居,兹地费评章。

秦时桃花源,吾家辋川庄。

二、生命文化

自然资源方面,地处暖温带的小穿芳峪村植物种类众多,生长茂盛,其中被子植物的种类最多,另有蕨类植物和苔藓植物,高等植物达数百种。山地上大面积植被为荆条、酸枣、小叶鼠李、菅草、白羊草次生灌草丛,有野大豆、地锦草、北五味子、刺五加等珍贵植物。小穿芳峪村有天然落叶阔叶林和杂木林,较多的为松、柏和果树,包括油松、侧柏、蒙古栎、槲树、糠椴、旱柳、坚桦、北鹅耳枥、核桃楸、大叶白蜡、山楂、榆、杨等。

旧时,村东龙泉山上有大面积的橡树林、竹林,林木茂密,却被日伪军砍伐,现在又被人工栽植上树木。古时村域内植树所用苗木主要靠采集自然生长苗木或树枝扦插,李江等清末到此定居的贤士在这里开展了大量的植树绿化活动。王晋之在《山居琐言》总结了植树的经验,以居山先宜树木、种树可占正田、种树先宜编篱、编篱得利而无他患、树秧岁宜多养、种树亦宜用粪、删树五诀等为标题进行了系统的论述,还配有示意图,让我们看到了小穿芳峪村现在的美景不仅是大自然的馈赠,也有先人的辛勤耕耘。

王晋之在"种树可占正田"下这样分析:"吾山种树,多在田边隙地,而又散植各田,无地不有。谓不占正田并可多植,以为其计甚善,而不知非也。树在田边,不能多得粪力,山田高下不齐,边多石坝,距边一近,树小犹可,大则根多外出,易受风伤。树非壮大不能得力,甫大而衰,何贵乎树?遍地植树,不患不多,然不便看守,必至损伤。况谷田有树,则有妨于谷。树田虽可种谷,然毕竟当以树为重,故种树者,宜特割山田一区,按行种植,加意粪壅,固其藩篱,时其灌溉,使种谷不妨于树,而并有利于树。树木之道,其庶几乎!"①

小穿芳峪村域内存有珍贵的古树。村中曾有五棵千年古槐,远近闻名,州县志中曾有记载。李树屏写下了《五槐诗》:"一槐夭矫如游龙,一槐横卧如长虹。两槐相向寺傍立,清阴交覆仙人宫。更有两槐峙村口,俨若当关坐相守。终年看尽往来人,暗笑劳劳苦奔走。"村域现存其中三棵古槐。一是迎客槐。迎客槐位于村东侧入村处,在清代树身粗壮,有一粗权平伸过村路搭在对面影壁上,仿佛进村的天然"迎客牌楼"。遗憾的是,抗日战争期间,侵华日军在穿芳峪建炮楼、设据点,因迎客槐枝权影响汽车通行,便把过街树权锯掉,又在树下放置大炮,炮座炸去一半树体,现在只有一个树权顽强地生长着,向人们诉说着这段往事。二是槐抱榆(唐槐)。槐抱榆位于迎客槐西侧几步之遥,主干外径达 8 米。因年久且槐树中心为空,槐树腹中生长出一棵一搂粗的榆树,槐抱榆由此得名。现在这棵古树槐榆交织、共同繁茂。吸引人的还有树干缺损处镶嵌着一块很有韵味的石碑,上书"唐槐"二字,落款是清光绪二年十二月崇绮题刻,崇绮是在这里建了问源草堂的清代状元。据村民回忆,这块碑曾经被当成村内小学教室的石材,故得以保存下来。槐抱榆因年代久远,被人们视为神灵,很多村民和游人在树上栓红布条、长命锁或认干亲,给家人特别是子女祈求平安幸福。三是槐抱柏。槐抱柏位于穿芳峪大街中段北侧的穿芳义塾院外,这里原为福缘庵,几位贤士在这办起了义务教育,

①　罗海燕,苑雅文.小穿芳峪艺文汇编·二编[M].天津:天津社会科学院出版社,2017:7.

很多孩子有了受教育的机会。这棵古槐主干外径大约 5 米,空腹中长出一棵柏树,犹如一个大盆景。榆抱柏也是穿芳峪一景。

在良好的自然环境下,村域内有动物数十种,特别是古时野生动物更多:鸟类有黄鹂、蓝鹊、环颈雉、山雀、喜鹊、黄鹂、啄木鸟、金雕等,昆虫有全蝎、谷蟓、莽蟓、大鳖土蟓等,哺乳类动物有社鼠,猪獾、灰鼠、花鼠、狍子等,爬行类动物有南滑蜥、王锦蛇、玉斑锦蛇、乌梢蛇等。现在大型哺乳类动物已经很少出现,鸟类和昆虫则比较丰富。

三、生产文化

农耕思想在我国传承了几千年。从定居在小穿芳峪村的几位贤士的著作看,其中大量的文字记述了穿芳峪农事和作物种植,充满了先人敬农、重农、悯农和亲自事农的思想和行为。李江的《龙泉园集》中,有语录体的"龙泉园语"四卷,"龙泉园治生录""村居琐记"等卷中的主要文字,就是他对农业、农村,甚至农民的生活、劳作、经营的全面观察、了解、总结和议论。如:"天下之事未有如力农之苦者,天下之利亦未有如力农之薄者。人生舍'耕读'二字,别无可办之事、可就之业。然耕要真耕,读要真读,方能得力。"李江与众友人精心设计了合作项目"井田庐":仿古井田制,将九亩地画为九区,每区一亩,一人一区,中间一区为公田。"环庐树桑,瓜壶果蔬,随意种植。其田则八家通力合作,计亩均收。"有诗云:"井田小小具规模,风景何曾与古殊。从此龙泉诸学侣,都称三代上农夫。"在那个时代将农民称为"上农夫",可见诗作中洋溢着对农民的尊敬之情。李江等人还进行了丰富的农耕实践活动,对田地的品质、播种的节气、稻麦种植的区别,水利沟洫的开凿、农肥的优劣等留下了深入细致的阐述和分析。如:"农叟有言:禾历三时,故杆三节;麦历四时,故杆四节。种稻必使三时气足,种麦必使四时气足,则收成厚。"从中可以看到先人的农耕智慧。在穿芳峪的实践体会则是:"吾乡种田多在夏至后,秋尽而收,所历二时而已。种麦多在立冬后,至夏至而收,所历三时而已。欲禾历三时,麦历四时,胡可得焉? 惟有下秧极早,可补事力之不逮。"这种积极实践再认真总结、踏实事农的精神,值得我们学习。王晋之的《山居琐言》和《沟洫图说》则是极具专业水平的农田水利和农耕技术的著作,很多农业知识至今仍有意义。特别是其对州县政府管理水利事业直接提出了设置"营田观察使"的建议,认为"民为邦本,食为民天。治水治田,兼营并举。有水之利,无水之害,则地力尽而民食饶。水利为国家本原。"在书中,王晋之还绘制出11幅地形图,将"因田开沟""沟道交通""沟河交通""简捷栽树""品字分行植树""田畔栽植短树""椒棘杂树编篱""山园随势散篱""塘泊""村堡植树""城池筑园植树"等生产活动进行了图解,许多经验极有参考价值和留存意义。李江等人在穿芳峪事农,还非常关注经济作物的引进和推广,特别是农村妇女在桑蚕产业中的重要作用,可惜因条件不具备而放弃。

明清时,英歌寨每年二月十九的菩萨庙会非常火爆,因旧时寺庙、庵堂的佛事兴旺,求财祈福、讨子延寿、许愿还愿的香客络绎不绝。庙会逐渐演化为地域乡民重要的节庆活动,说书唱戏、打把式卖艺、跑马戏、杂技魔术、拉洋片,特别是各种商品摊排满街巷,吸引来各行业的客商和手艺人做生意,有些直接落户成为村民,因此,小穿芳峪村的手工艺者很多,工艺门类丰富齐全,在瓦盆窑、泥瓦匠、木作坊、烧锅酒作坊、面粉坊、点心铺、豆腐坊、麻花摊等中均可看到手工艺者的身影,除此之外,还有杀猪、养蜂等多种技术手艺。村中尹姓家族有蔬菜、供品、磨豆腐三个营生,产品均为自产自销。尹家蔬菜、豆腐曾享誉蓟州城乡,面供品生意很受欢迎。尹家豆腐坊制作的豆腐细嫩,熬炒不易碎,特别是尹廷九做的豆腐、豆片很有名气。尹家后人尹友开办的香油作坊,采用地道的本地产芝麻和独有的工艺制作香油,香味绵长。蔡家面粉坊脚踏箩筛面,加工出来的面粉深受人们喜爱。张家瓦盆作坊取山坡土质干净的黏土进行烧制,成品有大小瓦盆、水罐子、大货罐、笔筒、烟灰缸等,被称为"瓦盆张"。穿芳峪水好粮佳,明末时尹家就办起了酒作坊,产品除在当地销售外,还销往唐山、芦台、滦城一带,相传后经崇绮推介后又销往北京,民国时作坊由半壁山刘家接手。抗日战争时期,酒作坊改建为兵工厂,为打击日寇立下了不朽战功。金贵在小穿芳峪安家落户开办了金家肉铺,经营杀猪卖肉营生。编席是季节性、流动性的加工手艺,每年由村里将任务轮派到各家,人们用苇子编成炕席和各种农具。

小穿芳峪属低山区,粮食产量并不稳定。历史上高粱种植面积占全村粮食作物的30%,村域坡地种植白高粱、村南平坦地带种植红高粱。1958年,全村有土地 300 余亩,其中耕地 280 亩,土壤宜于种植玉米、高粱、小麦和豆类等。村民主要以开荒、种地为生,以农业、林果业为收入来源。随着生产关系变革,生产力不断提升,村经济不断得到发展,逐渐达到温饱水平。20 世纪 70年代,村中进行大规模农田改造,春小麦种植面积大幅增加,麦田中套种玉米,一年两熟或三熟。改革开放后,实行家庭联产承包责任制,农业科技水平和产量大幅提高,人们生活达到小康水平。1999 年落实土地二轮延包时,全村有土地 295 亩,粮食播种面积 209 亩,粮食作物品种主要以玉米为主,辅以小麦、高粱、大麦等,零星种植黄豆、绿豆、黑豆、蚕豆等豆类。2012 年开始,村中利用现有环境资源优势,发展全景式特色旅游,实行土地流转,重新布局村域经济发展方向,成为全国休闲农业与乡村旅游示范村,建设了小穿乡野公园,重点发展经济苗木种植、景观植物培育,实现了风景宜人又有经济收益的双重效应。

20 世纪 50 年代起,村民开展人工栽植果树的劳作,栽种数量最多的是柿子、核桃和苹果。20 世纪 70 年代末,人工栽植果树发展到近百亩。20 世纪70 年代,村里办起了红石米加工厂,这是小穿芳峪村所办的集体企业。1972年,加工厂生产红石米羊肝子 52 吨,实现收入 1.03 万元,这成为当时村民重要的经济来源。实行家庭联产承包责任制后,果树承包给个人经营,承包期一般在 20 年以上,主要栽植国槐等园林树种。2017 年,村有农林用地 488.7亩,与旅游产业链接,主要发展林果经济,农林用地占全村土地总面积的81.21%,森林覆盖率达 80% 以上。2017 年,村域面积 601.8 亩,有农林用地488.7 亩(其中耕地 247.79 亩),森林覆盖率达 80% 以上。

小穿芳峪村地域的传统耕作农具主要有:耧子、铁犁、耘锄、播种耧、镰刀、薅刀、柴刀、铁叉子等。运输古时多用人背肩扛,后使用小拉车、独轮车、木制马车牛车、胶轮大车。粮食加工靠石碾、石磨,由人力推动或用畜力拉动,饲料加工使用铡刀(人工),后为电力铡刀、电力铡草机、粉碎机等。传统农具的变革也反映出社会的发展脉络:20 世纪 50 年代末,小穿芳峪村开始使用七步马拉犁、双轮双铧犁、电碾、电磨等工具;20 世纪 60 年代中期,电力水泵完全代替龙骨水车;1972 年,村里又添置了带犁、带车斗的 20 马力拖拉机;20 世纪 80 年代,55 型拖拉机、农用柴油三轮车投入使用。

2012 年 8 月,面对周边旅游村迅猛发展的形势,村"两委"班子制定出"村民回乡、生态疗养、结构调整、实现梦想"的九年规划,发挥村域自然生态优势,在东部的农业区发展观光农业,西北部发展特色民居,实施集体管理、统一经营。2013 年始,小穿芳峪村依托良好的自然生态环境和优秀的历史文化遗存,以"小穿乡野公园"为平台发展特色休闲农业,开发设计中注重文化内涵的导入与活化,把"厚厚的乡情,浓浓的野趣"作为核心定位,建成集园林风光、农家民宿、文化体验、生态康养为一体的综合性休闲体验项目。截至 2019 年底,村里相继建成小穿乡野公园、农耕文化体验园、房车基地、邵窝文化体验区、雪乡乐园、中高端民宿等休闲旅游项目,这些项目成为旅游经济的重要增长点。如今的小穿芳峪村依山傍水,花团锦簇,绿树成荫,风景秀丽,被誉为"北国桃花源"。

小穿乡野公园休闲区按照星级酒店标准进行规划,设有高级大床套房、双人间、多人间,还有独立木屋、邵窝庭院、云杉多功能厅等。长 60 米、宽 40 米、面积 2100 平方米的云杉广场上可开展户外婚礼、篝火晚会、卡拉 OK 等娱乐休闲项目。云杉餐厅可容纳数百人就餐。公园内另有房车和立子缘一座,房车分别以植物命名,傍水岸、居林丛,是融入乡野自然的美好体验。"立子缘"是六棵栗子树托起的树上木屋,取吉祥多子的含义。"邵窝"是依托挖土断面建成的窑洞式的休闲庭院,取邵雍"安乐窝"之意而命名,能够让游人体会到安逸舒适的乡野雅趣,非常适合休闲居住。村内已经投入经营的农家院有:响泉农家、乐贤玉宅、悦晟明府、问青客舍、昱君宏府、明宽鸿府、隆悦府、福远轩、乐浩农家、盛情迎仁、尹海兴农家院。

四、生活文化

生活文化在物质层面包括农家宅院建筑的空间展现、农家大众餐饮的参与体验,特别是农家食宿体验深受游客欢迎。生活文化的精神层面则包括红色教育活动、民俗节庆活动、民族风情展示、民间文娱表演等。城市居民通过感受特色文化,体会乡村生活方式,享受邻里和美、愉悦热闹的乡村生活氛围。小穿芳峪村共有农户 82 户、268 口人,老宅 88 宗,占地面积 123.08 亩,厚重的历史、智慧的乡民,让这里的生活文化丰富又有雅趣。

（一）穿芳园林

村内主要是北方乡村格局，民房多为南北朝向的起脊式房屋，一般有相对宽敞的庭院。除中心的穿芳老街外，间有依高就势而建的居舍，整个村庄呈现出参差错落的小山村风韵。

穿芳峪山清水秀，气候宜人，特别是卧牛山周围群山怀抱、峰峦叠翠、泉水清澈、林果花香。李江因病辞去官职，来这里造园修墅，过起了农人生活，随后吸引了多位好友随他来到这里逸居，共同过起了快乐的日子，他们在此饮酒作诗、耕种劳作、教书育人，将我国的优秀文化传承了下来，创造出穿芳峪"四乐"的生活模式：一曰山水之乐，二曰友朋之乐，三曰文字之乐，四曰家庭之乐。他们勤于笔耕，留下了百万字的古籍资料：清末出版的《龙泉师友遗稿合编》《乡塾正误》《广三字经》，民国时出版的《里党艺文存略》等。

李江等贤士在这里修建了八座乡间园林，虽然原始的房屋庭院现已不复存在，但是这几个地块基本都是空地，还能看到古井、古树和瓦砾等石材通过古籍记载和村民口传，我们能够还原这些园林的风采。从园林建筑史的角度来看，这处"晚清文人园林群落"在国内非常罕见，显然是重要的历史文化资源。这些园林处于北面龙泉山、南面卧牛山之间的谷中平地，以卧牛山为南点，以龙泉寺为北点，以井田庐为东点，以八家村馆为西点，自西而东，分别为八家村馆、乐泉山庄、龙泉园、问青园、问源草堂、响泉园、井田庐（见图8-2）。

1. 龙泉园

主人李江。

龙泉园位于穿芳峪龙泉山谷，始建于清同治九年（1870），历时三年而成，由清代中宪大夫、兵部候补主事李江营造。园外泉溪环绕、桑榆密植，园内泉洁、林茂、地幽。园林总占地约十亩，房屋中庭为"龙泉精舍"，由倭仁题额，而西为庖厨，东为仓房，前有二池，分别养鱼、种莲，后则为"来青室"。左厢是"恒斋"，右厢名"犁云馆"。园西穴壁成室为上古居，园西以石筑楼成"卧云楼"。园东有溪，溪上筑"枕流亭"。园南柳桃成林，林间为菜圃。园有矮墙，外结篱笆。地上碎石铺路，曲通园东柴扉，门口有联云："好去上天辞富贵，却来平地作神仙。"左右则是高大白杨。龙泉园云山迥合，溪水曲环，花木扶疏，屋庐掩映，仰观俯听，丘壑花草木石皆资题品，李树屏因此曾撰《龙泉园志》，

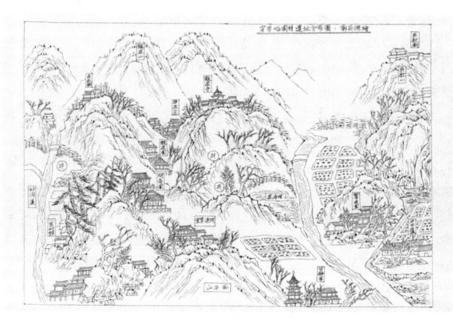

图 7-2　清末穿芳峪园林古建示意图

并著《龙泉园十六景注》以志园林之胜。

2. 问青园

主人王晋之。

问青园位于穿芳峪卧牛山下,在龙泉园南,与之间隔一溪而园门相对,由清代举人王晋之所建。园林枕山而建,占地约五亩,灌溉便利,多种梅花。园中有"俭斋""切斋""四乐斋""四药斋"等。"俭斋"周列藏书,案设古器。"切斋"由倭仁肇篆大书其名。"四乐斋"则由李江隶额,意为居此有山水之乐、友朋之乐、文字之乐、家庭之乐。"四药斋"则是卖药之铺,室内药香氤氲。李树屏《贺竹舫师移居穿芳峪》诗曾赞云:"柴门浓覆柳阴清,茅屋疏篱画不成。好是小桥东去路,月明添出读书声。"

3. 八家村馆

主人李树屏。

八家村馆位于穿芳峪龙泉山西部西妙沟溪畔,又名"梦园",为清代学者、诗人李树屏所建。园中坦幽静,遍植芭蕉、竹子等,更有菜圃以供食用。其中有斋,是为教授生徒之所,斋名"八家村馆"。李树屏尝欲集穿芳诸名胜于一处,在园中营造"化蝶山房""待月廊""契陶庐"等,却因时局动荡、战乱频仍等,怀憾而终。村民郑中和藏有一本李树屏手书的习字课本。

4. 响泉园

主人万青藜。

响泉园位于穿芳峪龙泉山与卧牛山之间,总占地约十五亩,主人万青藜是清代兵部尚书、吏部尚书。园中古木茂盛,泉水众多而喷涌不绝,故名响泉园。因土地不平,园内分南北两院。北园为主体,名"潆碧山房",四面作窗。房屋后窗下有"憩泉",房屋前窗是"挹泉"。"挹泉"曲折而流,形成瀑布。两泉同汇于园中"潆碧池"。园正门在北,上题"闲者便是主人"。东南开角门,门前为六角亭。园外西接龙泉园,东则布有莲沼、稻畦、菜圃等,李江为之撰联云:"闭门种菜,灌园鬻蔬。"

5. 问源草堂

主人崇绮。

问源草堂位于穿芳峪卧牛山与龙泉山之间,为清代户部尚书、热河都统崇绮所建。园林处于四山回合之间,溪水环流,最为幽邃。岸上多桃花,每当春月,落英缤纷,溪涧为赤。游人至者,如入桃源,故名"问源"。园中有"问源草堂""陶陶书屋""耐寒堂""五柳轩"等。崇绮曾自撰楹联:"杯茗快吟陶杜句,炉香静玩洛闽书。"

6. 乐泉山庄

主人纶雨芗。

乐泉山庄位于穿芳峪龙泉山与卧牛山西侧,为清代河南观察使纶雨芗所建。园林主体为茅屋三间,后又扩建,并购买李姓旧宅。园中有桃成林,梨杏交错。

7. 习静园

主人赵连增和邓显亭。

习静园位于穿芳峪卧牛山南坡,为清代文士赵连增与邓显亭所建。园林主体为茅庐,位于百余株梨杏之间。门前对山,窗牖临树。园南依次为菜圃与农田。李江曾写诗描写春夏之时园林之景:"已开白似雪,未开颜半酡。浅深浓淡间,烂熳盈陂陀。青松衬绿麦,掩映添余波。"

8.井田庐

井田庐为八人共有。

井田庐位于穿芳峪卧牛山与龙泉山以东平地,为李江约同好八人共建。其仿张载试行井田,平地分九区,每区一亩,八人每人一区,中间一区为公田。公田之内,建一小庐,环植桑树,作为耕憩息之所,匾额"井田庐"。时人对此多有吟咏。李树屏曾作绝句云:"桃李花开遍陌阡,一痕鞭影午风前。愿为荷笠携锄客,老种龙泉井字田。"

9.园林宅院以外的重要建筑——穿芳义塾

穿芳义塾坐落在穿芳峪大街中段路北,原福缘庵旧址,总占地三亩八分。穿芳义塾分为前后两座大殿,东西厢房各三间,后院设菜园一处。李江等贤士来到这里定居,深感乡里缺少文化,便请村董呈报县衙,上助下捐,建成义学,名"穿芳义塾"。李江、王晋之和李树屏是蓟州本地人,连同朝官万清黎、吏部侍郎崇绮以及知州、知县等慷慨解囊,以资共建,穿芳义塾可谓盛举。义塾建成立碑,李江撰写碑文,王晋之书丹,现在还存有半块残碑。穿芳文人的文集中,拥有较大篇幅的有关教育发展的内容,王晋之的《问青园课程》提出了一系列严谨而实用的教学思想:定趋向、养精力、谨仪容、敦行谊、除过恶、慎交游、惜财用、治经史、通时务、习文艺、循等级、辩诚伪、竞功修十三条基本原则。据曾在义塾读书的郑中和老人回忆,教室立有条幅,记载十多位曾经任教的先生的尊号大名。义学教育提升了村民的文化素养和写算技能,还对民风民俗起到促进向善向上的作用,让这里成为"教养之盛,近村所仅见也"的礼仪之邦。

(二)乡村特色饮食

1.以面食为主的农家主食

大饽饽。农民以玉米面、小米面等粗粮为主,掺少量白面蒸制而成。年前大多蒸一天,放入缸里冷冻保存。

南瓜豌豆包。秋天采收的豌豆,打碎加糖制成馅料,将南瓜烀熟打碎,加入杂粮面发酵,放入馅料上屉蒸熟而成。

年糕。将高粱、小米、黏米等杂粮磨面,加入红糖或大枣蒸成的面食。

红糖核桃仁包子。将核桃仁炒熟,碾碎加入红糖成馅料。白面发酵,加馅做成包子蒸熟。核桃、红糖是公认的补血佳品。

橡叶包子。橡树叶很薄，味道清香，贴饼子或蒸馒头时当屉布，蒸出的面食味道清香特别。应季食材还有苏子叶，有养生保健的作用。

枯吃，其他地方称为锅塌。将肉炒熟，加入豆角等应季蔬菜，放入米，加水，以中火焖熟，米饭中混杂着肉菜的香气，很是诱人。

此外，用绿豆制作的"咯吱"能开发出一百多道菜肴，如醋溜咯吱、烩咯吱、炸咯吱、焦溜咯吱、玻璃咯吱、炒咯吱、咯吱签子、糖醋咯吱，等等。

2. 特色菜肴

(1) 节日宴席："四碟四碗"

旧时农家的节庆宴席是"四碟四碗"，俗称"小四四"。穿芳峪一带婚丧嫁娶的席面菜谱是：四碟——猪头肉、糟肝、灌肠和咯吱盒；四碗——条肉、方肉、墩子肉、鸡肉。因为当年鸡肉比较贵，一般以瘦肉或豆制品顶替，称为假鸡肉。

(2) 地方名菜

安(酸)梨碗肉。小穿芳峪有九株百年以上的安梨古树，先人据此开发出蒸肉的菜品：安(酸)梨碗肉将五花肉切块，加姜、肉桂等作料用水烬半个小时，肉皮上糖色，放入油锅煸至肉皮出现皱纹，切薄片儿摆入碗中。酸梨切小块，码放在肉上面，加肉汤和调料，上蒸笼加热一小时，晾凉保存。食用时，肉碗加温后倒扣过来，色味香俱全，是村民过年过节时的一道大菜。

红蘑炒肉。山区多松树，雨季松树叶掉到地上发酵，生成菌类，先出的是松蘑，半个月后出红蘑菇，晾干后储存。食用时先用水泡发，加肉后翻炒装盘。

小瓦罐炖肉。张家开办了瓦窑，自家烧制了日用的小瓦盆，加上肉和作料，慢火细炖，满院飘香。

(3) 野菜食品

旧时生活困难，人们要靠野菜度日，现在山野菜成为村民和市民推崇的健康美食，村域出产的野菜有：荠菜、曲麻菜、马齿苋、苦大麻子、蒲公英、榆钱儿等，一般要应季食用。

凉拌曲麻菜。将曲麻菜切碎，加适量豆瓣酱拌匀即可食用。也可将洗净的曲麻菜等野菜直接蘸酱食用。

炒苦苦菜。将苦苦菜切成小段,肉片下锅炒至八成熟,倒入苦苦菜翻炒,添加调料翻炒出锅。

炸花椒芽。将花椒的嫩芽泡入盐水,沾上面粉糊,入油锅炸成金黄色出锅,酥香味美,很受游客欢迎。

榆钱儿。清明前后榆树生出榆钱儿。将榆钱儿去蒂,加玉米面或小米面拌匀蒸成"扒拉",配以调味小料搅拌食用,入口绵软、略带甜香,有健脾安神、清心降火、止咳化痰等药用功效。还可在榆钱儿中打入鸡蛋,加调料拌匀,炒制成榆钱摊蛋。

(4)饮品与酱菜

村人祖上还传承下小烧酒、柿子醋、梨醋、黄豆酱等佐餐食品的制作技巧,很有农家韵味。柿子成熟后将其洗净晾干,破碎并加入秘制配料,放在阳光充足的地方发酵,然后装瓶埋入地下密封,放置一个月即成柿子醋。柿子醋有美容养颜、软化血管的功效。黄豆酱则是人们的佐餐佳品,将酱引子与酱豆搅拌一起装入酱缸密封,在阳光下放置,隔几天搅拌一次,半月后即可食用。

(三)民俗民间文化

除蓟州区域的节庆民俗之外,穿芳峪一带还有特色的文化活动。

1. 文艺表演

旧时村民文化生活相对简单,最大的娱乐方式是赶大集。春节、英歌寨庙会是人们重要的节庆活动,人们可以观看花会和戏剧表演。中华人民共和国成立前,来村演出的主要是皮影团,演出《木兰从军》《杨家将》等剧目。1949年村里组织成立了小文工团,演出《拿懒汉》等鼓励生产类的文艺节目。1952年,村中成立了评剧团,演出剧目《小女婿》《柳树井》《小二黑结婚》等,主演为尹素芸、白素兰、张九龄、孟庆志等是乐队伴奏。这是村民自发组织的文艺团队,逢农闲时节排练演出。

2. 节庆习俗

村中腊月"二十九倒贴酉",现演变成倒贴"福"字,反映村民求吉的心理。

除夕前,村民家中各处贴满条幅:门上贴"肥猪拱门""连年有余",院墙贴"出门见喜",屋壁贴"抬头见喜",窗户贴"喜鹊登梅"等窗花,水缸贴"连年有余"，石磨贴"白虎大吉"，碾子贴"青龙大吉"，棚圈贴"六畜兴旺"等，取驱灾迎祥之意。此外，还有贴春联、贴门神、贴年画、贴吊钱等习俗。

（四）红色文化

小穿芳峪村是敌后抗战堡垒村，在反抗封建政权压迫和异族侵略上有很多值得传诵的突出事迹。抗日战争时期，穿芳峪成立了中国共产党地下组织，成为抗日前沿，组织村民参加冀东大暴动，发动妇女做军鞋、军袜，支持革命斗争。八路军派本地人刘秀松回乡，在小穿芳峪村将酒作坊改建为小型兵工厂，地下党员白手起家、自行研制，成功生产了大批手榴弹、地雷和爆破用的炸药包等，为抗日斗争的胜利做出了特殊贡献。

在抗日战争中，这里留下了很多感天动地的故事：村中有多个堡垒户，掩护地下党、抗日武装力量开办会议和活动；民兵配合八路军攻打炮楼，传送情报、筹集粮草、救护伤员；乡塾教师张继贤为八路军编识字课本，创作抗战歌曲，发送传单和标语等；村民为抗日武装力量勾画出敌炮楼和武力配备图，不顾危险递送信息，儿童团甚至承担了观察敌情、传递情报的工作。在残酷激烈的斗争中，村民坚定信仰，无一人叛变投敌，使小穿芳峪村成为真正的革命堡垒村和红色基地。

村里有一无名烈士墓，墓主是个 18 岁的年轻人，因入伍时间短，未留下姓名，牺牲后就地安葬在这里。清明时节，村民及学生会前往缅怀吊唁。

第三节　小穿芳峪村文化产业发展经验

一、组织体系的构建

（一）上层领导：制度规范，政策帮扶

从小穿芳峪村的实践看，多年来，天津休闲农业实现了跨越式的发展，但是还存在着很多问题：一是投融资动力不足，特别缺乏引领产业提档的优秀项目，整体看依然是低端食宿占主导，同质化现象严重，压价等恶性竞争现象普遍；二是缺乏特色文化的挖掘与开发实践，文化活动的设计僵化，缺乏富含文化个性的休闲项目。对传统文化、地域文化、民俗文化挖掘不深、不透，缺乏文化内涵的铸入，难以让游客产生内在需求与共鸣；三是经营管理人员的文化意识不足，农民创业者缺乏文化提升的动力和途径，缺乏对家乡、对传统的正确认知和文化自信，也就难以开发出以"文化"为根基的创新创意产品，特别是过于追逐经济利益，反而使城市化、商品化的元素增多，导致农味不浓，农情不厚。

由于农村农业发展的特殊规律，休闲农业的发展必须依靠政府的规范和引导。一是要加强规划的引领作用。为避免盲目投资、重复建设，保障可持续发展，小穿芳峪村委托天津城建设计院编制了村庄整治规划、委托北京都市意匠编制了村庄发展规划和乡野公园规划，村庄的建设和发展必须符合乡村总体规划的布局。二是休闲农业组织体系日趋完善，成立了市、区、镇三级管理机构，指导规划实施、标准制定、示范评定、项目监管等工作。天津休闲农业"十二五""十三五"发展规划得以印制，《市农委关于促进休闲农业加快发展的指导意见》得以印发，确立了培育主导产业突出、特色产业鲜明、体制机制灵活、人文气息浓厚、生态环境优美、多种功能叠加的经营载体的产业发展目标。三是政策优惠与资金投入的支持。多年来，天津市政府安排 6000 余万元的强农惠农资金、撬动超过 80 亿的社会资本，投入到休闲农业和乡村旅游的发展建设。对口帮扶、产业帮扶、美丽村庄建设等优惠政策引领着休闲农业特色村、点进入发展的正确路径和快车道。

(二)侧面支持：智库助力，科学发展

1. 乡村振兴进程中的智库作用

乡村振兴是具有中国特色的新领域，也是社科研究理论与实践交融的新领域。课题组在下乡调研中发现了风景秀丽、人文丰盈的小穿芳峪村，体会到乡村振兴进程中政策与农民之间的链接瓶颈——政策落地的"最后一公里"和农民迈向兴旺的"最初一公里"的双向难题，即农村基层对政策理解不深刻、执行不到位，乡村基层管理者和农民对自身需求认知模糊、缺乏思考。2017 年 9 月，为了响应习近平总书记"乡村振兴"的号令，天津社会科学院在小穿芳峪村设立了智库实践基地，这一基地成为科研人员理论与实践碰撞的有效平台，科研人员以点带面，面向天津市内乃至国内的乡村地区开展多学科、多角度的实践考察和咨询服务。几年的运转证明:实践基地的建立打通了科研与实践之间的链接梗阻,助力科研人员发挥特长、补齐短板,成为乡村发展的重要力量。

为帮助小穿芳峪村深入挖掘优秀历史文化、科学发展乡村旅游产业,天津社会科学院休闲农业和古典文学专业科研人员组成了跨学科的科研团队,义务帮助村里整理古籍、规划文化产业布局、把握政策和市场机遇,让小穿芳峪村的产业发展、乡村治理走上了规范发展的道路。实践证明,乡村文化振兴是乡村全面振兴的重点和核心:一是有助于打造当地的文化品牌,促进乡村文化传播;二是推动文博、文创、文旅产业深度融合,提升地域旅游产品的竞争力;三是文献整理与村民口述参与,有力地推动了"乡村记忆"工程,唤醒乡村沉睡的本土文化资源,传播社会正能量,形成新时代乡风文明新风尚。

习近平总书记指出:"要高度重视、积极探索中国特色新型智库的组织形式和管理方式。"乡村振兴是一个有中国特色的新命题,课题组成员体会到了时代赋予社科研究人员的使命,没有满足于在一个小山村的实践活动,而是将研究的放大到整个乡村的发展需求,着眼于打造一种从科研与实践再到咨政建言的长效机制,依托小穿芳峪智库实践基地打造"小穿论坛"的品牌化工程,将集中研讨与专题研究结合起来,将科研活动与引资引智结合起来,为乡村发展提供有见地的智库支持和服务。

2."小穿论坛"的功能与品牌化运行

"小穿论坛"的功能在于:利用天津社会科学院的科研资源和社会资源,通过集中时点的主题研讨会和分散时段的专项研究,有效链接乡村振兴进程中政策制定与实践需求的各个环节,搭建起官、研、产、学与当代农村对接的长效化、国际化社科研究平台,成为具有影响力的智库品牌形象。作为一种创新模式,"小穿论坛"的作用不断强化:一是以促进经济社会发展为主线,以社科研究、公益服务为核心,兼顾产业项目和先进技术的研究与推介;二是以年度主题论坛为核心,以专项研究为支撑,以特色活动和专门项目为载体,有重点、有步骤地开展乡村问题的研究;三是以社科院系统为基础,联合各方智力资源,开展区域合作与经验推介,积极拓展国际合作,成为有实践基础的社科研究平台。"小穿论坛"采取集中研讨和专题研究模式。

集中研讨指每年一届的"小穿论坛"专题研讨会。"小穿论坛"专题研讨会于每年金秋时节举办,迄今已成功举办四届,每届参加会议的学者和乡村管理者超过150人。论坛根据时代需要确定不同主题,请来专家对农村发展中急需破解的难题进行研判和指导。学者们与来自农村基层的管理者在小山村碰撞与对接,既接地气又有思想高度,对乡村发展起到了很有针对性和时效性的作用,也为科研工作者搭建了理论到实践再上升到理论的有效路径。"小穿论坛"专题研讨会的第一届主题为"挖掘优秀传统文化资源、建设现代生态文明乡村",通过对乡村发展典型案例的研究与实践研究,深入挖掘地域优秀传统文化的当代价值,探索乡村优秀传统文化传承与产业开发新模式,解析产业发展和乡村治理环境的优化路径,打造"处处有历史、步步有文化"的生态文明的现代美丽乡村。第二届主题为"乡村振兴——迈进新时代的农业和农村",研讨会以习近平新时代中国特色社会主义思想为指引,围绕新时代"三农"工作中的重大问题,汇聚各方智力资源,积极探索乡村振兴的特色路径,重点研讨地域实践与典型经验,为实现农业农村现代化提供智力支持。第三届主题为"全域旅游与乡村振兴",研讨会响应习近平总书记的号召,不断推进"三农"问题理论创新,社科研究要为乡村振兴的实践发展和学术进步贡献力量,为农村地区的全域旅游贡献智慧。第四届主题为"回顾全面小康之路,展望乡村振兴之道",围绕更好地推动农村高质量发展、确保农村同步全面建成小康社会,集中创造出一批有丰富内涵、有实践指导价值和有社会效应的研究成果,在理论经验总结"三农"发展资政、乡村产业振兴等领域的创造品牌效应。

专题研究指天津社会科学院"着力为地方党委和政府决策服务,有条件的要为中央有关部门提供决策咨询服务",开展了全方位、有重点、有实效的"三农"问题专项研究,树立"一流意识、一本意识、一体意识和一线意识",推进学科理论、宣传舆论、实践策论的"三论"一体建设。围绕新型智库建设,天津社会科学院在科研导向、机构设置等方面进行了一系列调整,重新整合成立了七大研究中心,形成了打破学科限制、深入社会基层、服务决策高层的全新科研风气,天津社会科学院智库建设也从"牛刀初试"推进到深化发展的阶段,乡村振兴的专项研究也积累了丰富的实践服务经验,形成了丰硕的、有分量的咨政建言成果。近年来,本着不忘本来、吸收外来、面向未来的宗旨,全院开展了广泛的调查研究活动:日韩都市农业的考察调研、全市及国内先进地区农村人居环境的比较研究、天津农村文脉资源的整理与开发、农村帮扶工作的考察与深入,等等。多年的实践让科研人员收获了巨大的理论财富,认识到天津特别是东部农村地区在生态文明建设、乡村产业转型升级、乡村治理等方面的创新实践,是中华民族伟大复兴进程中的重要组成部分,激发着社会科学研究人员及时总结新经验,并将其科学地提升到理论层面,在"三农"问题上构建起自己的话语体系、学术体系和概念体系,助力更大范围的乡村振兴道路走得更平稳、更顺利。

3."小穿论坛"的持续发展路径

在"小穿论坛"成功运行的基础上,天津社会科学院与天津市农学会、天津市农村社会事业发展服务中心等单位决定,围绕天津现代都市型农业发展的热点难点问题,发挥各方的人才优势、组织优势和专业优势,联手开展调查研究和理论研究工作。这种互为补充、互相借力的智库合作模式为天津农业现代化的发展注入强大动力,在乡村振兴的道路上发挥智库作用,为今后的"小穿论坛"提供了更坚实的组织保障。

今后,应抓住国家高度重视乡村振兴的重要机遇,积极推进智库实践活动的系统化、规范化,借鉴达沃斯论坛、博鳌论坛的运营模式,携手社科研究界联席会议等全国性、国际性推介活动,搭建出具有多种研究主体参与的、政研产农精准对接的立体平台,从而完善"小穿论坛"的运行机制、做实"小穿论坛"的框架体制、做大"小穿论坛"的品牌影响力,通过"小穿论坛"的长效化运转构建出具有特色的智库品牌形象。

(三)基层运转:党建引领,抱团发展

为了克服松散模式旅游村的弊端,小穿芳峪村决定采用"集体管理、抱团发展、集团化组合"的运营模式。在逐步站稳旅游市场的基础上,抓住机遇,将产业链向纵深延伸,发展文化产业和特色农业,将小穿芳峪村打造成一个有市场价值的品牌形象,形成相互关联、合理布局的复合型产业体系。

1.夯实党建基础,发挥党员带头作用

小穿芳峪村把党小组建在合作社、旅游公司、科技公司、传媒公司、红白理事会等社会化服务组织上,在村庄管理上实现党组织的全覆盖,建立起完善的基层党组织。完善管理制度,开展"三会一课",规范党员干部言行。落实奖惩措施,营造担当作为、干事创业的氛围,积极发展年轻党员,努力培养持续发展的接班人。

2.加强集体经济运营,走出抱团发展的创新路径

为了走出一条对村民和社会都有益的发展道路,小穿芳峪村摒弃了"挖土卖地"的掠夺式发展道路,确定了乡村旅游的发展方向,特别是近年来开展了文化旅游的深度开发。一是建立起"集体+公司+农户"的规模化发展模式。将村民的土地流转到村集体,打造成有一定规模的规范化景区,实施统一经营。同时,在村内发展风格统一的农家民宿,分散经营,统一监控。二是开展特色旅游活动,健全产业链条。借力旅游带来的客流和市场影响,村里逐渐建立起立体化的产业链条,发展景观植物培育、生态农产品种植。看准市场空缺,成功举办了两届"小穿冰雪节"活动,通过节庆活动、专项旅游与乡村民宿形成良性互动的发展格局。三是合作社特色经营。合作社把土地集中起来,在政策允许的范围内,开展新型的农业耕作活动——在村里集中建设的乡野公园农地上搞特色苗木种植,既能满足游客赏玩大自然的需求,又能带来苗木种植的经济效益和社员的劳务收益。一期确定了速生白蜡、国槐、小叶李等经济树种,很快获得了稳定的市场收益。其后,合作社捕捉到市场的新商机,开发出盆栽植物、彩叶景观树等高端产品,在满足游客欣赏盆栽景观的同时,实现市场销售,得到了更高的利润回报。合作社通过科学定位产业模式,实现了小农户与现代农业的互促共荣。在小穿芳峪村全力打造生态旅游特色村的目标下,合作社深度挖掘农业功能,将一二三产业科学融合,成为休闲农业健康发展的决定性力量。四是实施规范化、专业化的内部管理。公司实施集体经营,树立"专业的人干专业的事"的管理理念,把营销、互联网技术、置业以及物业都交给专业的团队经营,切实提高公司的经营管理水平。依靠发展机制创新,村民成为农地、宅基地盘活的受益者,公司跟老百姓的利益挂钩,每收入一分钱都包含着村民的利益。村民的收入来源是多渠道的:土地保值增值款、合作社入股分红、宅基地流转租金收入、宅基地抵押权的红利和打工收入。

2014年以来,小穿芳峪村先后被授予"全国休闲农业与乡村旅游示范点""全国美丽宜居村庄""中国美丽休闲乡村""天津市休闲农业示范点""天津市美丽宜居乡村"等称号,2016年,小穿乡野公园成功成为国家3A级旅游景区。截至2020年底,累计完成投资5000万元,建成的小穿乡野公园占地600亩,包括房车、乡间别院、精品农家院等,小穿乡野公园成为集园林风光、房车度假、农耕休闲等一体的综合旅游项目。小穿乡野公园景色优美,旅游设施完备,具有一定的吸引力,节假日游客稳定在1000~1500人/天,最高时日接待量达到5000人,年接待游客(含参观学习人员)达6万人次。

3. 以文明乡风提升产业竞争力

农村地区文化与旅游的融合发展,不单指以文化力提升旅游产业的水平、塑造有内涵的村容村貌,更重要的是将文化的意识和理念植入到村民的心中,打造出有生命力的现代文明乡风,从而让外来游客感受到优于其他农村项目的文化氛围。

主要做法有:一是传承优秀传统,培育良好乡风、家风、民风。在农户既有家训的基础上,村里梳理遴选出百条家训,统一制作家训展示牌,再由各家农户进行认领,然后悬挂在自家门口,熟读熟记、认真执行,从而树立起良好的家风民风。二是大力推进公共文化建设,以文体活动聚人心、促和谐。从2016年开始,每年农历小年,村里都会举办"小穿年会",村民载歌载舞,总结过去,展望未来,"小穿年会"已经成为颇有地区影响力的活动,让村民感受到作为"小穿人"的自豪感和幸福感。村里还建立起文化体育领导组织,坚持村庄搭台、村民唱戏,以村民朴实的文化需求为基点,组织开展健身、舞蹈、表演等文体活动,特别是在乡村"年味足"的文化氛围中,组织实施民俗节庆活动、春节系列活动等,也成为游客青睐的旅游活动。三是认真制定小穿芳峪村村规民约,营造和睦家庭和邻里关系。多年来,村里将"爱党爱国、遵规守法、尊老爱幼、邻里团结、勤劳节俭、保护环境、明礼诚信、崇尚科学"作为小穿芳峪村村民文明公约,制定了"十要十不要"的行为准则,每年开展"好婆婆好儿媳""最美家庭"等称号评选,把夫妻和睦、邻里和谐、婆媳关系融洽、敬老爱幼、庭院干净整洁作为村民追求的生活目标,有效推动了村风民风向善向好。同时,村里积极开展关爱服务,开展邻里守望的志愿服务活动,对70岁以上老人发放慰问金、实行定期走访,对遭遇重大疾病、重大变故的家庭,村"两委"干部牵头进行募捐,大力帮助其度过困难。

二、重视文化赋能,实现乡村产业升级

乡村振兴有其必须遵循的普遍规律,同时要因地制宜,因势利导。小穿芳峪村在发展乡村产业的实践中不断探索和提升,在休闲农业起步以后,快速走出粗放经营的误区,深入挖掘本土优秀的传统文化资源,以特色产业为发展方向,激活本土文化基因,坚持汇智开放发展,采取了一系列符合本村实际的创新做法,凸显出具有地方特色的文化氛围。

(一)强化历史文脉的供给"内核"

作为科研工作者,笔者所在团队通过田野调查,发现小穿芳峪村有着底蕴深厚的特色历史文化,曾是众多文人雅士耕读劳作、养生乐居的世外桃源,这是得天独厚的文化资源和自然资源。村子所在区域曾建有李江的龙泉园、王晋之的问青园、李树屏的八家村馆以及井田庐等园林家舍,这些文化水平很高的特殊村民,劳作之余勤于笔耕,留下《龙泉园集》《问青园集》《八家村馆集》《乡塾正误》等珍贵的古籍文献,记录了雅士们"创办义塾,植树造林,引种桑树,践行农耕,行医种药,制酒吟诗"的美好乡居生活,成为村里浓重美好的历史怡芳。

基于此,村里决定实施"乡村记忆"工程,推进对村庄周边区域明清乡贤文化、农耕文化、园林文化、红色文化等历史文脉的挖掘整理,强化文旅融合的历史文脉供给"内核"。

一是开展对有形历史遗存的考据和保护。历史上,小穿芳峪村所在区域曾经建有龙泉寺、响泉庵、福缘庵、西庵、真武庙、龙王庙、英歌(莺哥)寨庙、八道祠和山神庙等建筑。其中名气最大的是龙泉寺,位于村北龙泉山半山腰处,东晋永和二年(公元346年)建,明代戚继光曾来到寺院。相关的历史文献记录已收录进《小穿芳峪发展志略》中。根据史书记载,穿芳峪境内有五棵千年古槐,分别是迎客槐、槐抱榆、槐抱柏、高家院槐和村西古槐,通过调研考察,我们完善了古槐的相关历史记载,如"唐槐"与清代光绪年间状元崇绮的渊源、"迎客槐"记载的日本人入侵中华的历史等。

二是集中整理曾经居住于此的文人遗作。晚清学者李江、王晋之和李树屏在此置地造园,前后修建多处林园院所,并在此长期居住,一面耕读,著书传世,一面又联袂共举造福乡里,为历史上小穿芳峪村的社会发展、文化进步、经济拓展做出了独特贡献。在我国古典园林建筑史上,小穿芳峪村周边的"晚清园林院落"在国内也极为罕见,且存有大量文献记载。这些园林处于龙泉山和卧牛山之间的谷中平地,通过考证,与上述园林相关的文献记载已收录进《小穿芳峪发展志略》。以此为依据,还原了乡村的历史原貌,传承了优秀地域文化,让小穿芳峪村有了更为厚重的历史依托。我们会同小穿芳峪村积极推进对村中先贤雅士的历史文化遗珍进行收集整理,组织编纂了"小穿芳峪文库",目前已经完成《龙泉师友遗稿合编》(影印本)、《小穿芳峪艺文汇编·初编:李江集》(点校本)、《小穿芳峪艺文汇编·二编:王晋之集、李树屏集》(点校本)、《小穿芳峪艺文汇编·三编》(点校本)、《小穿芳峪艺文汇编·四编》(点校本)等书籍的出版。

三是发掘古籍记载中的山居农耕文化。这些历史遗存文献中有大量关于当时农业生产的详细记载,如李江在《村居琐记》中,以"农部""谷部""蔬部""木部""花部""鸟部""畜部""占候部""乡俗部""俗言部"等分类描述了所在区域的自然资源和农田事务;王晋之更是勤于农耕实践,总结出"居山先宜树木""种树先宜编篱""种树亦宜用粪""果树外宜兼养柴树"等农事经验。对这些传统农耕思想与实践的挖掘,既是传承传统农耕文化,也有利于保护好独特景观,弘扬人文精神与和谐理念,提升休闲农业的地域文化特色。

四是培育具有乡野文韵的特色产业。乡村振兴归于文化,兴于产业。挖掘本地的乡贤文化、农耕文化、园林文化和红色文化,既是为了更好地传承传统文化,同时有助于将乡土文脉融入休闲农业的深度开发中。小穿芳峪村坚持保护、传承与开发利用有机结合原则,建设具有地方文化特色的旅游设施,打造具有地方特色的精品民宿,成为传统文化与休闲农业深度融合的特色乡村。依托园林景观文化传统设计的农家院,村中建筑古朴,绿植丰富,院落设计和配置都体现了良好的家风家训等文化传承,充满浓浓的文化氛围。依托深厚的历史遗存,村里建设了穿芳老街,复原历史上曾经的"五行八作",集中展示传统手工艺文化遗存,如酒作坊、面粉坊、点心铺、豆腐坊、炸麻花、养蜂等多种行当。特别是引入外部资本,与渔阳酒业合作,复兴"小穿烧锅酒"等特色品牌,结合线上展销,在老街上打造传统酿酒非物质文化遗产体验项目,为传统文化品牌寻找现代载体。

（二）确立文旅融合的发展方向

2016年,小穿芳峪村在优质农家食宿服务的基础上,决定不仅要有山水美景,还要充分发挥历史文脉的独特优势,建立起文化引领的全链条产业体系,推动休闲农业的高质量、跨越式发展。

首先是调整了乡村旅游发展的总体架构。小穿芳峪村确立了"一园二景四功能"的产业发展总体架构,"一园"是建设小穿乡野公园,"二景"是打造卧牛山和望牛岭两个风景区,"四功能"是完善四个主要休闲农业的服务功能,包括农家食宿、乡野观光、休闲养生、文化体验。2016年,通过深度挖掘地域特色的文化要素,确立"一园二景四功能"的提升措施,打造出民俗民宿文化区、历史遗留文化区、园林景观观赏区和农耕文化体验区。

其次是科学规划文旅融合发展布局。通过挖掘整理历史文化遗存,依托山地特色美景,村里规划出"事农、观景、求知、访古、雅好、养生、众乐、逸居"八大版块的布局,将丰富的历史文化要素注入休闲活动中,全面提升了现有景区和活动设施的特色文化内涵。特别是依据文献资料对本地所有的穿芳园林遗迹及特色景观的描述,用现代技术手段进行了复原和展示,与现有项目紧密结合,打造具有独特乡土文脉韵味的文化体验活动,提升小穿芳峪村休闲农业的品质和市场影响力。

三、特色文化产业体系的构建

（一）激活村史馆的文化内涵与经济价值

为传承发展文脉,助力乡村振兴,充分利用小穿芳峪村深厚的历史文化资源,本着"再现历史,传承文脉,鲜活体验,熏陶教育"的理念,建设符合休闲农业活动规律的小穿芳峪村史馆,以生动、活泼的内容和形式吸引游客,取得弘扬优秀文化的社会效应,切实提升休闲农业文化产出的经济效应。

1. 独特优势

小穿芳峪村建设村史馆,具有五大独特的优势:一是历史文化资源丰厚。

清代时期,上至吏部尚书,下至州县教谕等众多显宦硕儒和文人士大夫曾迁居于此,他们兴学、劝农、卫乡、赈灾、行医、修水利、建园林等,由此形成的耕读文化、山水文化、"治生"文化、饮食文化等,轰动京津冀,辐射北方,并远及江南、陕西与朝鲜半岛。二是古籍文献资源丰厚。目前留存《龙泉园集》《问青园集》《八家村馆集》等古代乡贤著作数十种,其中已整理完毕的部分超过二百万字。三是拥有独特的北方园林群。小穿芳峪村前后出现过龙泉园、问青园、响泉园、问源草堂等园林十余处,且目前遗址尚存。四是乡村传统生产、商业与生活方式及习俗保存相对完整。历史上的穿芳老街商业形式丰富,各有其道,各有其味,形成众多的流传至今的老字号。五是小穿芳峪村落的历史变迁具有典型性。尤其是 21 世纪以来,小穿芳峪的发展堪称中国北方乡村由落后贫穷到变富变美历程的活态"标本","能人治村""美丽乡村建设""宅改试点""一肩挑""乡村振兴"以及新时代乡村转型等,都在村落的发展中有着突出的展现。

2. 展示内容

小穿村史馆以文脉传承为主线,考虑设立为九大板块:

板块一,村史传承。以方志记载、耆老追忆、遗迹探访、器物考证等为依据,通过生产生活器物、碑刻、图片、文字、数据、模型等,展示村落在古代、近代、现代、当代不同时期的发展变化。

板块二,乡贤列传。依据现存文献等,以图文、器物、视频等方式多元化地呈现李江、王晋之、李树屏、万青藜、崇绮、纶雨艼、万本端、万本敦、李约、于弼清、于弼勋、李濬、赵绅、方德醇、王询、李湘、孟昭明、王翼之、卢素存、孙盛平、张膺、赵春元、李九思、吴湘、王塾、孟昭曦、金凤翯、杜维桢、刘化风、李萱等古代人物,抗日战争与解放战争时期的英雄,当代的"能人"的生平事迹、成就和历史贡献。

板块三,园林再现。通过虚拟现实技术等,对穿芳峪的不同园林以及其中的"龙泉十六景"即穿芳品泉、龙泉踏月、柳池冬暖、霍峪秋妍、福缘古槐、金灵秋树、半壁栖云、花石夕照、南屏暮雨、北寺晨钟、石门苍霭、片石仙踪、石塔涛声、妙沟瀑布、鹦哥狐火、梨坞书声和"梦园"二十四景等,加以重现和复建。再通过现存园林遗迹、文物等呈现细节。

板块四,古籍陈列。通过搜集,汇集穿芳峪古代乡贤的所撰典籍的孤本、善本、钞本、刻本、复制本等,并予以不同方式的展示。

板块五,诗意穿芳。将"穿芳雅士"等人所写的大量的关于当地的诗词,以书法、绘画等形式呈现,并结合当前的实地考察,进行古今对照式展示。

板块六,穿芳老街。将穿芳老街的尹记菜蔬、豆腐坊、蔡记面粉、马记木作、王记泥瓦、张记瓦盆、兴盛隆烧锅、隆瑞祥调味、贡品香椿、小穿雷磨等的制作过程和产品,设计为文化创意产品加以展示。

板块七,小穿文脉。通过图文、音像以及其他方式,多元化展示小穿芳峪古代乡贤的乡约村规、家风家训,以及当代的村民自治守册和文明倡议。

板块八,耕读体验。以"穿芳雅士"的"耕可兼读"观念为指导,结合他们的历史实践以及现存的农业和教育方面的工具与设施等,设计蔬菜种植、桑麻制作、井田耕作、修建水利、山居生活、中药炮制等场景,以及启蒙读书、吟诗作对、八股试贴、科举考试、字谜游戏等环节,引导受众参与其中,进而受到熏陶。

板块九,小穿大梦。通过多种手段,展示在中国生产党的引领之下,村庄的全新面貌,具体包括乡野公园、农家院、产业特色、邵窝、生态停车场、村民活动、道德模范、共产党员户、荣誉证书、社会反响等内容,同时,以辽阔的视野展示小穿芳峪村的未来设想和发展规划。

3. 文化体验

将古书和民间留存的特色文化开发为活泼的互动休闲活动。

"蝴蝶会"的古代文化与现代体验。"蝴蝶"为"壶、碟"的谐音,意为朋友们各自带着酒和菜,汇聚到一起聚餐,为今日"AA 制"聚餐之鼻祖。"蝴蝶会"源于李江的《龙泉园集》。我们可将古代餐饮方式植入到当今的乡村旅游活动中:摒弃各自携带"壶和碟"的做法,改用农家餐舍的菜式与器具,聚餐人群采取编号抽签制,每人抽取一壶两碟的饮品和菜式。

"亦爱庐"农耕文化体验。植树、种菜、养蚕、植药、手工制作(小烧酒、梨醋、蜂蜜、醉梨、潦豆、雷磨)等特色农产品,是李江、王晋之等先人耕读文化生活的主要内容。将古籍中记载的耕读生活加以复原,修建草亭茅舍,组织游客仿效古人的生活,开展具有小穿芳峪村特色的农事体验活动,能使游客过一种有意义的乡村生活。"亦爱庐"的创意源于《李江集》和陶渊明的诗,通过建设茅草屋和风景园林,复原古诗"吾亦爱吾庐""敝庐何必广,取足蔽床席""良辰入奇怀,挈杖还西庐""形迹凭化仙,终返班生庐""草庐寄穷巷,甘以辞华轩""结庐在人境,而无车马喧"的意境,开展读书和休闲活动。以穿芳品泉、龙泉踏月、半壁栖云、花石夕照、片石仙踪、妙沟瀑布、鹦哥狐火、梨坞书声等典故为背景,打造石桌等特色景观,开展休闲体验活动,以"天下饮、饮天下"为内涵,打造休闲农业品牌形象。

附:李树屏之龙泉园十六景①:

穿芳品泉。在蓟东穿芳峪北峪中,泉最多。北曰龙泉,曰星宿泉。少东曰东庵泉。东庵泉之南,复一泉出羊枣树下,曰羊枣泉。北折石窦间,一泉溢出,曰漱寒泉。由漱寒泉抵鹦哥寨左麓胡桃树畔,一泉尤盛,曰胡桃泉。折而西,曰鹦哥泉。少北曰半壁泉。再转而南逾岭,是为西溪则,妙沟泉在焉。大抵峪中之胜,以泉著。而泉之奔流下注,亦各因地而异。先生尝偕门下士携瓦铫,然枯枝,支石山根,试以佳茗,盖靡不清冽甘芳,而龙泉尤为之最焉。

龙泉踏月。园距龙泉溪畔,林木四绕,溪水曲环。每暮雨初收,暝烟乍起,东山月上,水木空明,先生曳竹杖,踚石梁,循曲径,小步花阴柳影中,行饭寻诗,颇极幽悄之致。

柳池冬暖。园中有池,以近柳曰柳池。引龙泉注之,荇带萦流,游鱼梭织。冬时晓汲则出气如蒸,虽极寒亦不冰。投以冰辄立化云。

霍峪秋妍。由园东南行,为霍家峪。峪中丹壁森峭,果树杂出。秋老霜酣,黄紫万状,绚烂峥嵘,鲜妍可玩。

福缘古槐。穿芳峪槐最古凡五株。以园前者福缘庵二株为尤。巨株皆径六七围,老干幽蟉,清阴茂密,奇古直,不可笔述。先生云:"余昔游山右,所见汉唐古槐亦不过此。"

金灵秋树。环园之山,皆树也。秋日经霜,靡不丹黄。可爱惟霍峪暨园西之金灵峪为尤盛。但霍峪以丹崖红树宛委导人入观胜,金灵则恒王寝园在

---

① 罗海燕,苑雅文.小穿芳峪艺文汇编·二编[M].天津:天津社会科学院出版社,2017:360.

焉。青桐槲栎,亏蔽崖谷,登高遥瞩,时于碧瓦红墙苍松翠柏间,远露霜红万点,景殊鲜艳。往先生有云:"锦绣堆作峰,峥嵘出烟雾。千点万点红,时自松间露。"

半壁栖云。半壁山去园北里许。峰石瘦削,壁立嶙峋。巉巇有如斧劈,下亘巨石一,横卧如两间屋,宛成一洞势,颇幽深。时有归云佈满洞口。先生因以栖云名之。

花石夕照。园之南,霍峪之北,峭壁屏列,双溪带萦,濒溪断阜,坟起石作红色,旧名曰花石岩。每当夕晖斜射,水影交明,如双龙争戏火珠于霞光岚翠中。虽赤城栖霞不过是也。

南屏暮雨。立于园之南者,旧呼为南山。峰峦绵亘,山势弯环,若屏障然,故更名曰南屏。每天欲雨辄兴云雾,弥漫岩谷,拥絮堆棉,倚窗观之,如游云海。

北寺晨钟。寺即龙泉寺。土人以其依北山,故曰北寺。有黄冠居焉,朝夕焚修无间。值晓梦乍觉夜气方清,钟声宏然,四山皆应,致足发人深省。

石门苍霭。直园之南,有断崖,对立如门,俗名和尚沟。暮霭氤氲,苍紫异色,颇耐揽观。昔人句云"石门破苍霭"。此盖得之。

片石仙踪。出园北行,抵半壁山,路旁榛莽中,片石横亘,为山水穿激、风雨剥蚀,有肖杖痕、履痕暨云水痕者,山民竞传为二郎神擔山遗迹。按事虽不经,留之未始不可作山中点缀、游人清赏,故亦从而仙之云。

石塔涛声。塔在龙泉寺观音殿前。高丈许,上周镌佛像,相传塔底有泉,故镇焉。时于塔根俯听其下,辄作风涛声,亦一奇也。

妙沟瀑布。环园皆水而无作瀑布者,惟园西妙沟有焉。虽流不甚久,然夏月泉发水自峭石间出,飞湍迅激,溅沫喷珠,亦称巨观。

鹦哥狐火。园北少东为鹦哥寨。山色苍秀,特立孤圆,旁无联附,上环石垒,卫以炮台。盖昔人守堡用也。今则栖道流奉大士相焉。地故多狐,士人辄呼之曰仙。每夜静山空,则吐火如球,乘风游戏,流星万点,遍满岩谷,较之元宵灯火,尚觉彼繁华而此幽隽也。

梨坞书声。园西麓多梨树。先生于其中筑室读书,颜曰梨云坞。游客时到,初不识门,但闻书声呫唔飏出梨云花影间,与风声鸟声溪流声相应答云。

(二)特色文化产业的科学布局

1. 建设扎实的基础设施

坚决执行生态优先的大局观,实现生态、生产、生活的融合与促进。村里的工作是从整治村庄环境开始的,党员干部积极做好亲属工作,党支部成员带头自掏腰包,先后垫资 200 余万元,实现了街道硬化和绿化。局面打开后,村领导团队决定抓住机遇,改变经营方向,提升产业发展水平。一是凭借山区景观建设特色旅游村,定位于中高端民宿、野营基地;二是凭借多年从事园林经营的优势,流转土地,进行规模化种植,既拓宽了增收渠道,让老百姓看到了希望,又打造了绿色生态的园林景观。

通过村民集资、农民宅基地入股、社会众筹成立天津小穿景区管理有限公司,组建文化公司、科技公司和农业公司,逐渐组成强大经济实力和科学产业布局的企业集团,形成集团化管理模式。基础设施建设逐渐完善,完成村庄道路、主街的绿化,建成村里的污水、雨水收集系统,建成乡野公园和房车基地,建成综合服务中心,建成邵窝文化综合体验区,初步建成穿芳老街商业区。

2. 发展有文化内涵的富民产业

小穿芳峪村以前污水横流、垃圾遍地,村貌脏乱差。为执行生态保护,村里叫停了"挖山卖土"的错误行为,在创面岩层上建起了美丽的邵窝体验区。经过几年的努力,村民吃上旅游饭、走上致富路,绿水青山在当代农民手中变成了"金山银山"。

成功经验在于,要克服只顾眼前利益的小农思想,规范村务管理,积极营造让外部投资人盈利的良好环境,吸引文化科技项目进入村庄,建设为内外部投资人互相借力、共同发展、各取所需的新型乡村。小穿芳峪村历史文化悠久,文化底蕴丰厚,来小穿芳峪村旅游,游客不仅可以感触乡俗民情、品尝特色农家美食,而且可以品味历史、聆听"乐居穿芳"的历史故事。作为产业经营者,必须学会把握消费市场的需求走向。当前,乡村文化游呈现出强烈的市场需求,但是简单模仿和抄袭受到了消费者的抵制。为确保历史文化与现代文明的良性对接,村里确定了文化发展的方向,深入挖掘小穿农耕文化、乐居文化资源,筹建村史馆,办好"小穿论坛",突出康养休闲文化,制定出"一园、二景、四板块"的文化强村规划。

村里明确了全面保护、深度挖掘特色文化资源,在项目开发上引入新技术、让休闲农业走上持续稳健的发展道路,推出历史园林群落 VR 体验、耕读文化体验等新项目,将源于李江等古人的餐饮方式"蝴蝶会"植入到当今的乡村旅游活动中,将"穿芳品泉""半壁栖云""梨坞书声"等打造为特色景观,建设了读书休闲为一体的"亦爱庐""邵窝"区域,全面布局民俗民宿文化街区,建设为集农事体验、休闲度假、现代婚庆、文化学习为一体的旅游一体村。

四、启示与思考

(一)以文化提升实现乡村高质量发展

中央农村工作会议明确了实施乡村振兴战略的目标任务:到 2020 年,乡村振兴要取得重要进展,制度框架和政策体系基本形成;到 2035 年,乡村振兴取得决定性进展,农业农村现代化基本实现;到 2050 年,乡村全面振兴,农业强、农村美、农民富全面实现。随着乡村振兴进入新的发展阶段,乡村产业发展必然面临转型升级的要求。小穿芳峪村的发展实践表明,文旅融合推动乡村旅游产业升级不仅是可行的,也是必要的。随着乡村旅游市场日趋成熟,人们对乡村旅游品质需求越来越高,需要不断开发乡村旅游新产品和发展新业态。推动乡村文旅融合发展,让文化内涵贯穿乡村旅游全过程,提升乡村旅游产品的文化个性和文化品位,形成文化和旅游业态相互交叉、相互渗透的发展状态,打造独特的旅游竞争力和文化保护力,既是实现乡村产业转型升级的方向,也是实现乡村振兴高质量发展的内在要求。

(二)立足本土文化资源,实现特色发展

小穿芳峪村坚持因地制宜,走特色发展道路,即充分利用丰富的乡土历史文脉,实现本土文化资源优势向乡村特色产业优势转化。目前普遍存在的一个认识误区是,发展文旅产业一定要大项目、大投入,才能真正带动乡村发展。其实,对于很多乡村,特别是小乡村而言,相对于资金投入,发掘地方特色文化资源,呈现特色文化内涵更为重要。实践证明,文化既可以无形的力量改变人们的精神风貌,还可以有形的力量助推产业发展与乡村振兴。文化既是乡村得以延续的根基灵魂,也是实现乡村振兴的精神之源。对广大乡村

而言,发展休闲农业最初可以依靠资金投入改善住宿环境、提高服务质量实现起步,但要做强、做优、不断升级,就必须在挖掘文化特色、文化内涵上下功夫。要在充分挖掘、梳理本土文化精髓和特色基础上,利用乡村特有的自然风光、村落格局、生活状态、民俗民居等资源进行内涵呈现和审美阐释,"讲好本村本土故事",有效打造出自身文化品牌,凸显独特文化吸引力。

(三)坚持以人民为中心的发展理念

村民主体是乡村振兴的内生动力,村民共同建设、共享成果是乡村产业发展的基石和保障。习近平总书记指出:"要尊重广大农民意愿,激发广大农民积极性、主动性、创造性,激活乡村振兴内生动力,让广大农民在乡村振兴中有更多获得感、幸福感、安全感。"在乡村振兴过程中,必须充分尊重村民的主体地位,绝不能忽视村民的参与作用和创造性,绝不能忘记村民的共同致富需求,绝不能冷漠对待村民的不同意见或建议。一方面,必须坚持发展问计于民,畅通决策公开渠道,注重凝聚思想共识,形成乡村发展合力,不断提升广大农民的发展参与感;另一方面,必须坚持创新改革,形成共享机制,使农民群众共享文化提升、产业发展的成果,充分提升获得感与幸福感。同时,必须坚持价值引导、建立文化认同,提升农民群众对村落共有优秀文化传统的认知感、认同感与自豪感。

(四)强化人才引进和管理创新

文旅融合推动乡村振兴要秉承开放理念,不仅是招商引资,更重要的是招才引智。文旅融合发展既要依靠村民主体自力更生,更要秉承开放理念,广泛吸纳各种社会资源,特别是人才智力资源。习近平总书记曾经指出:"我们的脑子要转过弯来,既要重视资本,更要重视人才,引进人才力度要进一步加大,人才体制机制改革步子要进一步迈开。"乡村振兴很重要的一方面就在于要借用外脑智力资源,把现代性理念、思想同继承优秀传统文化融合起来,在思想文化上教育农民、启发农民、武装农民,推动乡村物质文化、精神文化、行为文化、制度文化的全面进步。在新闻战线倡导"走转改"、文化艺术领域倡导"送文化下基层"、科研领域倡导"要把论文写在祖国大地上"的背景下,要创新智力下乡新通道,推动各类高端智力资源服务农村,为乡村产业高质量发展和乡村全面振兴贡献力量。另一方面,要大力吸引人才返乡,特别是离乡"能人"、青年返乡发展,把在城市里积累的经验、技术以及资金带回本土,造福家乡。只有乡村发展有奔头,乡村人才才能回得来、留得住,因此,要提供良好发展舞台和产业空间来吸引人才。小穿芳峪村的振兴就是首先得益于党员企业家孟凡全的返乡"再创业"。

实践中,小穿芳峪村充分吸取借鉴其他地区的发展经验,抓住网络平台、创新科技等新型经济的契机,探索利用新媒体平台打造线上小穿、虚拟小穿,运用虚拟现实技术开发虚拟观光产品,利用直播平台及社交平台打造乡村特色文旅产品直销网络,培育休闲农业经营项目的"网红"形象,为产业持续升级开辟更为广阔的发展空间。

结论与展望

一、结论

一是弥补休闲农业产业发展中的"文化缺失"。天津休闲农业产业存在着重建设、轻运营、缺文化的现象,导致休闲农业整体的经营效益一般,缺乏持续扩张的发展态势。这个问题在大型休闲农业园区、部分专业化旅游村或休闲农庄中表现得尤为突出,经营者在建设过程中投入大量资金,却忽视了后期运营,市场定位不准确,缺乏专业的管理和营销团队,导致运营效果不佳。由于休闲农业为新业态,尚未形成个性化的文化表现的概念形式,经营者缺乏文化认知与开发思路,原有的农品、民情不能得到充分展示,文化内涵挖掘不充分,创新力不强,品牌形象不突出,休闲农业项目缺少生机和活力,不能激活市场消费者的隐性需求。

二是加强政策引领和规范,发挥智库的扶助作用,为行业发展提供明确的导向和保障。休闲农业文化的时间坐标包含三个方面:首先是对优秀历史的承传,其次实施当代人的创新与创造,再次是做好未来的发展规划。在推动文化普及和产业开发时,要兼顾这三个方面,既要传承优秀传统文化,同时要适应当代的文化氛围,规划出未来的先进文化发展态势。① 政府应充分发挥自身的主导作用,一方面加强政策宣传和知识传播,树立农民的文化自信;另一方面加强休闲农业文化人才的培养,壮大乡村文化志愿者的队伍,增强

---

① 苑雅文.乡村振兴战略下休闲农业文化的要素构成与价值实现[J].环渤海经济瞭望,2019,(7):5-8.

乡村地域文化的自我发展能力。要用足、用好农业和农村建设相关扶持政策,引导各区与市级各部门沟通,与现有政策做好衔接,在财政、金融、税收、土地、基础设施等方面加大扶持和保障力度,充分调动社会资本和本地农民参与文化开发的热情,让休闲农业走上文化提升的正确道路。

三是深入挖掘优秀地域文化,搭建科学的文化开发体系。第一,深入挖掘农村地区的优秀传统文化,辨识出有内涵、有价值的文化要素,按照时代要求和产业规律进行创新性开发;第二,搜集和整理地方戏剧、民间优秀习俗、特色农耕等优秀乡村文化,积极建设数字影像展示馆或活态博物馆,建立起有市场影响力的文化展览体系等;第三,激活特色乡土文化,加强对历史街区、传统民居和生产生活习俗的保护,结合乡村特色景观和自然风光,开展花会、庙会等节庆民俗活动,打造出有社会影响的乡村地域性的公共文化品牌;第四,激活内在资本、引进外部资本,建立起合作共赢的资金运营组织体系;第五,开展乡村红色文化的旅游事业,推动红色旅游与民俗游、生态游的融合发展。①

四是强化品牌文化建设,促进特色优势产品开发。按照乡村振兴战略的新要求、新理念,引入"生态+""旅游+""互联网+"等新理念,灵活发展休闲农庄、特色民宿、户外运动等多种业态,根据市场需求,开发休闲度假、养生养老、创意农业、农耕体验等多样化、个性化的休闲产品,打造蓟州山野养生游、宝坻大田湿地观光游、武清运河风情体验游、滨海渔业休闲游等地域特色文化体验,提升休闲农业项目的趣味性和独特性,发挥网络、电视、报纸、微信等现代媒体的作用,不断挖掘消费增长点,吸引天津和周边地区的城乡居民到天津的乡村休闲消费,提高城乡居民对天津休闲农业品牌的认知度和响应度。

五是充分利用现代科技手段,提高乡村文化产业的市场影响力。现代的科学技术可以有效推动文化资源的产业性转化,比如多媒体、多样态的乡村公共文化网络载体成为市场推广和活动体验的重要渠道。应积极采用现代科技手段,激活沉睡中的文化资源,赋予传统文化以先进的时代特色,实现创

---

① 苑雅文.乡村振兴战略下休闲农业文化的要素构成与价值实现[J].环渤海经济瞭望,2019,(7):5-8.

造性的活化和转化。

六是吸引新乡贤和能人,培育新型农民经营户,强化产业发展的人才基础。充分发挥农村基层党组织的引领作用,探索新乡贤返回家乡参与乡村治理、经济建设的有效路径,通过他们扎实的实践活动,起到促进家乡经济发展的积极作用,促进休闲农业文化建设的健康发展。重视农民经营者文化素养的提升,吸引有文化的年轻人回乡创业,建立起有保障的人才供应体系。

二、展望

今后,要抓住国家高度重视乡村振兴的重要机遇,构建起政策引领、智库支持和基层运营的组织体系,借鉴国内先进项目的运营经验,搭建出多种主体参与、政研产农精准对接的立体化发展平台,实现休闲农业文化的深度挖掘和科学开发,建设出有天津地域文化特色的休闲农业。依托现代科技的快速发展,积极创新和创造,构建起互动性强、表现力丰富的乡村旅游文化表现体系,实现休闲农业的持续、健康发展。

参考文献

1.《静海史话》编写组编.静海史话[M].天津:天津古籍出版社,1989.

2.《中国海洋文化》编委会编.中国海洋文化·天津卷[M].北京:海洋出版社,2016.

3. D. J. Walmsley. Rural Tourism:a case of lifetyle – led opportunities[J]. Australian Geographer,2003,34(1).

4. Roberts L, HallD. Consuming the countryside : marketing for rural tourism.[J]. Journal of Vacation Marketing,2004,10(3):253–263.

5. 北京市旅游局编著.乡村旅游"北京模式"研究[M].北京:中国旅游出版社,2010.

6. 曹晓广等.天津市休闲农业发展现状初探[DB/OL].http://www. stats-tj. gov. cn/Item6. /24999. aspx,2015–06–09.

7. 柴晓涛,李双奎.陕西省袁家村休闲农业成本效益分析[J].山西农业科学,2014,42(6):636–639.

8. 陈文胜.论中国农业供给侧结构性改革的着力点——以区域地标品牌为战略调整农业结构[J].农村经济,2016,(11):3–7.

9. 崔世光主编.滨海城市天津农业图鉴[M].北京:海洋出版社,2001.

10. 崔琰.陕西省礼泉县袁家村乡村旅游和谐度评价[J].江苏农业科学,2014,(2):369–372.

11. 崔志华主编.滨海新区历史文化研究[M].天津:百花文艺出版社,2018.

12. 邓文堂等著.休闲农业发展中的农耕文化挖掘[M].北京:中国农业出

版社,2015.

13.丁连举编著.蓟县民俗录[M].天津:天津人民出版社,2016.

14.范水生,朱朝枝.休闲农业的概念与内涵原探[J]东南学术,2011,(2):72-78.

15.范子文.北京休闲农业升级研究[M].北京:中国农业科学技术出版社,2014.

16.方世敏,周荃,苏斌.休闲农业品牌化发展初探[J].北京第二外国语学院学报,2007,(01):72-76,41.

17.冯年华等.乡村旅游文化学[M].北京:经济科学出版社,2011.

18.冯品清编著.武清民俗概览[M].天津:百花文艺出版社,2008.

19.国家文物局主编.中国文物地图集(天津分册)[M].北京:中国大百科全书出版社,2002.

20.韩长赋.在2017全国休闲农业和乡村旅游大会上的讲话[N].农民日报,2017-04-13(001).

21.何兴.休闲农业的品牌打造[J].农业工程技术(农产品加工业),2011,(03):56-59.

22.洪建军等.广东休闲农业发展现状、主要模式与对策分析[J].广东农业科学,2014,(16):198-201.

23.胡晓云.深入实施农业品牌战略,真正实现农业供给侧改革[J].中国合作经济,2016,(1):11.

24.胡正明,蒋婷.区域品牌的本质属性探析[J].农村经济,2010,(05):89-92.

25.黄蕾.区域产业集群品牌:我国农产品品牌建设的新视角[J].江西社会科学,2009,(09):105-109.

26.贾春峰.文化力[M].北京:人民出版社,1995.

27.贾凤伶等.天津都市休闲农业发展模式与对策研究[J].天津农业科学,2012,(5):93-97.

28.贾康,苏京春."供给侧"学派溯源与规律初识[J].全球化,2016,(2):30-54.

29. 江晶,刘学瑜.北京市农业文化创意产业的主要模式和借鉴启示[J].农业经济与管理,2013,22(6):12-20.

30. 姜舒雅.乡村旅游背景下的乡村文化变迁探析[J].经济研究导刊,2015,(16):267-268.

31. 金振东等.蓟州风物志[M].天津:天津古籍出版社,2006.

32. 李国祥.农村及现代农业与32.供给侧改革是什么关系[N].上海证券报,2016-1-13(A03).

33. 李国祥.农村一二三产业融合发展是破解"三农"难题的有效途径[J].中国合作经济,2016,(1):32-36.

34. 李江,王晋之,李树屏.里党艺文存略[M].1942.

35. 李俊丽.天津漕运研究(1368-1840)[D].天津:南开大学,2009.

36. 李敏.我国农产品品牌价值及品牌战略管理研究[D].武汉:华中农业大学,2008年5月.

37. 李伟,仇萌.乡村旅游业发展模式及机制研究——以咸阳市礼泉县袁家村为例[J].咸阳师范学院学报,2014,29(4):38-43.

38. 林永匡.清代旅游文化通史[M].合肥:合肥工业大学出版社,2008.

39. 刘景周.沽帆远影[M].天津:天津古籍出版社,2014.

40. 刘景洲.近代史上的小站[M].天津:天津社会科学院出版社,2002.

41. 刘民坤.41.供给侧改革打造乡村旅游升级版[J].当代广西,2016,(8):16-17.

42. 刘星烁.景秀渠阳:天津市宝坻区乡村文化景观价值认知研究[D].天津:天津大学,2018年5月.

43. 罗海燕,苑雅文.小穿芳峪艺文汇编·二编[M].天津:天津社会科学院出版社,2017.

44. 罗海燕.近代学人华世奎诗文中的都市现代性呈现[J].理论与现代化,2015,(4):95-96.

45. 罗海燕.天津近代文坛的诗词传统[J].中国社会科学报,2016-12-12(05).

46. 罗澍伟.天津史话[M].北京:社会科学文献出版社,2011年.

47. 马晶照.我国休闲农业文化资源类型及开发利用[J].2019,(1):115－117.

48. 倪景泉著.蓟州谈古[M].天津:天津人民出版社,2005.

49. 宁家骏."互联网+"行动计划的实施背景、内涵及主要内容[J].电子政务,2015,(6):32－38.

50. 赛江涛.乡村旅游中的文化素材与表达[D].北京:北京林业大学,2005.

51. 史佳林等.天津休闲农业区域类型划分与发展前景展望[J].天津农业科学,2012,(4):58－61.

52. 史静,管淑珍.静海县台头镇大六分村登杆圣会[M].山东:山东教育出版社,2013.

53. 苏锐."文化+"助力特色小镇建设[N].中国文化报,2017-1-12.

54. 孙凤芝,于涛,张明伟,朱珂.基于系统视角的区域品牌传播模式探究[J].山东大学学报(哲学社会科学版),2013,(05):125-131.

55. 孙丽辉,盛亚军,许天舒.区域品牌形成中的簇群效应——以温州为例的研究[J].经济管理,2010,(12):96-103.

56. 唐凯江等."互联网+"休闲农业运营模式演化研究[J].农村经济,2015,(11):28-34.

57. 天津师大历史系穿芳峪考察组.蓟州穿芳峪古龙泉寺清代园林及有关历史问题考察报告[J].天津师大学报,1987,(1):50-54.

58. 天津市农林局编.天津市农林志[M].天津:天津人民出版社,1995.

59. 王德刚.旅游化生存与产业化发展——农业文化遗产保护与利用模式研究[J].山东大学学报(哲学社会科学版),2013,(2):56-64.

60. 王德刚.旅游化生存与产业化发展——农业文化遗产保护与利用模式研究[J].山东大学学报(哲学社会科学版),2013,(2):56-64.

61. 王丽丽,61.李建民.休闲农业消费升级的基础与对策研究[J].河北学刊,2015,(06):154-158.

62. 王淼.村饶津城:天津近郊区乡村景观文化延续策略的研究[D].天津大学,2016.

63. 王庆生等著.蓟州全域旅游研究[M].北京:中国铁道出版社,2018.

64. 王圣军,刘继平.城郊休闲农业发展存在的问题与对策建议[J].农村经济,2007,(12):110-113.

65. 王树进,陈宇峰.我国休闲农业发展的空间相关性及影响因素研究[J].农业经济问题,2013,(9):38-45.

66. 王晓丽,闫贤贤.休闲农业的品牌构建与发展研究——以河北省为例[J].农业经济,2016,(12):57-59.

67. 王延臣,程振锋,苗晋峰.基于KP-BPP模型的区域品牌遴选与建设实证分析[J].商业时代,2012,(13):140-141.

68. 魏振华主编.滨海新区——大港史话[M].天津:天津科学技术出版社,2011.

69. 吴传清,李群峰,朱兰春.区域产业集群品牌的权属和效应探讨[J].学习与实践,2008,(05):23-28.

70. 吴惠敏.安徽乡村旅游深度发展的文化促进[J].江淮论坛,2009,(2):55-58.

71. 吴景仁辑录.蓟州通鉴[M].北京:中国文史出版社,2013.

72. 吴景仁辑录.渔阳诗抄[M].天津:天津古籍出版社,2016.

73. 夏学英,刘兴双.新农村建设视阈下乡村旅游研究[M].北京:中国社会科学出版社,2014.

74. 肖力伟,胡明宝.62户人家,近亿元旅游收入:看一个关中小村如何做大民俗品牌[N].农民日报,2014-07-19(1).

75. 徐虹,李瑾,李永森主编.天津市休闲农业与乡村旅游发展报告(第一卷)[M].北京:中国旅游出版社,2017.

76. 徐晓莉.休闲农业开发的理论与实证:文化资源的挖掘与表达[D].南京:南京农业大学,2006.

77. 闫伟红,李冠喜.文化元素在休闲农业中的营造研究——以连云港徐福生态园为例[J].安徽农业科学,2019,(4):130-135.

78. 杨莉.中国特色社会主义生态思想研究[M].北京:红旗出版社,2017.

79. 叶美秀.休闲活动设计与规划:农业资源的应用[M].北京:中国建筑

工业出版社,2009.

80. 于珍彦,武杰.文化构成和文化传承的系统研究[J].系统科学学报,2007,(1):79-83.

81. 苑雅文."袁家村模式"对天津农业旅游发展的启发[J]环渤海经济瞭望,2015,(7):48-51.

82. 苑雅文.2016 天津市休闲农业与乡村旅游发展模式与展望[A]//2016 天津市经济社会形势分析与预测(经济卷)[C].天津:天津社会科学院出版社,2016:334-340.

83. 苑雅文.蓟州隐逸文化探源[N].天津日报,83.2017-2-27(10).

84. 苑雅文.天津发展"健康"为主题的镇域经济的思考[J]经济界,2015,(1):59-62.

85. 苑雅文.天津枸杞的栽培史及对复种"津血杞"的建议[J]天津经济,2015,(1):43-45.

86. 苑雅文.天津休闲农业发展进程中的文化发现与深度开发——以蓟州小穿芳峪"田园文化"遗迹为例[A]//谢思全.天津文化创意产业发展报告(2017-2018)[C].北京:社会科学文献出版社,2018.8:121-137.

87. 苑雅文.文化创意产业提升休闲农业竞争力的作用与路径:以天津蓟州区为例[J].环渤海经济瞭望,2017,(8):22-24.

88. 苑雅文.乡村旅游须与文化小城镇契合发展[J].中国国情国力,2017,(7):34-36.

89. 苑雅文.乡村振兴战略下休闲农业文化的要素构成与价值实现[J].环渤海经济瞭望,2019,(7):5-8.

90. 苑雅文.小穿芳峪发展志略[M].北京:社会科学文献出版社,2018.

91. 昝加禄,昝旺.生命文化要义[M].北京:人民军医出版社,2013.

92. 张爱鹏.天津葛沽特色小镇发展研究[J].美术观察,2018,(08):139-140.

93. 张春明.略论产业集群区域品牌之关联方的协同效应[J].天津财经大学学报,2008,(10):29-33.

94. 张桂华.休闲农业品牌形象结构模型与实证研究[J].湖南师范大学

自然科学学报,2012,35,(3):89-94.

95. 张蕾,贾凤伶.国内外低碳农业发展经验及对天津的启示[J].江苏农业科学,2013,(6):8-11.

96. 张启主编.旅游文化学[M].浙江:浙江大学出版社,2010.

97. 张胜利等.休闲农业的文化价值论——基于全国休闲农业调研的思考[J].世界农业,2016,(10):77-81,93.

98. 张爽.绿色发展视野下观光农业的发展路径研究[J].农业经济,2018,(02):64-66.

99. 赵鸿文.发展农业产业化要有品牌意识[J].发展,2003,(08):59-60.

100. 赵仕红.基于市场构成视角的休闲农业旅游研究[M].合肥:合肥工业大学出版社,2015.

101. 赵艳粉,李华.北京休闲农业文化的资源类型及开发[J].农业工程,2014,(4):154-158.

102. 郑中和.穿芳风物[M].济南:齐鲁电子音像出版社,2009.

103. 政协静海县委员会编著.静海运河文化[M].天津:百花文艺出版社,2015.

104. 中共中央国务院印发《乡村振兴战略规划(2018-2022年)》[EB/OL].(2018-9-26).http://www.sohu.com/a/256415936_455609.

105. 中华人民共和国农业部.全国休闲农业发展"十二五"规划[EB/OL].(2011-08-24).http://www.gov.cn/gzdt/2011-08/24/content_1931324.htm.